가르친다는 것

옮긴이 홍한별
연세대학교 영어영문학과와 같은 과 대학원을 졸업하고 현재 전문 번역가로 활동하고 있다. 옮긴 책으로 《오카방고의 숲속학교》《두 살에서 다섯 살까지》《식스펜스 하우스》《민주주의는 가능한가》등이 있다.

TO TEACH: The Journey of a Teacher by William Ayers

Copyright © 2010 by Teachers College, Columbia University
First published by Teachers College Press, Teachers College, Columbia University, New York, New York USA.
All rights reserved.

This Korean edition was published by Tin Drum Publishing Company in 2012 by arrangement with Teachers College Press, Teachers College, Columbia University, New York through KCC (Korea Copyright Center Inc.), Seoul.

이 책은 (주)한국저작권센터(KCC)를 통한 저작권자와의 독점계약으로 (주)양철북출판사에서 출간되었습니다. 저작권법에 의해 한국 내에서 보호를 받는 저작물이므로 무단전재와 복제를 금합니다.

가르친다는 것

1판 1쇄 발행 2012년 9월 25일 | 1판 13쇄 발행 2024년 12월 2일

지은이 윌리엄 에이어스 | 옮긴이 홍한별
펴낸이 조재은 | 펴낸곳 (주)양철북출판사 | 등록 제25100-2002-380호(2001년 11월 21일)
편집 임중혁 김연희 이정남 | 디자인 나지은 | 마케팅 조희정 | 관리 정영주
주소 서울시 마포구 서교동 양화로8길 17-9 | 전화 02)335-6407 | 팩스 02)335-6408
ISBN 978-89-6372-068-5 03370 | 값 15,000원

카페 http://cafe.daum.net/tindrum 블로그 http://blog.naver.com/tin_drum

※ 잘못된 책은 바꾸어 드립니다.

TO TEACH

가르친다는 것

교실을 살리기 위해 애쓰는 모든 교사들에게

윌리엄 에어스 지음 | **홍한별** 옮김

양철북

이 책을 나의 가장 끈질긴 세 선생님들에게 바친다.

제이드 오세올라 에어스 돈

말릭 코치즈 에어스 돈

체사 잭슨 길버트 부딘

차례

서문 •6

제1장 교사의 여행이 시작되다 •25
제2장 가르침의 시작_학생 보기 •65
제3장 교실 만들기 •105
제4장 다리 놓기 •131
제5장 교육과정에서 벗어나기 •165
제6장 표준 시험과 진짜 평가 •203
제7장 교육의 신비 •225
제8장 경쟁·효율 교육과 이별하자 •253

세 번째 개정판에 부쳐 •275
주 •278
독자에게1 — 마이크 로즈 •282
독자에게2 — 소니아 니토 •286

서문

왜 가르치는가? 왜 지금 가르치는가? 주변에서 누군가가 그 일은 하지 말라고, 교직은 극도로 고된 일인 데다가 마땅히 받을 자격이 있는 존경이나 급료도 받지 못한다고 말하지 않던가? 그런데 왜 가르치는 것을 고집하는가?

〈나는 왜 쓰는가〉라는 글에서 조지 오웰은 자기 자신을 포함한 모든 작가들이 글을 쓰는 이유를 네 가지 제시했다(여기서 잠깐 독자 여러분도 교직을 왜 택하는지 모르겠다거나 그 일을 싫어한다고 하는 사람들에게 들이댈 현명하고 깊이 있는 이유를 스스로 생각해봐도 좋겠다). 첫째, "순수한 이기주의. 똑똑해 보이고, 인구에 회자되고, 죽은 뒤에도 기억되고, 어릴 때 날 무시했던 어른들에게 본때를 보여주고 싶은 욕망 …… 진지한 작가들은 대체로 언론인들과 비교하면 훨씬 허영심이 크고 자기중심적이다. 돈에 대한 관심은 덜할지라도."[1] 아니라고 하기 힘들다. 나 자신을 내보이고, 의심하는 사람들이 틀렸다는 것을 보여주고, 자신을 표현하는 데에서 오는 독특한 쾌감이 있다. 이건 교사들한테도 딱 맞는 이야기다.

둘째, "미적 열정. 외부 세계의 아름다움에 대한 지각과, 언어의 적절한 배열에서 오는 아름다움에 대한 감각. 소리와 소리가 겹쳐질 때 나는 효과, 잘 쓴 산문의 견고함과 잘 쓴 이야기의 리듬이 주는 즐거움. 가치 있고 소중하다고 느끼는 경험을 나누고자 하는 욕망."[2] 이거다. 세상을 아이들과 나누고자 하는 욕망이 교사들을 계속 교실로 이끌고 있다.

셋째, "역사적 충동. 사물을 있는 그대로 바라보고 진정한 사실을 발견해 후대가 쓸 수 있게 남겨두고 싶은 욕망."[3] 완벽하다. 우리는 가르치고, 배운다. 우리는 깨어 있고 새롭고 신선한 것에 민감하다.

넷째, "정치적 목적. 여기서 '정치적'이라는 말은 최대한 넓은 의미로 썼을 때이다. 세상을 어떤 방향으로 밀고 나가고 어떤 사회를 추구해야 하느냐에 대한 사람들의 생각을 바꾸어놓고자 하는 욕망."[4] 바로 이거다! 마지막 깃은 좀 확대해석처럼 보일지도 모르지만 우리는 실세로 변화를 이루기 위해, 더 낫게 만들기 위해, 인간적이고 사회적인 경험에 참여하기 위해, 세상을 바꾸기 위해, 때로는 소중한 생명 하나하나를 변화시키기 위해 가르친다.

조지 오웰은 자기 자신에 대해서 이렇게 설명한다. "나는 앞의 세 가지 동기가 네 번째 것보다 더 중요한 사람이다. 평화로운 때라면 장식적이거나 묘사적이기만 한 책을 썼을 테고 나의 정치적 신념에 대해서는 거의 의식하지 못했을 것이다. 그러나 때가 때이다 보니 나는 일종의 선동가가 되어가고 있다."[5]

이것도 교직과 비슷한 데가 있다. 우리는 힘겹고 불안한 시기에 가르치는 일을 한다. '선동가'가 되려 하는 사람은 없겠지만, 우리는 교직의 당면 과제와 중대성에 주목하고, 우리가 살고 있는 순간을 이해하며, 교직이라는 소명을 받은 까닭을 설명하려고 애쓰곤 한다. 기대가 자라고 희망이 부푸는 이때에, 경제적, 환경적, 사회적, 정신적, 심리적으로 심각한 위기의 시대에, 교육은 앞으로 나아갈 길을 찾고, 충만하고 보람찬 삶을 누리고, 인간성에 대한 공감을 회복하는 열쇠다. 열정과 헌신으로, 학생들의 삶과 균형을 잃은 세계의 절실한 요구에 주목하며 이 일에 몰두할 교사들이 절실히 필요하다. 교직은 우리 시대에 가장 필요한 직업이다.

스페인 내전이 "판도를 바꾸어놓았"고 오웰은 "그 뒤에 나는 내가 있는 자리를 알았다"고 했다. 오웰은 이렇게 말한다.

> 1936년 내전 발발 이후에 내가 쓴 진지한 작품은 모두 직간접적으로 전체주의에 반대하고 민주사회주의를 지지하는 것이었다. (중략) 지난 10년 동안 내가 가장 절실히 하고 싶었던 일은 정치적 글쓰기를 예술로 승화시키는 것이었다. 출발점은 언제나 정치성, 부당함에 대한 의식이었다. 책을 쓰려고 자리에 앉아 '예술작품을 생산하겠다'고 생각하지는 않았다. 나는 폭로하고 싶은 거짓이 있기 때문에, 주목을 끌고 싶은 사실이 있기 때문에 글을 썼다.[6]

누구나 유용하게 출발점으로 삼을 수 있는 지점이다. 우리는 무엇을 위해 사는가, 무엇에 반대하는가?

나는 이 순간을 터무니없는 희망과, 마틴 루터 킹 목사의 도덕적 우주관에 대한 신념으로 대한다. 세계가 먼 길을 돌아갈지라도 결국은 정의를 향해 간다고 믿는 킹 목사의 신념은 오늘날 만신창이가 되었을지 몰라도 여전히 버릴 수 없는 것이다. 킹 목사는 순진한 사람도 운명론자도 아니었다. 그러니 오래 버티기만 하면 언젠가는 모든 것이 멋지게 바뀔 것이라는 뜻으로 그렇게 말한 것은 아닐 것이다. 하지만 킹 목사는 가능성에 대한 고집, 풀뿌리인 "특별히 평범한" 사람들의 힘에 대한 믿음, 문제를 지닌 사람이 해결책도 지녔다는 생각, 그리고 사회적 사다리의 맨 아래칸에 있는 사람들이 우리 사회를 다시 만들고 인간 세계를 되찾을 열쇠를 쥐고 있다는 신념을 표현했다. 킹 목사는 스물여섯 살, 목사로 갓 부임했을 때 몽고메리 버스 승차거부 운동에서 주도적인 역할을 하면서 진정한 변화에는 늘 두 가지 면이 있음을 알게 되었다. 사회를 바꾸면서 우리 자신도 바뀐다는 것이다. 세계는 몽고메리에서 인간 취급을 받지 못했던 사람이 분노한 희생자로서가 아니라(그랬더라면 굴욕과 상처의 상징밖에는 되지 못했을 것이다), 더 인간적인 세계의 가능성을 보여주는 새로운 인간이 되어 맞서 싸우는 것을 목격했다.

 죽기 바로 전해에 마틴 루터 킹 목사는 민권운동의 목표와 방향을 재정의했다. 1967년에 쓴 〈우리는 어디로 가는가: 혼돈이냐 공동체냐?〉에서는, 민권 혁명에서 시위 단계는 끝이 났고 새로운 단계가 시작되었다고 했다. 킹 목사는 가난과 실업을 추방하고 미국과 전 세계의 빈부격차를 줄이기 위한 제도적인 변화를 요구해야 할 단계라고 했다. 또한 모든 가난한 사람들, 노동자, 유권자, 소비자, 시민들의 힘을 조직하여 전면적인 변화를 요구해야 한다고 했다. 킹 목사는 모든 빈민가를 커다란 학교로, 모든 뒷골목을 교실로, 모든 사람을 활동가이자 학생으로 만들어야 한다고 주장했다.

 이런 광대한 노력을 이루려면 체제가 무너졌다는 인식뿐 아니라, 우리 모두가 물질적으로는 안락하고 부유해졌다고 하더라도 비인간화되고 정신적·도덕적으로는 저하되었다는 인식이 필요하다. 킹 목사는 사물 중심적 사회에서 인간 중심적 사회로 전환하는 "가치의 혁명"을 이야기했다. "기계와 컴퓨터, 이윤 추구와 재산권이 사람보다 더 중요하게 생각될 때, 인종주의와 물질주의, 군국주의라는 거대한 삼형제를 물리칠 수 없을 것이다."[7]

암살되기 딱 1년 전인 1967년 4월 4일에 뉴욕 시 리버사이드 교회에서 한 "침묵을 깨야 할 때"라는 장려한 연설에서, 킹 목사는 가치의 혁명을 더 자세히 설명했다.

> 베트남 전쟁은 미국 내의 더욱 깊은 병에 대한 하나의 증상에 불과합니다. 우리는 해외 투자의 막대한 이윤에서 오는 특권과 윤택함을 버리는 것을 거부하기에 세계 혁명의 잘못된 편에 서게 되었습니다. 우리는 사람보다 물건을 더 소중히 여기게 되었습니다. 물질적 발전이 정신적 발전보다 앞서 나간 탓에, 공동체와 유대감, 참여의 정신을 잃었습니다.[8]

세계 혁명의 옳은 편에 서기 위해 필요한 가치의 혁명이 어떤 것인지 킹 목사는 자세히 설명했다.

> 진정한 가치의 혁명을 이루면 빈곤과 부의 극심한 차이를 불편한 눈으로 보게 될 것입니다. 서방의 자본가들이 엄청난 자본을 아시아와 아프리카, 남아메리카에 투자하고는 이 국가들의 개선에는 아무 관심 없이 이득만을 취하는 것을 보고 마땅히 분노하며 "이것은 부당하다"고 말할 것입니다. 다른 나라들에 가르침을 줘야 하고 그들로부터 배울 것은 아무것도 없다고 하는 서구의 오만은 부당합니다. 진정한 가치의 혁명은 현 세계질서를 좌시하지 않으며 전쟁에 대해 이렇게 말할 것입니다. "차이

를 이런 식으로 해결하는 것은 부당하다." 해마다 사회 개혁 프로그램보다 군비에 점점 더 많은 돈을 쓰는 나라는 정신적 죽음에 다가가는 것입니다.[9]

이어지는 강연들에서 킹 목사는 노동, 여가, 놀이, 민주주의, 노인과 청년의 역할을 재정의할 필요에 대한 생각을 발전시켰다. "현세대는 이전 세대와 냉전을 벌이고 있습니다. 흔히 볼 수 있는, 독립을 이루려고 하는 젊은이들의 자연스러운 적대감 정도가 아닙니다. 기본적인 가치가 도전받고 있음을 보여주는 격한 적대감과 혼란스러운 분노가 새로이 보입니다. 이런 소외가 일어나는 것은 우리 사회가 물질적 성장과 기술적 진보 그 자체를 목표로 삼고 사람들에게 참여의 기회를 주지 않기 때문입니다. 그래서 인간은 점점 작아지고, 인간이 하는 일은 점점 커집니다."[10]

킹 목사는 앞으로 나아가려면 우리가 우선시하는 것을 완전히 바꾸어야 한다고 했다. 우리에게 필요한 것은 더 높은 경제 생산성, 더 치열한 경쟁, 더 많은 소비가 아니라, 더 많은 사랑, 더 깊은 공감, 더 적극적인 관심, 우리가 함께하는 사회 속에서의 더 많은 참여다.

마틴 루터 킹 목사는 자기 가치를 구현하는 삶을 살 것을 촉구하고 요구하고 격려하고 용기를 북돋고 모범을 보이려 했다. 이런 것은 모두 교사가 하는 일이다. 우리는 마냥 밝고 아름다운 미래를 예상할 수 없으니 낙관주의자는 아니지만, 그렇다고 비관주의자도 아니다. 미래는 알려지지 않았고 알 수도 없기 때문이다. 우리는 가능성에 적극적으로 몸을 던지는 사람들, 아직 이루어지지 않았으나 이루어질 수 있는 영역에서 일하는 자발적인 일꾼들이다. 우리는 사랑, 아이들에 대한 사랑과 수선이 필요한 세상에 대한 사랑에 의해 움직이며 희망에서 동력을 얻는다.

교육이라는 드라마는 늘 변화의 이야기다. 1막은 우리가 발견한 그대로의 삶이다. 주어진 것, 알려진 것, 결정된 것, 합의된 통설, 현재 상태다. 2막은 불꽃놀이다. 봉기와 충돌의 순간, 발견과 놀라움의 경험, 새로 만들고 고치는 열정이다. 3막에서는 알고 행동하는 새로운 방식을 습득하고 지평을 넓히며 새로운 가능성을 찾는다. 쉼 없이 움직이는 세상 속에서 우리가 눈 뜨고 깨어 있다면, 3막은 앞날에 새로운 1막으로 다시 이어질 것이다. 이 드라마는 결코 끝나지 않기 때문이다. 늘 더 해야 할 일이 있고, 더 배우고 익혀야 할 것이 있고, 더 경험하고 이룰 것이 있다. 교육이라는 드라마는 끝없이 계속되는 가능성과 변화의 드라마다.

전통적으로 교육에서 가장 중요한 자리를 차지했던 큰 주제들은 결정된 교리가 없고 끝없는 탐구와 도전이 이루어지는 장이다. 예를 들어 민주주의라는 문제가 그렇다. 민주주의란 무엇인가? 민주사회의 학교는 어떠해야 하는가? 교실에서 어떻게 민주주의를 이룰 수 있는가? 점점 강화되는 표준화와 빡빡한 관료적 지배가 불협화음을 내는 현실이다. 이민, 이주, 이동이 이전 어느 때보다 활발하고 민주적인 삶의 본보기를 제시해야 할 필요가 어느 때보다 화급한 이런 때에 말이다. 미국은 평등의 원칙 위에 세워졌고, 점점 확산되는 불평등을 확인하고 계량화하는 정책을 나름 열심히 추구하고 있는데도 현실에서 모순이 뚜렷이 느껴진다. 민주주의를 드높인 위대한 시인 월트 휘트먼은 민주주의는 "위대한 단어이며 그 역사는 아직 쓰이지 않았다. 그 역사가 아직 실현되지 않았기 때문이다"[11]라고 했다.

민주주의가 특별한 사회질서라면 그 구체적 특성을 어떻게 설명할 수 있을까? 민주사회의 교육이 전체주의나 군주제 사회의 교육과 다른 무언가를 요구한다면 그것은 무엇일까?

간단하고 명료한 답이 있다. 전체주의는 복종과 순응, 위계질서, 명령과 통제를 요구한다. 군주제는 충성을 요구한다. 반면 민주주의는 자아를 실현하며 동시에 공통의 정치 및 경제 생활에 완전히 참여할 수 있는 자유민들이 자발적으로 함께 모일 것을 요구한다. 민주주의는 정치적·사회적 평등을 획득하기 위해 마땅히 투쟁해야 하고, 각 개인의 인간성을 인정하고, 불분명성과 불완전성, 변화불가피성을 어느 정도 받아들여야 하는 공동생활의 한 형태다. 변화하지 않는 고정된 기준, 모든 사람에게 똑같은 기준은 민주적 목적에 이바지할 수 없다.

민주사회의 교사로서 우리는 관료주의직으로 돌아가는 기계 안의 톱니바퀴나 비인간적 시스템 안의 부속이 될 수는 없다. 우리는 스스로를 아이들의 성장을 돌보고 지원하는, 유연성과 자율성을 지닌 윤리적 행위자로 생각해야 한다. 민주주의에서 교사들은 사려 깊음과 돌봄의 본보기가 되고, 문제 해결과 의사 결정의 모범이 되어야 한다. 깊이 있는 질문을 던지고, 연관관계를 만들어나가고, 교실에서 일어나는 놀라운 것, 뜻밖의 것, 새로운 것을 통합할 수 있는 사람이어야 한다.

민주적 교실의 평가는 투명하고 공개되어야 하며 집단적으로 결정해야 하고 교실에서 이루어지는 학생들의 활동에 바탕해야 한다. 평가가 동떨어진 행사가 되거나 교사나 학생들의 통제 밖에 있어서는 안 된다. 평가는 폭넓고, 교실 생활과 연관되어 있어야 하고, 학습 진행 과정과 학생들의 필요를 계속 지켜보기 위한 것이어야 한다.

민주적 교실의 교사들은 "아동기의 생태계"에 맞추어진 공간을 만들려고 한다. 교실과 학교를 편협하고 빈약한 일방적 평가가 이루어지는 시험 공장이 아니라, 아이들이 전체적으로 건강하게 발달할 수 있게 하는 좋은 환경이자 공동체로 만드는 일이다. 교실이 아이와 교실 공동체에 맞추어져 있어야지, 그 반대가 되어서는 안 된다. 또한 교실은 아이들 삶의 특질에 초점을 맞추고, 상상과 표현, 실험의 기회를 주는 안전하고 활기 넘치는 공간이 되어야 한다.

교사들은 "끌어안기"에 신경을 써야 한다. 끌어안기란 모든 학생들이 지적·학문적으로 성장할 수 있도록 교육한다는 민주적 목표다. 장벽을 무너뜨려 역사적으로 억압을 받았거나 소외당해온 집단도 모두 참여할 수 있게 하고, 또 모두가 지적 성취를 목표로 교육을 받을 수 있게 한다는 의미이다.

이에 더해 더 큰 사회를 있는 그대로 바라보며 어려움을 회피하지 않고, 부당함과 인종주의, 제국주의적 전쟁 등의 문제를 마주한다는 과제가 있다. 학교가 불평등을 강화하는 역할을 하거나 현재 상태를 무비판적으로 받아들인다면 어떤 면에서 본분을 상실한 것이다. 교사는 교육의 민주적 가능성을 더 큰 사회의 새로운 가능성과 연결 짓겠다는 야심을 품어야 한다.

교사로서 우리는 우리의 미래를 건설하고 튼튼한 민주주의를 발전시키는 교육의 핵심적 역할을 위해 싸울 소명을 지녔다. 교육과 민주주의는 떼려야 뗄 수 없는 관계다. 튼튼한 민주주의는 사려 깊고 적극적이고 참여하는 시민을 필요로 한다. 그리고 비판적 사고, 포용과 저항, 참여와 역량을 기르는 교육은 생기 넘치고 포괄적인 민주주의를 향하여 간다.

모든 사회의 진정한 지배자는 우리가 상식이라고 부르곤 하는 검증

되지 않은 가정이다. 상식이란 언뜻 자연스럽고 당연하게 보이는 지배적인 생각들을 말한다. 학교와 개혁에 대한 상식은 꽤 오래전부터 매우 편협하고 제한적이었다. 대선 토론이 벌어질 때 대통령 후보가 "게으르고 무능한 교사"를 교실에서 축출해야 한다고 말할 때마다(이런 일이 여러 차례 있었다) 누구나 고개를 끄덕인다. 무능한 사람을 옹호할 사람이 누가 있으며, 우리 아이들에게 게으른 교사를 안겨주어도 된다고 나서서 말할 사람이 누가 있겠는가? 전제를 내놓는 순간 결론은 명백하다. 하지만 만약 나한테 발언 기회가 먼저 주어졌다면 이렇게 말했을 것이다. "공립학교의 모든 학생들에게는 지적으로 적극적이고 도덕적이며 사려 깊고 다정하고 따뜻하고, 제대로 보상을 받고 충분히 쉴 수 있는 교사가 있어야 합니다." 내 말에 동의하는 사람도 있을 것이다. 이와 비슷하게, 인종 사이에 배움에 있어서 성취도 차이가 있다는 생각도 일반적으로 널리 퍼져 있는데, 경험적 현실이긴 하지만 여기에도 관심과 개입이 필요하다. 몇몇 탁월한 교육자들은 이런 현실을 무력하게 상식으로 받아들이는 것을 비판했다. 미국 학교를 물들인 "야만적 불평등"[12]이 뿌리 깊고 예측 가능하다는 사실을 폭로하고, "격차"를 "교육 부채"[13]라고 새로이 명명했다. 누가 틀을 만드느냐는 아주 중대한 문제다. 누가 세상에 이름을 붙이고, 누가 쟁점을 규정하는가?

여러 생각들이 충돌하는 학교라는 장소에서, 바로 지금 이 순간에 교육자, 부모, 학생, 시민, 교사들은 현재 교육을 옥죄고 있는 지배 담론을 바꾸어놓으려는 압력을 넣을 수 있다. 특히 교육을 마땅한 권리이자 삶의 과정이 아니라 상품으로 취급하고 학교를 제품을 생산하는 작은 공장으로 그리는 지배적 비유에 저항해야 한다. 이는 21세기 학교에 19세기 산업사회의 이미지를 덧씌우는 것일 뿐 아니라 민주주의의 핵심 요구를 저버린다는 점에서 심각한 잘못이다.

민주주의를 추구하는 우리는, 적어도 이론적으로는, 무엇보다도 소중하지만 부서지기도 쉬운 이상을 받아들인다. 그것은 절대 침해할 수 없고 막대하게 소중한 가치에 대한 모든 인간의 믿음이다. 건강하고 제대로 돌아가는 참여민주주의에서 우리는 이런 원칙을 따르는 학교를 세우고, 개개인이 온전히 발전하려면 모든 사람이 함께 발전해야 하고 또 역으로 모든 사람이 발전하려면 개개인이 온전히 발전해야 한다는 전제에 따라 노력을 결집할 수 있을 것이다. 이것이 민주적 명령이자 원칙의 핵심이다.

이런 강력한 민주적 이상과 기대는 교육정책에서 중대한 의미를 지닌다. 인종 분리는 잘못되었고, 계급 구분은 부당하고, 재정적 차이는 부도덕하다. 민주주의에서 학생을 능력이나 성취에 따라 단정적으로 판단해 학교에서 쫓아내는 것은 정당화될 수 없다. 어떤 학생들은 자금이 풍부한 학교에 다니고, 어떤 학생들은 자원도 부족하고 다 무너져가는 학교에 다니는 것이 정당화될 수는 없다. 이런 현실, 이 야만적 불평등은 모든 사람들이 소중하며 동등한 권리를 지닌다는 근본 개념에 위배되며, 누군가는 더 가치 있고 더 많은 것을 받을 자격이 있다는 무서운 생각을 반영한다고밖에 볼 수 없다. 돈, 영향력, 연줄, 특권을 지니고 있다면 더 많은 것을 선택할 수 있고 더 많은 기회를 누릴 수 있고 그렇지 않으면 미안하지만 어떻게든 알아서 해야 한다는, 전혀 다른 가치를 드러내는 것이다. 이런 생각이 다른 쟁점과 과제에 따른 정책 결정에 의도적으로 내포된 메시지이건 의도하지 않은 결과이건 간에, 아이들은 그런 내용을 받아들일 수밖에 없다. 그러다 보면 아이들과 우리 자신 그리고 우리가 함께 사는 세상에 대한 근본적 가치가 계속 흔들리는 역효과를 맞게 된다.

건강한 참여민주주의라면, 가장 현명하고 결집된 부모들이 아이를 위해 바라는 바가 바로 공동체가 아이들을 위해 해줘야 하는 일이라는 원칙을 따를 것이다. 바로 그렇다. 물론 현명하다는 것이 무엇이고 결집되었다는 것이 무엇인지, 육아와 교육 분야의 선(善)이란 어떤 것인지에 대해 많은 대화와 토론이 필요하겠지만, 이것이 토론의 적당한 시작점이자 유일하게 공정하고 온당한 출발점인 것은 분명하다. 가장 많은 특권을 누리고 가장 적극적인 부모들이 학교에 바라는 것은 무엇인가? 공통된 소망은 어떤 것인가? 이런 아이들이 다니는 학교는 어떠한가? 그리고 이런 학교가 모든 교사, 모든 아이들에게 주어지지 못하는 이유가 무엇인가?

예를 들어 버락 오바마 대통령 부부가 시카고에서 워싱턴 DC로 이사했을 때, 똑똑한 두 딸을 어떤 초등학교에 보낼지에 대해 사람들은 많은 관심을 기울이고 추측을 내놓았다. 결국 결정이 내려졌을 때 사람들은 그럴 만하다고 생각했다. 대통령 부부가 선택한 시드웰 프렌즈 학교는 자질 있고 헌신적이며 존경받는 교사들이 있는 훌륭한 학교이기 때문이다. 미국이 제대로 돌아가는 참여민주주의 국가라면 워싱턴에 이런 학교가 수백 개는 있어야 한다. 아이들 누구나 최고를 누릴 자격이 있기 때문이다.

민주적 명령, 모든 아이들은 소중하며 온전히 발달해야 한다는 믿음은 교육과정과 교수법, 곧 무엇을 어떻게 가르칠까에서도 중대한 의미를 지닌다. 우리는 학생들이 스스로 생각하고 증거와 논리에 근거해 판단을 내리며 자기만의 생각을 발전시키기를 바란다. 우리는 아이들이 근본적인 질문을 던져보기를 바란다. 세상에서 나는 어떤 존재인가? 어떻게 여기 오게 되었고 어디로 가는가? 나는 어떤 선택을 할 것인가? 어떻게 나아갈 것인가? 그리고 우리는 아이들이 어떤 방향을 향해 가게 되든 그 해답을 좇아가기를 바란다. 또 복종과 순응을 거부하고 자발성, 용기, 상상력, 창의력 등을 가르치고 싶어 한다. 우리는 이런 가치를 몸소 보여주고 북돋고 격려하고 설명하고 쟁취하고 옹호해야 한다.

모든 인간의 가치에 대한 우리의 근본적인 믿음은 "개혁"이라는 미명 아래 행해지는 다양한 일들과 부딪히곤 한다. 학교 문을 닫고, 공공 영역을 사유화하고, 아이들을 무자비한 시험으로 내모는 것들이 바로 그렇다. 개선이랍시고 이런 정책을 시행하지만 교육이 상품일 때에만 말이 되는 이야기다. 이런 경우 구조조정과 비용절감 말고는 아무것도 중요하게 생각되지 않는다. 학교 개혁이 효율 경영과 동의어가 되어버렸다.

다른 예도 있다. 좋은 교사가 되려면 (장기간의 헌신, 준비, 실천, 노력 등이 아니라) 높은 시험 성적, 좋은 대학 학위, 선의만 있으면 된다는 환상. (장기간의 꾸준한 노력이 아니라) 가장 들어가기 힘든 학교를 빨리 통과한 사람이 뿌리 깊은 문제를 해결할 수 있다는 가정. 그리고 역사, 경제, 복지, 정치 등 아이들이 살아가는 맥락을 무시하고 전쟁용어(참호 속에서, 전선에서 등)로 교사들을 자극하려 하는 개혁(이런 비유를 몰아내야 한다!).

교육에 대한 지원은 점점 사라지고 민주적 이상에 걸맞지 않은 말들이 난무한다. 학교는 시장처럼 이윤에 따라 움직여야 한다, 원하지 않는 아이는 처분 가능하다, 아이들은 소비자이자 노동자로 만들어질 원료에 불과하다 등. 우리는 이와는 다른 기준을 세워야 한다. 아이들은 누구나 다차원적인 인간이며, 심장과 정신, 영혼을 지닌 사람이고, 생산적 성장과 학습이 이루어지려면 반드시 필요한 희망, 꿈, 갈망, 능력을 지닌 존재라는 것. 이것이 교직의 지적·윤리적 핵심이고 이런 위기의 시기에 규합하고 확장해야 할 기준이다.

여러분이 나아가는 길에 세 가지 조언을 하고 싶다. 첫째, 회의하라. 여러분은 틀림없이 이 일을 하는 동안 적어도 한두 가지 개혁을 위한 노력에 동참하게 될 것이다. 온 힘을 다해 참여하되 질문하고 의심하고 다시 생각해보기를 포기하지 마라. 둘째로, 위대한 교사가 되라. 이건 여러분 손에 달려 있고, 여러분이 마주할 과제이고, 여러분의 목표다. 주위에서 무슨 일이 일어나건 간에 아이들, 부모들, 공동체, 그리고 여러분의 중추인, 위대한 교사가 된다는 도덕적 책임감에서 눈을 떼지 마라.

셋째로, 눈앞의 모순 안에서 일하라. 가장 큰 갈등은 언제나 현실과 가능성 사이에서 일어난다. 있는 그대로의 세상 속에서만 살려고 한다면 너무 많은 것을 포기하게 된다. 교실이라는 것은 워낙 이런 것이고, 부적절하고 부당하며 제대로 되지 않는 것이 현실이고 그 이상을 바랄 수는 없다고 생각하게 된다. 이상은 순진한 사람들의 나약함일 뿐이라고 믿게 된다. 그런 반면, 이상의 세계에서만 살고 현실의 진흙탕을 무시하면 무능해질 것이고 교직에 머무르기도 힘들다. 결국 비결은 한 발은 세상에 두고, 다른 한 발은 이루어질 수 있으나 아직 이루어지지 않은 세상을 향해 뻗으며 사는 것이다. 모순을 마주하다 보면 더욱 효과적이면서 동시에 희망적인 교직 생활을 가꾸어나갈 수 있는 갈라진 틈을 발견할 수 있을 것이다. 모순을 피하는 순간, 교사로서는 죽음을 맞게 되는 것이다.

이제 여러분은 교실에서 이루려고 하는 가치와 실천의 일부를 결정할 수 있다. 나는 학생들이 내가 자기들을 아낀다는 것을 알기 바란다. 특정 성취 때문이 아니라 한 명의 사람으로서 보다 큰 관심을 갖는다는 것을 깨닫기 바라며, 내가 자기들을 믿는다는 것을 학생들이 알기를 바란다. 가르치고 배우는 일을, 구속과 통제가 아니라, 힘과 지혜를 기르고 자유를 향해 가는 길고 구불구불한 길로 본다는 사실을 알기 바란다. 또한 내가 순종과 순응보다는 자발성과 용기를 높이 친다는 것을 학생들이 알기 바란다.

나는 교실이 실험실, 극장, 전시공간, 박물관, 도서관의 모습을 갖추기를 바라며, 교실에서 학생들에게 진정한 놀라움의 순간을 제공하고 싶다. 직접 경험과 발견의 기회가 있기를 바라며, 학생들에게 내적 가치를 불어넣고 싶다. 학생들이 정기적으로 스스로를 평가하게 하는 등의 대안적 평가 방식을 발전시키고도 싶다. 전통적인 점수제도와 병행하더라도 이런 방법을 쓰면 학생들의 발전 과정을 더 생생하게 볼 수 있다. 나는 저절로 터져 나오는 학생들의 웃음소리를 듣고 싶다.

학교는 직간접적인 방식으로 사회에 봉사하는데, 학교 건물은 사회 질서의 창이자 거울이다. 예를 들어 아파르트헤이트 시대 남아프리카공화국의 실상을 보고 싶다면 학교를 보면 되었다. 백인 아이들은 최신 장비가 갖춰진 작은 교실에서 잘 훈련된 교사들과 백인 우월주의를 전파하는 교육과정에 따라 공부하는 모습을 볼 수 있었을 것이다. 흑인 아이들에게는 무너져가는 학교 건물, 과밀 학급에서 순종이라는 양식을 먹이는 모습이 보였을 것이다. 어떤 아이들은 광산과 공장, 농장과 감옥으로 갈 운명인 반면, 다른 아이들은 지배하며 불평등에서 득을 보게끔 교육을 받았다.

학교는 자화자찬의 수사에 가려진 우리의 실제 모습을 정확히 보여준다. 학교에서 마음에 들지 않는 부분이 있다면, 온갖 정당화와 합리화를 하거나 선의를 앞세워 스스로를 옹호할 수도 있을 것이다. 아니면 변화가 필요하다는 결론을 내릴 수도 있다. 심지어 이런 변화를 이루기 위해 서로 손을 잡아야 한다고 할 수도 있다. 교사로서 우리는 물살을 거슬러 헤엄치며, 여기 교실에서 바로 지금 이 순간, 우리가 원하고 누릴 자격이 있는 교실을 만들어낼 수 있다.

노력과 실천을 통해 교실은 희망, 기대, 가능성의 장이 될 수 있다. 언제나 다음 질문, 또 그다음, 다음 질문을 던지는 곳이 될 수 있다. 교실은 탐험하고 탐구하며, 숙고하고 질문하고, 정설을 뒤집고 일반적 상식을 다시 생각해보는 특별한 곳이 될 수 있다. 그러면 교실은 자유로운 징신과 자유로운 사람들의 자연스리운 보금자리가 될 것이다.

아동기는 발명과 발견의 시기이기도 하지만 무엇보다도 희망의 시기다. 이 시기는 아이들의 삶 안에 있는 어른들이 아이들을 위해 터무니없는 꿈을 꾸어야 할 때이다. 미래에 대한 우리의 희망 속에 젊은이들에 대한 투자가 포함되는지, 젊은 세대를 위한 희망 속에 세상으로의 활기차고 폭넓은 초대가 포함되는지를 결정할 때이다. 이런 희망의 공간에 자리한 모든 아이들을 지지하고, 아이들이 무조건적으로 환대받는 느낌에 들떠 삶을 향해 나아가고 뻗어가면서 그저 살아 있다는 사실에서 기쁨을 느낄 수 있게 해야 한다. 아이들과 함께 일하는 우리 교사들은 반드시 "작은 소포 상자를 여는 일의 전문가", "희망이라는 과목"을 가르치는 사람이 되어야 한다.

교사로서 우리는 사회적이고 공유하는 것, 전 지구적이고 정치적인 것에 대한 관심을 유지하면서 개인적이고 특별한 것을 향해 나아가야 한다. 우리는 학생들이 교육사업의 중심에 있고, 모든 아이들이 다정한 어른의 관심을 받으며, 학생 모두가 학습 공동체에 참여할 수 있는 상태를 목표로 한다. 그러고 나면 아이들이 눈에 들어오고 중요하게 여겨지며 정체성이라는 까다로운 문제를 잘 헤쳐나갈 희망이 생긴다. 교사가 아이들과 청소년들에게 보내는 메시지는 또렷하다. 이 교실에서, 이 순간에, 너희들은 소중하고 가치 있는 사람이라는 것이다. 너희들이 없다면 교육이라는 일 자체가 흔들리고 무너질 것이라는 것이다.

아이들을 사회에서 가장 중요한 구성원으로 인식하고 교육을 무엇보다 중대한 과업으로 마땅히 취급할 때 어떤 황금시대를 이룰 수 있을 것이다. 정책이나 실천에서야 장애가 있겠지만, 여기에 대놓고 반대할 사람은 없다. 아이러니하면서도 재미있는 것은, 가족 안에서는 가장 약하고 무력한 구성원인 갓난아기나 아픈 노인이 중심에 놓인다는 것이다. 모든 에너지와 관심이 그 방향에 맞춰진다. 학교와 교실에서도 마땅히 그래야 하지 않겠는가?

가르친다는 것은 지적이고 윤리적인 일이며, 교사들은 학생들과 함께 교육의 중심에서 살아간다. 교사는 교육과정, 교수법, 평가 등 자기 일의 내용과 실천에 책임이 있으며, 또한 학생들의 학교생활에도 책임이 있다. 교사는 무신경한 관료나 무감한 사무원이 아니다. 교사는 관계를 만드는 사람, 발명가, 창조자, 보호자, 후원자, 사상가, 행위자가 되어야 한다.

다시 왜 가르치느냐의 문제로 돌아가야겠다. 월트 휘트먼이 시집 《풀잎》에 붙인 여러 서문 가운데 하나에서 다른 시인들에게 조언하는 부분을 읽어보자.

여러분은 이렇게 해야 합니다. 땅과 해와 짐승들을 사랑하고, 부를 경멸하고, 동냥하는 이에게 베풀고, 바보와 광인의 편을 들고, 벌이와 노동을 다른 사람들에게 바치고, 폭군을 미워하고, 신에 대해 논쟁하지 말고, 사람들에게 참을성과 관용을 보이고, 알려지지 않은 것이나 알 수 없는 것에, 누구에게나 몇 사람에게나 머리를 숙이고, 건장하고 무식한 사람들, 젊은이들, 어머니들을 편히 대하고, 학교나 교회나 책에서 들은 것을 모두 의심해보고, 자신의 영혼을 모욕하는 것은 버리세요. 그러면 여러분의 살이 위대한 시가 되고 언어뿐 아니라 입술과 얼굴의 고요한 선에, 속눈썹 사이에, 모든 몸짓과 모든 마디에서 가장 깊은 유려함이 나올 것입니다.[14]

이것도 교사들에게 딱 맞는 조언이다. 코팅해서 가방 안에 넣고 다니면 좋을 글귀다. 화장실 거울이나 교실 벽에 붙여놓아도 좋겠다. 시인들을 위해 썼지만 자유로운 교사들에게 하는 조언으로도 훌륭하고, 여기에 덧붙여 우리만의 목록을 만들 수도 있다. 핵심적이고도 중요한 일은 교사로서 우리의 삶이 우리의 가장 깊은 가치를 조롱하지 못하도록 만드는 것이다.

제1장

교사의 여행이 시작되다

School(학교)에서 "sh"를 떼어내면
"Cool(멋지다)"이 된다.
— 존 오코너

'교사'라는 단어를 들으면 누구나 어떤 기억과 이미지를 떠올릴 것이다. 어떤 사람들은 따분하고 심지어 끔찍한 기억을 떠올릴 수도 있다. 지루함, 반복, 그보다 더한 것도 있다. 교직에 몸담고 있는 우리들에게 이 이미지는 부단히 변하고 성장하는 것일 수밖에 없고, 때로는 생생하고 구체적이지만 아주 뜻밖이라고 느껴질 때도 있다. 어느 쪽이든 가르친다는 것의 이미지는 경외감을 불러일으키고 거기에서 지속적인 도전을 느낄 수도 있다.

무엇을 위한 교육인가?

오늘날 교육, 수업 등 뭔가 가치 있는 것을 제대로 배우기 위해 노력하는 학생들을 지원하려는 모든 시도가 잔혹한 정치적 공격을 받고 있다. 교육이 좌절을 겪는 젊은이들에게 해방의 순간을 가져다주는 길을 찾아야 한다. 오늘날 교육정책에서는 자동진급제, 표준 시험, 교복 등이 주로 논란이 되는데, 이런 문제들은 학생들에게 무엇을 준비시키느냐, 이런 준비가 더 공정하고 평등한 사회를 이루는 데 어떤 도움이 되느냐 하는 더욱 근본적인 핵심에서는 비껴간 것이다. ─ 글로리아 래드슨-빌링스 교사의 삶은 여기저기에서 끌어모은 조각을 꿰매어 맞추고 이어 붙인 조각보 같은 삶이다. 반은 만들어내고, 반은 시키는 대로 하곤 한다. 교사의 삶은 대체로 나만의 길을 찾는 일이다. 이 실이나 저 실을 따라가고 손가락이 쑤실 때까지 바느질하다 보면, 정신의 올이 풀릴 것 같고 눈이 침침해진다. 실수를 했다가 풀고 다시 이어 붙인다. 때로 따분하고 힘들고, 때로 혼란스럽고 불분명하고, 그렇지만 창조적이고 눈부신 순간이 많다. 그러다 보면 놀라운 빛깔이 펼쳐지고 기대하지 않았던 형태가 나타나며 전체에 우아함과 목적과 가능성이 생긴다.

나는 내 가르침의 조각들을 온갖 곳에서 발견하며, 점점 커져가는 조각보가 우리 집을 가득 채우고 머릿속에 가득 들어찬다. 몇 해 전에 가르쳤던 가난한 다섯 살 흑인 남자아이 켈린이 떠오른다. 어느 날 켈린과 나, 그리고 여섯 명의 아이들이 소풍을 가서 '보인다' 놀이를 했다. "뭔가 빨갛고 하얗고 위에 S-T-O-P라고 쓰인 것이 보인다"라고 내가 말했다(나는 보통 가장 쉬운 문제를 고른다. 지나치게 "학습"으로 기울면 아주 지루해진다). "멈춤 표지판이요!" 일곱 명이 한목소리로 대답했다.

그때 커다란 갈색 트럭이 길 건너 멈춤 표지판 앞에 섰다. 달린이 다음 문제는 자기가 내겠다고 했다. "뭔가 갈색이 보인다." 켈린의 눈이 반짝이더니 얼굴에 환한 웃음이 번졌다. 켈린은 최대한 크게 몸을 세우더니 오른손을 쫙 펴서 가슴에 대고 왼손으로는 신 나게 자기 뺨을 잡아당기면서 소리쳤다. "아! 그건 나야! 나야!"

켈린의 대답이 이상하다거나 우습다거나, 말하면 안 될 것을 말했다고 생각하는 사람은 아무도 없었다. 달린은 뭐가 갈색이냐고 물었고, 켈린은 갈색이니까. 그렇지만 나한테는 중대한 의미가 있는 일로 느껴졌다. 우리는 교실에서 자존감과 긍정, 차이에 대해 배우는 데 많은 공을 들였었다. 퀠린의 아버지는 민권운동가였고 부모님이 자식들의 자존감을 길러주는 일에 신경을 썼기 때문에, 퀠린은 그 노력에 힘입어 열렬하게 대답할 수 있었다.

한번은 듀크라는 아이가, 자기가 크레용으로 우리 두 사람의 초상화를 그리는 동안 나더러 옆에 앉아 있으라고 했다. 그림을 그리면서 듀크는 뭐가 보이는지 어떻게 그릴지 이야기했다. "선생님 머리는 노랗고 곱슬거려요." 듀크가 말했다. "그리고 내 머리는 검고 더 곱슬거려요." 코는 안 그렸고 입은 직선으로 그렸다. 다른 날, 듀크는 갑자기 웃음을 터뜨리더니 내 코를 가리키며 말했다. "선생님 코는 정말 뾰족하고 길쭉해요!" 내가 코를 만져보는 동안 다른 아이들도 함께 웃었으니 맞는 말이라는 생각이 들었다. "네 코는 납작하고 짧구나." 내가 말했다. 그러자 다들 저마다 자기 코나 다른 사람의 코를 묘사하기 시작했다. 르니의 코는 길고 모나는 짧고 코리는 단추 같았다. 모두 다 달랐고 하나하나 새로운 발견이었다.

그때 나는 캐롤린 잭슨이라는 열한 살짜리 아이가 쓴 시를 발견했고, 깊은 인상을 받았다. 여기 시의 일부가 있다.

> 기차를 탔을 때 인종이 다른 사람 옆에 앉으면
> 울새 둥지에 앉은 까마귀 같은 기분이고
> 내가 더러운 것 같아.

캐롤린은 미국에서 흑인으로 산다는 것이 어떤 건지 아주 절절하게 들려준다. 필요 없는 존재, "더러운" 존재, "울새 둥지에 앉은 까마귀" 같은 기분이다. 이게 내가 가르치면서 극복하려고 했던 것이고, 퀠린은 조그만 승리를 이루었다.

몇 해 뒤에 다른 학급에서 호세 라 루스라는 학대당하고 방치된 아이를 만났다. 젠체하고 똑똑한 열세 살짜리 남자아이였는데, 친구들은 그 아이를 "빛의 조이"라고 불렀다(라 루스(La Luz)가 '빛'이라는 뜻이다—옮긴이). 낙제가 호세를 그림자처럼 따라다녔다. 호세는 학교를 싫어했고 학교에서 상처 입고 모욕당한 기분을 느꼈기 때문에 1인 철거반처럼 행동했다. 교장실을 어찌나 자주 오갔던지 길이 날 지경이었다.

나는 호세에게서 무언가 가치 있는 것을 찾아 그걸 토대로 호세의 학교생활을 만들어나가려고 애썼다. 뭔가 호세가 잘 아는 것, 중요하게 생각하고 바라는 것을 찾으려 했다. 그러다가 3월에 아이들 몇이 학교 근처 공사장에 있는 거대한 배수관에서 스케이트보드를 타는 것을 보았다. 그 가운데 단연 최고봉은, 호세 라 루스였다. 며칠 뒤 나는 호세에게 반 아이들에게 스케이트보드 타는 법을 가르쳐줄 수 있는지 물었고, 호세는 그러겠다고 했다. 머지않아 우리는 휘장 디자인 경연대회를 열고, 스케이트보드 잡지 정기구독을 신청하고, 금요일 오전에는 교실 한쪽에 호세가 꾸민 작업장에서 스케이트보드를 수선했다. 그래서 모두 행복하게 살았다는 건 물론 아니다. 호세가 갑자기 완벽하게 달라졌다거나 한 것은 아니었다. 그렇지만 기회의 순간에 호세의 가능성을 언뜻 볼 수 있었고, 그것이 내 마음에 남았다.

그리고 마지막으로 교육과정과 교수법에 대해 대학에서 했던 강의가 떠오른다. 이 수업은 학습은 적극적 발견의 과정이며, 지속적이고 의미 있는 그 이상의 성장과 학습으로 이어지려면 직접 경험을 하고 1차 자료를 접해야 한다는 개념에 바탕한 것이었다.

그 수업시간에 우리는 영화를 보고 기사를 읽었고, 아이들과 직접

해보고 배우는 게 예외가 아니라 표준인 학교에 대해 이야기했다. 어른들 수준에서 발견 학습을 실험해보기도 했다. 지금도 그렇게 생각하지만 그때도, 배우는 사람 입장에서 발견 학습 방식의 힘을 경험해보지 않고 그걸 가르친다는 것은 사실상 불가능한 일이라고 생각했다. 예를 들어, 학생들에게 세상에 대한 진짜 질문, 긴급한 과제이면서 개인적 의미를 지닌 질문을 만들어보라는 숙제를 내주었다. 다음에는 밖으로 나가 가까이 다가가고, 만져보고, 직접 탐구하고, 그 과정을 다양한 방식으로 기록하여 그 질문에 대한 해답을 찾아내보라고 했다. 이 질문과 답을 찾는 과정을 나중에 교육과정을 구성하는 모델로 삼기 위해서였다.

대부분의 학생들이 수동성과 순응성 교육을 받고 자라온 탓에 질문 찾는 것을 힘들어했다.("뭘 하라고 하시는 건지 모르겠어요." "'배심제도'에 대한 질문도 괜찮을까요?" "전 관심 있는 게 없어요.") 하지만 몇몇 학생들은 뜨거운 질문을 던졌고, 꾸준히 답을 추구해 놀라운 결과를 얻을 수 있었다. 한 예로 어떤 학생은 누이가 거식증 환자였는데 그래서 거식증에 대해 조사했고 결국 환자 가족들을 위한 혁신적인 지원 계획에도 참여하게 되었다. 다른 학생은 알코올중독자 자녀의 삶은 어떠할까라는 질문을 던졌고, 자기가 지금까지 늘 의심하면서도 인정하지 않았던 사실을 확인하게 되었다. 자신의 유순하고 "정상적"인 아버지가 사실은 알코올중독이 상당하다는 사실이었다. 청각장애가 있는 한 학생은 동네에 경증 장애가 있는 성인의 주거 시설이 들어섰을 때 이웃 주민들의 반응을 살펴보았다.

이 수업을 들었던 학생들 중에서도 특히 일레인이라는 학생이 기억에 남는다. 일레인이 진짜 질문으로 처음 생각했던 것은 "헌법의 의미는 무엇인가?"라는 것과 "시카고의 인종 관계는 어떠한가?"라는 것이었다. 그러다가 최종적으로 "날마다 샘 마시 식당 앞에서 보는 녹색 신발을 신은 여자가 밤에는 어디에서 자는가?"라는 질문을 택했다. 이 질문을 통해 일레인은 노숙자에 대한 단순한 통계적 사실이나 거리를 둔 시각을 넘어서, 녹색 신을 신은 여자 아이린과의 개인적인 교류로 나아갔고, 의식의 확장을 경험할 수 있었다. 일레인은 학교에서 800미터 정도 떨어진 곳에서 번성하는 판자촌을 발견하게 되었다. 이곳은 고통과 가난의 장소일 뿐 아니라 유대감을 지닌 공동체이기도 했다. 일레인은 무료급식소와 교회 지하실을 찾아다니고, 식당 밖 쓰레기를 뒤지고, 기차역에서 구걸도 직접 해보았다. 또 이렇게 만난 사람들의 개인사를 발견했다. 아이린은 정신분열증으로 치료를 받던 정신병원이 문을 닫아 길거리로 나오게 되었다. 존은 경비원이었는데 회사가 공항 경비 계약을 따내지 못해 해고되었고, 섀런은 남편에게 학대당하고 알코올중독으로 고통받았다. 일레인은 사진을 찍고 인터뷰를 녹취했고, 결국 열정, 실험, 창의성, 개방성이 넘치는 눈부신 교육과정 과제를 완성할 수 있었다. 구전 역사라는 요소도 있고, 급식소 봉사활동, 정부 정책과 그것이 노숙자들에게 미치는 영향에 대한 조사, 자원봉사, 시카고 매드하우저(노숙자들을 위해 단순하고 거주 가능한, 하지만 건축허가는 받을 수 없는 구조물들을 지어주는 활동가 집단이다)와 같이 보낸 주말 이야기도 들어 있었다. 이 모든 일이 지극히 소박해 보이는 한 질문에서 시작되었다.

가르치는 일은 끝이 없다

교사가 되어 처음 교실에 들어서기 전에 나는 가르친다는 것은 주로 지시하고, 약간은 보여주고, 늘 교실의 앞쪽 중심에 서 있는 것이라고 생각했다. 나중에 한참 혼란과 고통을 겪은 뒤에야 이건 아주 작은 일부에 불과하다는 것을 알게 되었다. 가르친다는 것은 훨씬 다양한 활동을 포함한다. 가르친다는 것은 질문하고, 지시하고, 조언하고, 상담하고, 조직하고, 평가하고, 이끌고, 자극하고, 보여주고, 관리하고, 본을 보이고, 지도하고, 훈육하고, 부추기고, 훈계하고, 설득하고, 바꾸어놓고, 귀 기울이고, 상호작용하고, 돌보고, 행동하게 만들고, 발견하고, 고무하는 것이다. 교사는 전문가이자 만물박사여야 하고, 심리학자이자 경찰, 정신적 지도자, 판사이자 스승, 그리고 역설적이게도 우리 학생들의 학생이 되어야 한다. 또한 그게 전부가 아니다. 우리는 교사로서 자신을 돌아볼 때 성공했거나 좌절했던 것, 비겁했거나 용감했던 것, 돌파했거나 무너졌던 것, 진실했거나 저버렸던 것들의 기억을 마주한다. 우리가 하는 일의 특징을 부분적으로나마 이야기하려고 하면, 뚜렷한 이미지나 1차원적인 정의는 사라지고, 가르친다는 일은 손에 잡히지 않고 복잡해지며 도저히 알 수 없는 것이 되곤 한다.

그런데 한 가지는 분명해진다. 가르친다는 것이 미리 계획한 교육과정을 바로 전달하는 것이라거나 정리되고 적혀 있는 대로 정보를 전하는 것이라거나, 교사는 사무원 노릇만 하면 된다고 생각하는 것은 허상이다. 가르치는 일은 그보다 훨씬 더 폭넓고 더 생생한 것이다. 더 많은 고통과 갈등, 기쁨과 지적 활동, 불분명성과 모호함을 지니고 있다. 때로는 인간적으로 불가능해 보일 정도로 많은 판단과 에너지, 열렬함을 요구한다. 가르치는 일은 끝이 없다.

학생들에게 교사들을 묘사하라고 하면 그 상이 더 복잡하고 다양해진다. 교사는 좋고 나쁘고, 친절하고 치사하고, 불공정하고 공정하고, 독단적이고 공평하고, 사려 깊고 어리석다. 학생들에게 교사는 어른들의 세계를 대표하며 학생들이 세상으로 나아가는 데 있어 부모 다음으로 중요한 안내자이다. 아이들의 희망과 꿈은 우리 손에 있다. 아이들의 목표와 소망은 교사와의 만남을 통해 만들어진다. 그리고 교사에 대한 좋은 기억은 특별한 선생님한테서만 나온다. 마음을 움직였던 교사, 이해해주고 인간적으로 염려했던 교사, 어떤 것(음악, 수학, 라틴어, 연날리기 등)에 대한 열정을 옮겨주고 북돋았던 교사. 어떤 경우든 교사들은 학생들의 삶에서 중요한 존재로, 큰 자리를 차지하며 강한 영향을 미친다. 이것이 내가 교직을 택한 까닭이다. 아이들의 삶을 함께하고, 미래에 참여하고 미래와 교감하기 위해서.

내가 교직을 택한 까닭

교사들은 왜 교사가 되었냐는 질문을 수백, 어쩌면 수천 번은 듣는다. 이 질문에는 이런 속뜻이 담겨 있을 때가 많다. "돈을 더 많이 벌 수 있는 다른 일이 있는데 왜 하필 교사가 되었지?" "능력과 지성이 충분한데 왜 그런 일을 해?" 경멸과 냉소를 담아 하는 질문이기도 하고 때로는 그저 궁금하고 알고 싶어서 물을 때도 있다. "대체 교직이 뭐길래 그 일을 택하고 계속하나?" 어느 쪽이든 생각해볼 가치가 있는 질문이다. 교직을 택할 이유가 충분히 있고 또 택하지 않을 이유도 충분히 있기 때문이다. 가르친다는 것은 사실 다른 여느 직업이나 일과는 성격상 다르고, 가르친다는 일은, 다른 일들도 그러하지만, 누구나 할 수 있는 일은 아니다.

가르치지 않을 이유도 많고, 이는 쉽사리 무시할 수도 없다. 특히 가르치는 일을 사랑하는 우리들한테도 중요한 일이다. 교사들은 급료가 낮다. 국가적 수치라고 할 정도다. 평균적으로 변호사 수입의 4분의 1이고 회계사의 절반이며 트럭 운전사나 조선소 노동자보다도 낮다. 임금과 봉급은 사회적 가치를 드러내는 것 가운데 하나로, 사회 전체가 그 가치를 어느 정도로 보느냐를 나타낸다. 그런데 이만큼 많은 것을 요구하면서 금전적 보상은 이만큼 적게 주는 직업은 존재하지 않는다. 국가에서 이렇게 광범위하고 시시콜콜하게 간섭하면서 금전적 보상은 이렇게 쎄쎄하게 하는 직업은 없다. 몇몇 학구에서 급료와 수당을 조금 인상하긴 했으나, 가르치는 일의 가치를 실제로 얼마나 인색하게 매기고 보상하는지를 더욱 강조해 보여줄 뿐이다.

교사들의 사회적 지위가 낮은 곳이 많은데 이것은 성차별주의의 유산이기도 하다. 교직에 종사하는 사람 가운데 여성이 많아 전문성이 없는 일, 별 생각이나 고민 없이 기계적으로 하는 일로 취급받았고, 끝없는 관리, 인사고과, 관료주의에 파묻히게 되었으며, 존경을 받지도 못했다. 낮은 급료가 악순환을 이어간다. 또한 교사를 전통적으로 미덕의 귀감으로 삼으면서도 진정한 선택과 성장은 제한한다는 역설도 악순환에 한몫한다.

교사들은 어려운 상황에서, 거의 불가능한 조건에서 일할 때가 많다. 다른 성인들과 단절되어 있는 한편 프라이버시나 자기만의 시간도 거의 갖지 못한다. 법에 의해 강제로 학교에 다녀야 하는 아이들을 가르치는데, 개중에는 학교에 나오고 싶은 동기나 욕구가 없는 아이들도 많다. 때로 우리는 크고 비인간적이고 공장 같은 학교에서 일한다. 때로는 전쟁터를 닮은 학교에서 일한다. 탁상행정, 그리고 먼 곳에 있는 정치가들의 끝없고 독단적인 요구에 시달린다. 이들은 교사들이 어떤 것도 등한시하지 않으며 모든 것을 다루길 기대한다. 읽기와 산수를 가르칠 뿐 아니라, 시민 의식, 기본적 가치, 약물과 알코올의 위험, 에이즈 예방, 이성관계와 성, 교우관계, 운전하는 법, 육아법, 기타 등등.

가르치는 일이 이렇게 복잡하고 고통스러우니 그것만으로도 교직을 택하지 않을 충분한 이유가 된다(하지만 어떤 사람들은 그게 교직의 가장 큰 매력이라고 하기도 한다). 교사들은 많은 학생들을 대해야 한다. 보통 초등학교 교사들은 한 교사당 서른 명 정도를 맡고, 고등학교 교사들은 한 교사당 150명 정도를 맡는다. 아이들은 저마다 다른 배경, 나름의 욕망, 능력, 의도, 필요를 가지고 우리를 찾아온다. 우리는 어떻게 해서든 각 아이들에게 가닿아야 하며, 하나하나 모두 만나야 한다. 교사들은 기회를 놓치거나 잠재력을 깨워주지 못하고 학생들에게 다가가지 못할 때 공통적으로 괴로움을 느낀다. 여기에 지속적인 변화, 시간의 압박, 지원 부재, 자원 부족을 더하면 가르치는 일의 어려움과 강도가 명백해진다. 그러니 많은 교사들이 뭔가 확실하고 구체적이며 믿을 만한 것에 기대게 되는 것이다. 뭔가 눈으로 보고 손으로 잡을 수 있는 것, 학습 계획안이라든가 적극적 훈육(assertive discipline, 리와 말린 캔터가 발전시킨 교실 관리 방식으로 교사가 확고하고 엄격하게 학급을 통제하는 방식이다-옮긴이) 강습 같은 것으로 후퇴하게 된다. 완전히 소진되고 싶지는 않기 때문이다.

가르치는 일을 하고 싶지 않게 만드는 몇 가지 이유를 들었는데, 다합하면 적어도 내가 보기에는 매우 설득력 있게 여겨진다. 그렇다면 왜 가르치는가? 교사가 되기까지의 나의 길은 아주 오래전 다정한 대가족에서 비롯되었다. 나는 우리 가족의 친밀함에 기뻐하기도 하고 비밀이 없어 짜증스러워도 하고, 고집을 부리기도 하고 자유에 한계를 느끼기도 했다. 가정생활의 안전과 제약을 모두 경험했다. 나는 다섯 아이 가운데 셋째여서 배울 기회도 있고 가르칠 기회도 있었다. 우리 가족 안에서 나는 자존감과 다른 사람에 대한 존중, 자기주장과 타협, 개인적 선택과 집단의식의 균형을 맞추는 법을 배웠다.

나는 미시간 주 앤아버에 있는 "아이들의 공동체"라는 대안학교에서 교직을 시작했다. 원대한 목표를 지닌 조그만 학교였고, 세상을 바꾸리라고 우리가 기대한 학교였다. 우리의 목표 가운데 하나는 풍부한 양질의 경험에 바탕한 교육을 학생들에게 제공하는 것이었다. 또 다른 하나는 자유와 인종 통합의 강력한 모델을 제시해서 다른 학교와 사회 전체에 드넓은 영향을 미치는 것이었다. 우리는 스스로를 저항세력, 반체제로 생각했으며, 사회 변화를 위한 더 큰 운동의 일부로 여겼다.

그해는 1965년이었고 나는 스무 살이었다. 많은 젊은이들이 교직을 존경할 만한 일일 뿐 아니라 의미 있고 뜻깊은 일이라고 생각할 때다. 그리고 그때도 많은 학교들이 지금과 마찬가지로 비인간적이고 죽은 공간이었다. 하지만 우리는 행동하는 교사들이었다. 학교를 구하고, 아이들을 위한 삶의 공간이자 공감의 섬을 만들 수 있다고 생각했으며, 노력하면 새로운 사회질서를 이루는 데 기여할 수 있다고 믿었다. 우리는 스스로의 가치를 조롱하지 않는 삶을 살고자 했고, 가르치는 일이 바로 그러기 위한 방법이었다. 우리는 희망에 차 있었고 이타적이었으며 변화의 사명감에 차 있었다.

오늘날에는 교직이 그만큼 매력적으로 여겨지지도 그만큼 절실하게 여겨지지도 않는다. 많은 학교가 해결 불가능해 보이는 문제를 짊어진 처참한 상태에 있을 뿐 아니라, 편협하고 이기적인 생각이 사회를 지배한다. 이상주의자들을 어리석은 사람들이라 부르고, 학교가 모든 아이들이 쉽게 다가갈 수 있는, 아이들에게 맞춰진 곳이 되어야 한다는 생각은 그림의 떡 같은 소리라고 한다. 전투적인 사회적 진화론에 발맞춰 가속된 사회에서, 공적 생활에서 도덕성이 설 자리는 없다는 냉소주의가 팽배한 오늘날에 가르치는 일은 헛고생으로 보인다.

그러나 그렇지 않다. 많은 사람들이 여전히 교직을 강력한 소명으로 여기는데, 늘 그랬던 것과 같은 이유에서다. 사려 깊고 관심을 쏟아주는 어른을 필요로 하는 아이들이 여전히 있다. 길러주고 고무할 수 있는 사람, 지도하고 이끌 수 있는 사람, 이해하고 관심을 가져줄 수 있는 사람이. 사회에는 여전히 부당함과 결함이 남아 있고 그걸 해결해야 할 필요는 더욱 절박하다. 여전히 바꾸어야 할 세상이 있다. 개인적인 세계를 하나씩 바꾸어나가는 것도 포함해서. 교실은 아이들에게는 물론 교사들에게도 가능성과 변화의 공간이 될 수 있다. 교직은 여전히 세상을 바꾸는 일이 될 수 있다. 학교와 교실이라는 힘든 공간에서 우리의 목소리를 내야 한다. 몸을 바치는 교사들이 아직도 필요하고, 사실 이전 어느 때보다 더 절실히 필요하다.

나는 이것이 바로 가르치는 이유라고 본다. 사람들은 아이들을 사랑하기 때문에, 혹은 아이들과 같이 있는 것을 좋아하기 때문에, 아이들이 활짝 피어나고 자라고 세상 속에서 더 능력 있고 강하게 되어가는 것을 보는 걸 좋아하기 때문에 교직을 택한다. 아이들과 함께 있을 때 자기에게 일어나는 변화 때문에 좋아하기도 한다. 더 낫고, 더 인간적이며, 더 관대하고 사려 깊고 다정한 사람이 되는 것이 좋기 때문이다. 혹은 세상을 사랑해서 그 사랑을 다른 이들에게 보이고 싶어 교사가 되기도 한다. 어느 쪽이든 가르치는 것은 짓고 또 다시 쌓아 올리는 일이고, 다른 사람에게 자기 자신을 선물하는 일이다. 나는 세상을 더 나은 곳으로 만들고자 하는 희망에서 가르친다.

오랜 세월 동안 내가 만난 선생님들은 거의 다 어느 정도는 이런 희망을 품고 교직에 들어서지만, 가르치는 삶 속에서 그것을 충분히 실현하는 뛰어난 교사는 몇 되지 않는다. 어떻게 된 걸까? 일단 우리가 다닌 대학이나 교직 준비 과정에서 우리의 넓고 깊은 목적을 인정하지도 존중하지도 않는다. 이곳에서는 교육이나 교수법에 대한 연구에만 주목하게 하고 교실 현장과의 만남, 가르치는 일의 실제, 도덕성이나 아동기의 생태학에는 관심을 돌리지 못하게 한다. 이런 곳에서는 아이들에 대한 사랑이나 이상주의 같은 것은 시대에 뒤떨어진 것으로 여겨지곤 한다. 그러고 나면, 우리의 목표가 가망 없고 이룰 수 없는 것처럼 보이게끔 구조화된 학교에서 그저 살아남느라 허우적대는 자기 자신을 발견하게 될 것이다. 가치를 공유하고 같은 목표를 품은 학생 중심의 공동체를 바랐을지라도, 결국 위계질서, 통제, 효율성이 중시되는 제도, 절차 중심의 공간에 안주하고 만다. 교직을 준비하면서 이상적인 세계에서 우리가 될 수 있는 멋진 교사의 모습은 상상해보았겠지만, 우리가 가는 길에 흩어져 있는 장애물에 대해서는 전혀 알 수가 없었다.

흔한 장애물 가운데 하나는 가르치지 말라는 압력이다. 가족들과 친구들이 왜 하필 교직이냐고 묻고, 심지어 경험 많은 교사들도 젊은이들에게 다른 길로 가라고 조언하곤 한다. 내가 아는 한 초등학교 선생님은 대학원에 다닐 때 저명한 교육학 교수 아래에서 조교로 일했었는데, 교수가 자기더러 선생이 되기에는 너무 똑똑하고 유능한 학생이라고 계속 말했다고 한다. 당연히 자기편이 되어주리라고 생각했던 사람의 반대에 맞서 자기 선택을 옹호해야 하는 꼴이 되고 말았고, 그때 중요한 교훈을 얻었다. 바로 이 직업군에 속하는 사람 가운데도 그 목적을 존중하지 않는 사람이 많다는 것을. 교직이 중요하고 존경받는 직업이 되려면 교사들이 그렇게 만들어야 한다. 결국 선생님들이 목소리를 내야 한다.

또 다른 장애물은 "현실 세계"를 계속 들먹이는 목소리들이다. "지금은 이 학교가 현실이다" 등과 같이. 이 말의 요지는 여러분은 순진하고 어리석으며 학교는 늘 이러했고 절대 변하지 않으리라는 것이다. 이런 관점에서는 학교가 사회나 역사의 산물이나 사람들이 만들어낸 것이 아니라, 역사나 행동이나 선택의 밖에 있는 것이라고 본다. 교사나 학생이나 타협하고 순응하고 적응할 것이 당연시된다. 유순하고, 순응적이고, 순종적이 되어야 하는 것이다.

이와 비슷하게 학교 조직 안으로 들어올 때 미묘하게 열정과 마음을 갉아먹는 일이 벌어지기도 한다. 최근에 어떤 교장 선생님이 신임 교사들을 환영하는 모습을 보았다. 환영이라기보다 세뇌라고 하는 편이 정확할지도 모르겠다. 교장 선생님은 먼저 신임 교사들을 칭찬하고, 헌신과 젊은 에너지와 이상주의를 존경한다며 말을 시작했다. 누가 젊은 이상주의를 치켜세우면 뭔가 불안함을 느껴야 하는 법이다. 그런데 교사들은 환하게 웃으며 뿌듯함으로 얼굴을 빛내고 있었다. 그때 교장 선생님이 어조나 표정 하나 바꾸지 않고 곧 만나게 될 학생들과 가족들에 대해 경고를 하는, 학생들한테 너무 많은 것을 기대하면 안 된다고 주의를 주었다. "여러분의 이상주의는 아주 훌륭합니다. 바로 우리 학교에 필요한 것입니다." 교장 선생님은 이렇게 결론을 내렸다. "하지만 아이들이 읽기를 배우지 못한다고 자기 탓이라고는 생각하지 마세요. 수업을 듣게 하기만 해도 충분히 잘한 일입니다."

젊음을 칭찬하고 이상주의를 존경한다고 했지만 사실은 냉소주의에서 나온 말이었다. 교장 선생님은 이 교사들에게 받아들일 수 없는 것을 받아들이라고 말했다. "철들고", 기대치를 낮추라는 것이었다. 누구나 순진하다가 현명해지고, 서투르다가 유능해진다는 것은 사실이다. 교사들이 경험, 기술, 판단 면에서 성장해야 하는 것도 사실이다. 그러나 성장하기 위해서 교장 선생님 말대로 반드시 목표, 포부, 이상을 낮추어야 하는 것은 아니다. 가르치는 일이 시간을 두고 발전하고 꽃피는 활동인 것도 사실이다. 신참 교사를 거치지 않고 경험 많은 교사가 될 수는 없다. 그러나 드높고 진지한 이상, 희망, 현실에 대한 자각, 다른 사람에 대한 공감을 토대로 해야만 발전을 이룰 수 있다. 물론 교사들이 어쩔 수 없는 스스로의 한계에 대해 너그러워야 할 필요가 있긴 하지만, 동시에 스스로에 대해 비판적이고 철저한 자세를 지니면서 그렇게 해야 한다.

마지막으로, 가르침의 길에 있는 중대한 장애물 하나는 가르치는 일이 본질적으로 기술적이라서 쉽게 익히고 간단히 평가되고 얼른 바로잡을 수 있다는 생각이다. 교사가 되려는 학생들은 학습 계획서 만드는 법(놀라울 정도로 단순하고 지나치게 과장되어 있으며 별 쓸모가 없는 기술이다)을 익히거나 교실 관리에 관한 연구를 읽는 데에 터무니없이 많은 시간을 보낸다. 더 중요하고 직접적인, 아이들, 학부모들, 공동체의 목소리가 아니라 감독관이나 교육위원, 학자, 연구자의 말에 귀를 기울이라고 배운다. 이것이 아마 가장 극복하기 힘든 장애물일 것이다. 그래서 저항과 절충이 효과적인 교직 생활의 중요한 주제가 된다.

가르치는 일의 허상

내가 칭송하는 교사의 모습을 찾아보기가 매우 어렵다는 것은 안다. 훌륭한 교사가 된다는 것은 영웅적 여정이나 다름없다는 것도 안다. 오디세우스처럼 불확실한 보상을 향해 풍랑이 몰아치는 바다를 헤쳐 나가고, 끝없이 몰려드는 장애물을 극복해야 하며, (종종 홀로) 위험과 도전을 마주해야 한다. 교사는 나약하고 용기 없는 사람에게는 맞지 않는 일이다. 허상에서 현실로 나아가기 위하여 용기와 상상력이 필요하다.

가르치는 일은 허상 속에 파묻혀 있다. 실질적으로 수천 개는 되는 허상들이 따개비처럼 달라붙어 있고, 어떤 것들은 불을 내뿜는 거대한 괴물처럼 그 위에 버티고 앉아 있다. 이런 허상들을 교사에 대한 영화, 대중소설, 세대를 넘어 이어지는 고정관념에서 흔히 볼 수 있다. 예를 들면 이런 것이다.

허상 1. 좋은 선생님이 되기 위한 첫 번째 필수 단계는 교실을 잘 통제하는 것이다.

교직을 둘러싼 일상 담론의 중심에 있는 허상이다. "크리스마스 전까지는 웃지 마라"라는 오래된 격언도 있다. 어떤 교사들은 "학기 초에는 존경을 받기 위해 강하게 나갑니다. 그러고 나면 조금 풀어주어도 통제력을 잃지 않을 수 있습니다"라고 말한다. "처음에는 '나쁜 경찰' 역할을 해서 누가 대장인지 알려줍니다. 그러고 나면 '좋은 경찰'이 될 수 있지요"라고 하는 선생님도 있다. 또 어떤 사람들은 가르치는 일을 참호전에 비유하며 참호를 통제하는 것이 1차적 목표라고 주장한다.

이게 허상임을 깨닫기는 사실 쉽지 않다. 통제에서 벗어난 교실이 제 기능을 하지 못하는 것은 사실이기 때문이다. 그렇지만 교실 통제가 가르침보다 시간적으로 먼저 이루어져야 한다고 가정하는 단선적인 면과 교실 통제를 교육과정 전체와 따로 떼어 생각하는 편협함 때문에 옳지 않다. 교실 통제에 관한 허상은 교육을 도덕적, 지적 과업으로 보는 대신 행동 통제를 우선시하는 좁은 시각을 드러낸다.

많은 학생들과 생산적으로 공부하는 능력은 경험을 통해서만 얻어지는 기술이다. "긍정적 강화"니 "사전 준비"니 "기다리는 시간"이니 하는 교실 통제의 비법에만 초점을 맞춰서는 이런 기술을 발달시킬 수가 없다. 이런 것들은 교사의 관심을 잘못된 쪽으로 돌린다. 일단 통제를 해야 가르치기 시작할 수 있다고 가정하는 것도 도움이 되지 않는다. 조용하고 수동적이지만 거의 배우는 게 없는 교실도 있고, 아이들의 마음, 영혼, 정신이 통제의 이름 아래 조용히 망가지는 교실도 있다.

많은 학생들과 같이 수업을 잘 이끌어가는 방법은 연습을 통해 익힐 수 있다. 개인이나 가치를 무시하고 행동만 교정하는 기법을 익힌다고 되는 것이 아니고, 더 큰 목표와 목적을 성취하려고 시도하면서 알게 된다. 다시 말하면 세 가지 핵심적인 것에 주목한다는 뜻이다. 곧 학생들(학생들이 적극적인가? 자기 자신과 교사 모두에게 중요한 질문과 문제에 답을 찾으려 하는가?), 환경(적절한가? 도전 의식을 북돋는가? 성취를 할 수 있는 다양한 기회가 있는가?), 그리고 교육과정(참여를 유도하는가? 아는 것과 모르는 것을 연계하는가?)이다. 이것이 즉각적 "결과"를 낳지는 않을지라도 더 진실하고 생산적인 교사와 학생의 관계를 이룰 수 있게 해줄 것이고, 그러고 나면 결집성이나 행동 기준의 문제는 상황 속에서 풀어나 갈 수 있다.

허상 2. 교사들은 교육대학에서 가르치는 법을 배운다.

교사들은 교육대학에서 가르치는 법을 배우지만, 안타깝게도 배운 것이 진지한 성찰의 대상이 되지 못하는 때가 많고 사실상 갈등과 모순의 덩어리인 경우가 많다. 교사들은 교사 교육과정이 괴로울 정도로 따분하며 때로는 악의적이고 대부분은 핵심에서 벗어나 있다는 사실도 안다. 어떤 선생님들은 대학에서 학교의 복잡한 현실과 동떨어진 "진리"로 제공되는 수업을 받는 대신 실제 교실을 경험하면서 그런 수업을 받았더라면 유용했을 것이라고 하기도 한다.

이와 비슷한 허상으로, 좋은 대학을 나왔고 선의로 가득한 똑똑한 교사만 있으면 학교를 시궁창 상황에서 구해낼 수 있다는 믿음이 있다. 젊은이가 교직을 선택한다는 것만으로도 훌륭한 일이지만, 앞길에는 힘든 일, 거대한 장애물이 있기 마련이다. 잠깐 특이한 경험을 하고 싶어 하는 구경꾼이나 방관자들이 할 수 있는 일이 아니다.

교사 교육에서 이론과 실천을 분리하는 것도 교직을 비하하는 일이다. 가르치는 일이 폭스트롯 춤을 배우는 것처럼 얼른 배우고 쉽게 바로잡을 수 있는 일이라고 하거나, 방법과 기법, 공식에 따라 하면 되는 일반적 지식이라고 하는 것들이(말하자면 미주리 주 해너벌 시에서 가르치는 법을 익히면 할렘 가에서도 가르칠 수 있다는 식으로) 가르치는 일을 질식시킨다.

가르치는 일은 무엇보다도 실질적인 활동이고 실천을 통해, 또 그것과 함께 사려 깊고 몸에 밴 지속적인 숙고를 통해 가장 잘 익힐 수 있다. 이런 깊은 숙고와 반추를 교직 생활 안에 구조화하는 게 좋다. 또 동료들과, 길잡이나 지도자 역할을 해줄 수 있고 학교생활의 세세한 부분에 날카롭고 비판적인 시선을 보낼 수 있는 경험 많은 교사들과 함께 고민해야 한다. 그러면 진정한 교육의 복잡성을 이해할 수 있고 가르치는 일의 지적·윤리적 핵심을 놓치지 않을 수 있다.

허상 3. 좋은 선생님은 재미있다.

재미는 주의를 흩뜨리고 즐겁게 해주며 관심을 다른 데로 돌린다. 광대들은 재미있다. 농담도 재미있다. 학습은 정신을 사로잡고 몰두하게 만들고, 놀라고 어리둥절하게 만들고 잠여를 유도하며, 종종 매우 즐거운 일이 될 수 있다. 재미있고, 기쁘고, 신 나고, 그 이상이 될 수도 있다. 단순히 재미난 것하고는 좀 다르다. 사랑에 빠지는 것을 상상해보라. 사랑하는 사람과 꼭 껴안고, 사랑을 나누고, 처음으로 이해받는 느낌을 느끼고, 푹 빠져 다른 사람이 되는 듯한 느낌. 만약 사랑하는 사람의 눈을 그윽하게 바라볼 때 연인이 "재미있었어"라고 말한다면 기분을 완전히 잡칠 것이다. 좋은 선생님이 늘 재미있는 것은 아니다. 좋은 선생님은 늘 학생들과 진정한 교감을 목표로 해야 한다.

허상 4. 좋은 선생님은 교육 내용에 대해 다 안다.

애매한 문제다. 교사들은 아는 것이 많아야 하고, 좋은 선생님은 늘 읽고 궁금해하며 탐구하고 관심과 지식을 넓혀야 하긴 한다. 적게 아는 게 좋다고 할 사람이 누가 있겠는가? 하지만 우주는 팽창하고 지식은 무한하니 교사들이 모든 것을 다 알 도리는 없다. 어떤 교사들은 교재 내용을 가르치려면 교재에서 한발씩 먼저 나가야 한다고 하는데, 이는 어리석은 생각이다. 이런 생각은 지식이 유한하고 가르치는 일은 늘 똑같은 제한적인 내용을 학생들에게 전달하는 일일 뿐이라고 보는 것이다. 학생들을 "한 번에 한 걸음씩 앞으로" 나아가는 정보의 영역을 넘어서는 사고는 할 줄 모르는, 존중할 필요 없는 존재로 보는 셈이다.

좋은 선생님은 학생들과 함께 미지의 영역으로 뛰어들곤 한다. 학습에 생산적으로 접근하고 용기와 호기심 같은 바람직한 마음가짐을 보인다. 초등학교에서 기계에 관한 수업을 한다면, 집에서 고장 난 가전제품을 가져와 같이 연구해서 그게 어떻게 작동하는지 알아볼 수 있다. 고등학교에서 아시아계 이민에 대해 배운다면 함께 신문 기사를 찾아보거나 지역사회를 돌아다니며 인터뷰를 할 수 있다. 학생들과 함께 배우는 것은 가르치기 위한 아주 효과적인 방법이다. 좋은 교사는 자기들도 배우기 위해 가르칠 때가 많다.

허상 5. 좋은 선생님은 주어진 교육과정에서 시작해 그걸 강화하는 좋은 방법을 찾는다.

좋은 선생님은 학생들에 대한 높은 희망과 기대에서 시작하여 이런 기대를 최대한 충족시키려고 애쓴다. 그런데 "열정이 있는가?"라는 질문을 던져야 할 때 엉뚱하게도 "실천 가능한가?"라는 질문을 던지는 일이 많다. 주어진 교육과정은 지침이 될 수도 있고 장애가 될 수도 있고, 틀이 될 수도 있고 방해물이 될 수도 있고, 자원이 될 수도 있고 장벽이 될 수도 있다. 중요한 것은 가르침을 이루는 것인데, 그러기 위해서 때로 다른 곳에서 시작하여 감독관들을 만족시키기 위해 공식 교육과정으로 되돌아올 수도 있다.

예를 들면 내 동생은 버클리 고등학교에서 영어를 가르치는데, 어떤 수업에서 셰익스피어의 《태풍》을 가르쳐야 했다. 동생은 그에 덧붙여 베르톨트 브레히트, 윌리엄 골딩, 오에 겐자부로 등의 작품을 함께 읽혔다. 동생이 쓴 수업 계획서는 아주 독창적인 곳에서 시작한다.

세상이 왜 이렇게 엉망인지 고민해본 적이 있습니까? 다시 시작할 수 있다면 어떤 사회를 만들지 생각해본 적이 있습니까? 많은 사람들이 글을 쓰거나, 아니면 실제로 정부를 개혁해서 그렇게 하려고 했습니다. 올해에 우리는 우리 사회와 여러 대안들을 생각해보는 데 많은 시간을 보낼 것입니다. 늘 이런 질문을 염두에 둘 것입니다. 공정한 사회의 특징은 무엇인가? 먼저 《태풍》에서 시작합시다. (중략) 낯설고 신비로운 땅에 관한 희곡입니다. (중략) 이 섬에 밀라노에서 추방된 사람이 자기 세계를 건설했습니다. 비밀스러운 추종자와 영령들로 이루어진 왕국입니다. 여기에서 살고 싶을 것 같나요? 물론 관점에 따라 다를 것입니다. 이 세계는 주인의 눈으로 보느냐 노예의 눈으로 보느냐에 따라 다르게 보입니다. 브레히트의 시 〈노동자가 역사를 읽다〉에서는 이런 질문을 던집니다. 누가 피라미드를 건설했나? 파라오가 아니라, 그 일을 실제로 한 사람은 누구인가?

이런 식이다.

허상 6. 좋은 선생님은 좋은 연기자다.

그럴 때도 있다. 그렇지만 좋은 선생님이 카리스마도 없고 재주를 잘 보여주지 못할 때도 있다. 좋은 선생님이 "무대의 중심"이 아닌 것만은 확실하다. 이 자리는 학생들 자리이니 말이다.

유치원에서 가르칠 때 내가 한 일 대부분은 무대 뒤에서, 조용히, 눈에 뜨이지 않게 이루어졌다. 한 해는 교생 선생님 한 분이 이런 말로 나를 크게 칭찬해주었다. "두 달 동안 선생님은 아무것도 안 하신 것 같아요. 선생님의 가르침은 간접적이고 표 안 나고 은근해서 제 눈에는 학생들이 하는 것밖에 안 보이더라구요."

교사를 연기자로 보면 깊이와 결이 상당히 사라지게 된다. 이는 가르치는 일을 말하는 일, 수업 내용을 전달하거나 지식을 나누어주는 일로 보는 관점과 연결되어 있는 생각이다. 이건 교육의 아주 일부일 뿐인데, 이 허상에서는 전부로 본다.

허상 7. 좋은 선생님은 모든 학생들을 똑같이 대한다.

교사들이 공평하고, 사려 깊고, 모든 학생들을 배려하는 것은 중요한 일이다. 만약 학생들이 다 똑같다면 좋은 선생님은 모두를 똑같이 대할 것이다. 그렇지만, 소니아는 교실 전체를 장악할 정도로 폭발적인 분노를 지녔고 더 많은 관심을 필요로 한다. 얼마 전에 어머니를 잃은 제임스도 마찬가지다. 에인절은 영어를 할 줄 몰라서 관심이 더 필요하다. 필요는 움직이고 변한다. 내가 신임 교사였을 때, 어느 날 케빈이 점심값 없이 학교에 왔다. 나는 점심을 사먹으라고 50센트를 주었고, 몇몇 동료 교사들은 그냥 굶도록 내버려두어야 안 그러면 "날마다 애들 점심을 다 사줘야 한다"고 조언했다. 하지만 그런 일은 일어나지 않았다.

집에서도 식구들 중에 밤을 무서워하는 아이가 있다면 한동안 관심과 애정을 쏟아야 한다. 그다음에는 글 읽기를 배우는 아이에게 노력이 옮겨간다. 유치원에서 엄마와 헤어져 힘들어하는 아이들을 특히 신경 써서 보살핀다면, 다른 아이들도 모두 이곳이 안전하고 다정한 곳이라고 느끼게 된다. 좋은 선생님은 필요한 곳에 시간과 노력을 들이고 그로 인한 좋은 결과가 모든 아이들에게 퍼지리라고 기대한다.

허상 8. 오늘날 학생들은 예전 아이들과 다르다.

어느 세대의 어른들이나, 아이들이 온순하고 능력도 뛰어났던 "교육과 육아의 황금기"에 대해 이야기하곤 한다. 촉촉한 눈으로 들려주는 이런 옛날이야기는 사실 대개 자기의 어린 시절을 매우 심하게 윤색한 것이다. 어떤 선생님은 자기가 교직 초창기에는 훌륭한 교사였지만 "요즘 아이들은 가르칠 수가 없다"고 주장하기도 한다. 오늘날 이런 생각을 정당화하는 말로 "약물중독자의 자녀"라거나 "암탉이 우는 집안" 등을 들기도 한다. 사실 전에는 "가난의 문화", "문화적 소외"가 있었다. 그 전에는 "자녀에게 신경을 쓰지 않는 이민자"가 있었고. 마지막 말은 요즘에도 다시 쓰이는 것 같기도 하다.

정확한 사실은 아이들이 여러 힘든 배경과 고통스러운 경험을 지니고 학교에 온다는 것이다. 저마다 장점도 있고 단점도 있는 가정의 출신이다. 교사는 늘 그렇듯이 교사의 자질을 발휘할 수 있게 해주는 이상적인 아이가 있다는 생각을 버려야 한다. 아이의 학교 경험이나 성공 여부는 오로지 가정 형편이나 사회적 상황에 의해 결정된다는 생각을 거부해야 한다. 교실 문을 통해 들어오는 진짜 아이를 보아야 하고 각각에 맞게 가르칠 방법을 찾아야 한다. 그것은 늘 힘들고 까다로운 일이었고, 앞으로도 그럴 것이다.

허상 9. 좋은 교육을 학생들의 시험 성적으로 측정할 수 있다.

표준 시험에는 여러 문제가 있지만 가르침과 배움을 연결 짓는 것에서 나오는 문제들도 있다. 배움은 단선적이지 않다. 일직선적으로 일어나지 않고, 단계적으로 이루어지거나 형식적으로, 점진적으로 만들어지지도 않는다. 배움은 역동적이고 폭발적이고 많은 부분이 비형식적이다. 시간을 두고 쌓이고 갑자기 연결되기도 한다. 그러니 교사들은 정력적이고 열정적으로 가르쳐야 할 엄청난 책임을 진다. 배움은 광대하고 진취적이고, 단순화시켜 가늠할 수 없는 것이기 때문이다.

허상 10. 좋은 선생님은 교실에서 일어나는 일을 다 안다.

선생님들은 교실에서 벌어지는 일에 대해 진실은 한 가지이고 나머지 서른 가지는 오해라고 생각하곤 한다. 하지만 현실에서 교사는 교실에서 벌어지는 일에 대해 한 가지 이야기를 알 뿐이지 그게 유일한 이야기이거나 "진짜 이야기"는 아니다. 진짜 이야기는 다면적일 수밖에 없다. 서른 명 아이들에게 저마다 진짜 이야기가 있으니 말이다. 아이들은 교실 현실을 적극적으로 해석하는데, 아이들의 해석이 교사의 해석과 늘 같지는 않다. 교실은 활기가 끓어넘치는 곳이고 아이들이 한자리에 모여 함께 독특하고 역동적인 문화를 만들어내는 곳이다. 때로 사물이 부풀어 오르기도 하고 때로는 얻어맞고 쭈그러지기도 한다.

허상 11. 모든 아이들은 평균 이상이다.

"3학년의 신화"라는 게 있다. 흔히 "이 아이는 3학년 수준의 읽기를 해요"라고 말하는 식이다. 마치 올림포스 산에 "이상적인" 3학년짜리 아이가 있고 나머지 사람은 모두 그림자이거나 그걸 흉내 내는 것일 뿐이라는 듯이. 그래서 4학년 선생님들은 다 3학년 선생님들을 원망하고, 중학교 선생님들은 초등학교 선생님들한테 불만을 갖고, 대학교 교수들은 전체에 대해 불평을 토한다. 아이들이 "준비가 안 된 채로" 왔다면서. 사실은 3학년 아이들은 저마다 다 다르고, 그 다양성에 따라 가르치는 게 교사가 할 일이다.

허상 12. 오늘날 아이들은 이전 어느 때보다 형편없다.

요즘 아이들은 사치를 좋아한다. 버릇이 없고 권위를 조롱하며, 어른을 존경하지 않고, 일하고 행동하기보다 말하기를 좋아한다. 요새는 어른이 방에 들어와도 일어서지 않는다. 부모에게 말대꾸하고 수다스럽고 밥상에서 밥을 게걸스럽게 먹고 스승에게 대든다.

이 글은 무려 2400년 전에 소크라테스가 쓴 것이다. 그리고 셰익스피어는 이렇게 말했다. "열 살하고 스물세 살 사이의 나이는 아예 없었으면 좋겠다. 그동안에 차라리 잠이나 자든가. 그 나이 때에 하는 일이라고는 여자를 임신시키거나 조상을 모독하거나 도둑질하고 쌈질하는 것밖에 없으니 말이다."[15] 오늘날 아이들도 아이들일 뿐이다. 따뜻하고 교감하는 어른이 아이들과 관계를 맺고 북돋아주어야 한다. 우리 자신이 젊었을 때 어떠했는지는 편리하게 잊었더라도 말이다.

사려 깊고 다정하고 헌신적인 교사

　가르치는 일은 인간의 활동으로, 다른 모든 인간 활동이 그렇듯이 한계와 가능성을 지니고 있다. 가르침은 사람에 의존한다. 교직을 선택한 사람들과 원하든 원치 않든 학생이 된 사람들, 교육에는 이렇듯 양 축이 있고 양쪽에 모두 사람이 있다. 저마다의 생각, 희망, 꿈, 열망, 필요, 경험, 환경, 목표, 우선사항을 지닌 온전한 인간이다. 교육은 관계적이고 상호적이다. 대화, 주고받기, 상호작용이 필요하다. 또한 다방향적이다. 그렇기 때문에 가르치면서 이루어지는 만남이 모두 특별하고 저마다 독특한 것이리라.

　내가 가르치던 아이인 제이콥은 다섯 살 때 글 읽기를 배웠는데, 형식적인 가르침을 받지 않고 스스로 이루어냈다. 제이콥은 자신감 있고 독립적이며 스스로를 중요하게 여겨서 거의 모든 일을 자신감 있고 용기 있게 대했다. 읽기도 마찬가지였다. 이야기책을 읽어주면 듣기를 좋아했고 좋아하는 책이 여러 권 있었다. 그림을 그리고는 그것에 맞는 이야기를 만들어 나에게 받아 적게 했다. 그러더니 제이콥은 주변에서 한두 마디씩을 읽기 시작했다. "멈춤" "피자" "과일" 등. 어느 날은 자기가 글을 읽을 수 있다고 선언했다. 익숙한 이야기책 몇 권을 가끔 도움을 받으며 읽어나갔다. 제이콥은 정말 글을 읽고 있었다.

　몰리는 여섯 살에 읽었다. 내 반에 있을 때 다른 아이들이 읽기를 배우는 모습을 좀 떨어져서 보고 있더니, 자기 책을 열심히 들여다보았다. 절대 도와달라고 하지 않았고 도와주겠다고 하면 싫다고 했다. 그러다가 언젠가 자기가 할 수 있는 때가 되었다고 결정을 내렸다. 그때 나한테 읽는 법을 가르쳐달라고 했고, 우리는 같이 앉아서 두 시간 동안 함께 책을 읽었다. 쉬운 단어들을 같이 읽고 그다음에 좀 더 어려운 단어로 넘어갔다. 글자의 소리에 대해 이야기하고 파닉스(문자군과 소리의 대응을 배우는 교수법-옮긴이)의 신비에 대해 이야기했다. 며칠 지나지 않아 몰리는 자기도 글을 읽을 수 있다고 느꼈다.

숀은 여덟 살 때 독립적으로 읽기를 익혔다. 내 반에 들어온 지 몇 해가 지난 뒤였다. 여러 해 동안 읽기를 목표로 삼았지만 숀은 해내지 못하는 듯했다. 숀도 열심히 노력했고 나도 열심히 도우려고 했다. 일단 편안하게 만들어주고 여러 가지 읽기 방법과 기회를 제공했다. 파닉스는 아주 유용하기도 했지만 도무지 종잡을 수 없는 것이기도 했다. 숀은 천천히 힘겹게, 2학년 때 마침내 암호를 풀었고, 읽었다. 3학년 때에는 다른 아이들과 다름없이 수준 높은 읽기를 했고 초기의 좌절은 이미 잊어버렸다.

아이들마다 배우는 과정이 달랐다. 다들 자기만의 재능, 방식, 어려움, 필요가 있었다. 아이들 모두 독특함에 적절히 창의적으로 반응할 수 있는 교사가 필요했다.

교육이란 교육과정이라고 불리는 꾸러미를 간단히 효율적으로 전달하는 것에 지나지 않는다는 관점이 영향력이 있는 정도가 아니라 지배적인 상황이다. 아이에 맞춰 조절하거나 대화할 필요는 거의 없다. 이런 모델에서 교사는 좋게 봐야 사무원이거나 생산 라인 노동자, 관리인에 지나지 않는다. 전문가와 학자, 정책 입안자의 지혜와 생각을 전달하는 일만 할 뿐이다. 이게 고전문학작품이다, 이게 역사의 진실이다, 이게 읽기 기술이다 등. 교사는 교육계 위계질서의 거의 가장 아래에, 학생 바로 위에 존재한다. 학생이 가장 밑바닥을 차지한다. 여러 해 전에 "교사에게 영향받지 않는" 교육과정에 대한 진지한 논의가 있었다. 아무 생각 없고 관심도 없는 사람이라도 전달할 수 있는 지식 꾸러미를 만든다는 것이었다. 예를 들어 "새로운 수학"은, 교사들이 자기가 경험한 적도 이해한 적도 없는 무언가를 전달하더라도, 교사들을 넘어서는 탁월한 수학자들이 탄생할 것이라는 개념에 바탕한 것이었다. 물론 엄청난 실패였고 이런 논의는 대체로 없던 것이 되었다. 오늘날 교사들한테는 학생들의 "비판적 사고", "윤리적 숙고"를 발달시키라고 요구한다. 삶에서 비판적으로 생각하거나 윤리적으로 되돌아볼 기회가 없을 때가 많은데도 말이다. 이런 개혁 방식은 어리석다. 요즘에는 생각하는 따뜻하고 헌신적인 교사를 가상의 인공지능이 대체하리라는 전망조차 나오곤 하는데, 교사가 사무원에 불과하다는 오래된 생각을 하이테크 버전으로 포장한 것에 불과하다.

    나는 40년 넘게 교직에 있었다. 그러는 동안 유치원에서 대학원까지 모든 단계를 다 가르쳤다. 읽기, 수학, 사회, 조사 방법론, 철학을 가르쳤다. 어린이집에서 유아들도 돌보았고 교정시설에서 "비행" 청소년도 돌보았다. 언제나 발견과 놀라움이 있었는데, 학생들한테도 그랬고 나에게도 그랬다. 인간관계는 늘 그렇다. 놀랍고, 개인적이고, 독특하고, 다양하다. 시간이 흐르면서 가르치는 일에 대한 기본적인 이해가 자라났고 내 의식에 깊게 새겨졌다. 좋은 교육을 하려면 무엇보다도 아이들의 삶에 헌신하는 사려 깊고 다정한 교사가 필요하다는 것. 너무나 단순하고, 그러면서도 매우 복잡하고 우아하다. 육아가 그렇듯 교육도 특정 기술이나 방식, 계획, 행동의 문제가 아니다. 우정이 그렇듯 좋은 교육은 미리 시나리오를 짜놓고 계획하고 구체화할 수 없는 것이다. 교사가 만약 사려 깊고 다정하고 헌신적이라면, 실수는 하겠지만 그것이 재앙을 불러오지는 않을 것이다. 헌신, 공감, 생각이 부족하다면 아무리 기술과 방법이 뛰어나도 보람이 없을 것이다. 교육은 근본적으로 사랑의 문제다. 나머지는 좋게 보면 보기에는 좋지만 본질적인 것은 아닌 장식에 불과하고, 나쁘게 보면 혼란을 일으키는 것일 따름이다. 주의를 잘못된 방향으로 돌리고 핵심에서 벗어나게 만들기 때문이다.

물론 우리는 알지도 이해하지도 못하는 것을 사랑할 수 없다. 공감이나 이해의 범위에서 완전히 벗어나는 사람을 가르칠 수도 없다. 미워하거나 경멸하거나 가치가 없다고 여기는 사람, 공통적 인간성에서 완전히 벗어나 있는 사람은 가르칠 수 없다. 반면 다른 사람에 대한 끈질긴 관심과 깊은 지식은 그 자체로 사랑의 행위다. 이는 가르침을 위한 좋은 준비가 되기도 한다.

도덕적 선택이라는 어려운 문제

나의 스승인 맥신 그린은 "관리직원 이상이 되고자 하는 교사는 가치의 문제나 도덕적 선택이라는 어려운 문제를 벗어날 수 없다"[16]고 했다. 우리는 가장 먼저 우리가 관례적으로 관리직원으로 만들어진다는 것을 깨닫는다. 사회에서 때로는 헌신적이고 다정하고 의욕적인 교사, 똑똑하고 창의적이고 자기희생적인 교사에 대한 낭만적인 이미지를 내세우기도 하지만, 우리는 학교의 척박한 현실은 힘을 빼고 단순화하는 구조, 교사들의 생각을 미리 정해주고 감독하며 활동을 통제하는 시스템이라는 것을 안다. 거대한 비개인적 시스템은 교사들이 순종하고 순응하고 규칙을 따를 것을 기대한다. 교육과정을 별생각 없이 전달하고 별 감정 없이 학생들을 통제하길 바란다. 한편 학생들은 규칙을 따르고 자기 앞에 놓인 것을 무엇이든 따라야 한다. 이런 학교 시스템에서 꼭대기에서 바닥까지 모든 사람들에게 주어지는 핵심 가르침은, 위계질서와 그 안에서의 자신의 위치, 관습과 관습에 대한 의무, 권위에 대해 의심하지 않는 수동적 태도다.

우리는 우리 자신을 몰개성화하고 우리 학생들을 생각하지 않는 존재로 만드는 데 동참한다. 스스로를 부속품, 양식을 채워 넣고 절차를 완성하는 하급 공무원으로 여긴다. 나는 최근에 어떤 교실을 방문했는데, 선생님이 나를 반기며 자랑스럽게 이렇게 말했다. "지금 수학책 257쪽을 하고 있어요. 교육부 지침에 나온 진도를 정확히 맞췄지요." 정말로 257쪽을 배우고 있긴 했지만, 많은 학생들이 전혀 이해하지 못했고 몇몇은 아예 자고 있었으며 그 반에 있는 아이들 거의 전부가 수학을 따라가지 못하고 있었다. 이 선생님에게는 아이들이나 자기 자신의 생각과 이상, 가치 있는 계획이 아니라 주어진 교육과정이 중심이 되어버렸다. 이 선생님은 교육과정을 막강하고, 현명하고, 의문의 여지가 없는 것으로 여긴다. 이 선생님은 스스로를 희생양으로 만들며 지시받은 대로 나아가고 있었다. 이는 모두가 지는 게임이었다. 아이들에게는 삶의 기회와 가능성이 줄어들고, 교사는 자기 직업과 일을 격하해서 바라보게 되니 말이다.

교사들은 다른 사람들의 생각을 그냥 따르는 일이 너무 많다. 어떤 것이 알거나 경험할 가치가 있느냐에 대한 다른 사람의 생각을 그대로 전달하고, "객관성"을 최고선이라고 여긴다. 열정이 없고 생각도 하지 않고 개입하지도 않으며, 중대한 문제는 "전문가"들에게 넘기고, 막중한 책임은 회피하며 단순히 기술적인 역할만 하려고 한다. 수단을 목적과 분리하면 학생들을 조종의 대상으로 보게 된다. 도덕적 사고는 무의미하다. 우리 시대의 진부한 표현에 따르면 교사들은 단순히 의무를 수행하고 명령을 따르며 할 일을 할 뿐이다.

맥신 그린이 "도덕적 선택이라는 어려운 문제"라고 말할 때 염두에 둔 것은 그 이상이 되는 것, 교육에 대한 이런 시각에 저항하는 것이다. 맥신 그린은 교사가 아이들에게 어른들의 문화와 사회를 대표하는 사람이 되며, 또 젊은이들을 가르쳐 특정 사회 속으로, 혹은 특정한 관계들, "특유한 생활 방식"에 적응하도록 내보내는 더 큰 과제에 교사가 때로는 의식적으로 때로는 무의식적으로 매진한다는 점을 두고 고민한다. 교사들이 더 현실적인 목표를 지니고 있을 수도 있고, 사회화라든가 문화적 적응 같은 어휘는 고답적이고 낯설고 교실 현실에 맞지 않는다고 느낄 수도 있다. 그러나 더 큰 역사적 렌즈를 통해서 바라보면, 교육은 사실 사회가 스스로를 재생산하고 유지하기 위한 노력이 일부다. 교육은 기술을 전달하는 것 이상이다. 살아 있는 행동이고, 취향과 가치, 의무와 선택, 신뢰와 관심, 헌신과 정당화가 반드시 여기에 포함된다.

한나 아렌트는 맥신 그린의 스승이었는데, 이렇게 요약해서 말했다.

교육은 우리가 세상에 대한 책임을 떠안을 만큼 세상을 사랑하는지 결정하는 순간이며, 그런 책임감을 지니고 재생이 이루어지거나 새롭고 젊은 것이 오지 않으면 피할 수 없을 쇠락으로부터 세상을 구하는 순간이다. 또한 교육은 우리가 아이들을 세상에서 쫓아내고 자기 힘으로 살아가도록 방치하거나 새롭고 예측하지 못한 것을 할 기회를 아이들 손에서 빼앗지 않고, 세상을 새로이 만드는 일을 아이들이 미리 준비할 수 있도록 만들 만큼 사랑하느냐를 결정하는 순간이기도 하다.[17]

예를 들어, 얼마 전까지만 해도 남아프리카공화국의 선생님은 수학, 과학, 언어 등 자기가 교실에서 가르치는 것도 생각해야 했지만 인종적으로 엄격하게 제한하고 구분하는 학교 시스템도 인식해야만 했다. 학교는 아파르트헤이트 체제의 일부였고, 그것을 반영하고 재생산했다. 그래서 선생님은 학교 밖의 더 큰 세상이 자기 가르침에 어떤 영향을 미치는지를 의식할 수밖에 없었다. 백인 아이들 학교에서 가르쳤다면 더 높은 요구사항과 기대를 충족해야 했고, "유색" 혹은 아프리카계 아이들 학교에서 가르쳤다면 다른 요구사항과 기대가 있었다. 학교는 사회에서 통용되는 관습을 전달하고 그것에 따라 아이들을 분류했다. 구체제 남아프리카공화국에서는 모든 분야에 가차 없는 구분이 있었는데, 이런 구분은 소수의 백인에게만 특권과 권력을 구가하기 위한 교육을 제공하고 엄청난 다수의 흑인들에게는 착취당하고 통제받는 삶에 걸맞은 교육을 제공하는 교육제도에 의해 재생산되었다. 남아프리카공화국의 교사들은 모두 그 문화의 목표와 태도와 목적을 전달하고 그 사회를 그대로 유지하는 데 필요한 역할을 해야 했다. 이런 사실을 인식하면서 교사들은 어떻게 해서든 가치와 정당성의 문제와 씨름을 해야 했다.

이것은 극단적인 예일 것이다. 그렇지만 중국, 폴란드, 독일, 니카라과, 사우디아라비아, 페루 등 어디를 보아도 같은 문제를 볼 수 있다. 학교는 여러 직·간접적인 방식으로 사회에 봉사한다. 사회는 학교를 특정 가치와 표준, 성향, 가정을 재생산하는 제도적 장치로 만든다. 쉽고 편하게 가르치려면 교사들은 어떻게든 이 큰 사회적 목표와 가치를 정당한 것으로 만들어야 한다. 그렇게 할 수 없다면 다른 방식으로, 저항 행위의 하나로 아이들을 가르쳐야 한다. 남아프리카공화국 등에서 학교가 저항의 중추 역할을 하는 까닭이 여기에 있을 것이다. 정부 정책에 학생들이나 교사들이 왜 적극적으로 공공연히 반대해왔는지, 학교 개혁이 미국에서도 끊이지 않고 제기되었는지를 여기에서 알 수 있다. 학교는 선하고 옳은 것에 대한 우리의 생각을 위해 싸우는 중대한 장소 가운데 하나다.

　미국이라고 다를 바 없다. 미국에서도 다른 나라와 마찬가지로 이것은 중대한 문제다. 물론 지금은 미국 사회에서 강한 회의와 혼란, 근본적 문제제기와 진지한 재검토가 이루어지는 때다. 변화하는 역할과 기대, 학교와 교사에 대한 서로 충돌하는 요구의 시대다. 불확정성과 격변이 계속되면 쉬운 답에서 위안을 찾고 싶게 되지만, 이런 쉬운 답들, 관습이나 선례, 권위에 기대는 답은 곧 힘을 잃을 때가 많다. 교사는 변화하는 불확실한 세계 속에서 선택하고 행동할 방법을 찾아야 한다 아무 보장이 없을지라도 책임감 있게 아이들을 가르칠 방법을 찾아야 한다. 그러기 위해서, 앞으로 살펴보겠지만, 교사는 깨어 있어야 하고 가르침 속에 온전히 존재해야만 한다. 교실 안에서 일종의 영웅주의가 필요하다.

　"도덕적 선택이라는 어려운 문제"를 받아들이는 교사는 교실에서 아이들과 얼굴을 정면으로 맞대게 된다. 이것만으로 어느 정도는 이미 근본적인 윤리적 질문을 마주하기 시작했다고 할 수 있는데, 다른 사람들을 격려하고 힘을 북돋는 일을 선택했기 때문이다. 어떤 과목을 가르치든 어떤 교수법을 택하든 다른 사람을 더 낫고 더 능력 있게 만들며 무엇을 주기 위한 활동에 종사하는 것이기 때문이다. 모든 교육은 따라서 의식적으로나 무의식적으로나, 명시적으로나 암묵적으로나, 두 가지 질문을 다룬다. 어떤 지식과 경험이 가장 가치가 있나? 이런 가치 있는 경험과 지식을 학생들이 최대한 활용하도록 만들 힘과 활기와 능력을 불어넣기 위한 수단은 어떤 것인가?

물론 두 질문 다 쉽고 분명한 해답, 모든 상황에서 누구에게나 통하는 보편적인 답은 없다. 사람의 경험과 능력이 현기증을 일으킬 정도로 다양하다는 것 하나 때문에도, 교사들은 학생들을 깊이 들여다보아야 하고 학생들을 우리와 같은 사람이지만 저마다 매우 독특한 존재로 보아야 한다. 이게 교육에 있어 가장 중심이 되는 과제이며 본질적으로 도덕적인 과제이기도 하다. 사실이나 경험적 자료만을 가지고 해답을 찾을 수는 없다. 증명 가능한 하나의 답은 없다. 여러 가능한 답이 있고, 그 방향으로 가는 길은 무수히 많다. 어떻게 되어야 하는지, 어떻게 되어서는 안 되는지 생각해야 한다. 우리 학생들을 학생들과 함께 탐구하고, 또 교육의 더 큰 맥락을 연구해야 한다. 상충하는 주장들 사이에서 선택해야 하고, 그러려면 가능한 과정과 결과에 대해 비판적으로 열심히 생각해야 한다. 학생들이 충만하고 윤택한 삶을 누리고, 강하고 능력 있고 자질 있는 존재가 되고, 개인적·집단적 운명을 형성할 능력을 갖추는 데 필요한 지식과 기술, 기질을 얻기를 바란다면, 우리 교사들은 특정 학생들과 구체적 상황 속에서 이런 드높은 목표를 어떻게 실현할 것인지 알아내기 위해 분투해야 한다. 반드시 필요한 기술이라고 생각하는 것을 가르치는 데 집중해야 할 때는 언제이고, 학생들이 주도하고 행동하게 해야 하는 때는 언제인가? 보듬고 키워야 할 때는 언제이고 놓아주어야 할 때는 언제인가? 우리가 옳은 일을 하고 있는지 어떻게 알 수 있는가?

맥신 그린은 교사가 "철학을 하는 법"을 배우는 데에 해답이 있다고 한다. 교사가 가르치고 배우는 일을 비판적으로 깊이 생각하며 접근

할 수 있다는 뜻이다. 늘 생각하고 깨어 있으려고 하고, 단순히 일상을 되풀이하는 것에 저항하려고 애쓸 수 있다. 예를 들면, 사회과학자들의 발견을 진리가 아니라 검토하고 살펴보고 생각해볼 것으로 사용할 수 있다. 자기 자신의 경험조차도 확실한 것이 아니라 잠정적인 것으로 보고 질문을 던질 수 있다. "철학을 한다"는 것은 자의식을 갖고 주변 세계에 깊은 관심을 가진다는 의미이다. 또한 교육에 대한 근본적인 질문을 되풀이해서 계속 던지는 것을 가리키기도 한다. "내가 지금 (세상에 대해, 이 학급에 대해, 눈앞에 있는 아이에 대해) 아는 것에 비추어보았을 때, 나는 무엇을 해야 하는가?" 그린은 이렇게 말했다.

> 진지한 개인은 대개 매우 구체적인 도덕적 선택을 내려야 한다. 교사들이 정당화에 필요한 요건에 더욱 철저할수록, 자기 행동을 통제하는 기준이 더욱 명료할수록, 주변 상황과 있을 수 있는 결과를 평가하는 데 더욱 몰두할수록 더 "윤리적"이 될 것이다. 그 정도면 더 바랄 것이 없다.[18]

넬 노딩스는 교사들이 "돌봄의 윤리"를 택하면 "도덕적 선택이라는 어려운 문제"를 다루는 데 도움이 된다고 조언한다. 노딩스는 중요한 것은 특정 의무나 원칙을 따르는 게 아니라 자기와 관계를 맺은 사람을 직접적이고 친밀하며 진실하게 대하는 것이라고 한다.

> 자연스러운 돌봄―다른 사람(사랑하는 이, 아기, 아픈 친구)을 돌보고 싶을 때 일어나는 반응이 윤리적 돌봄의 이상이 된다. 윤리적 돌봄은 자연스러운 돌봄을 시작하고 유지하고 새로이 하려는 노력을 통해 이상에 가까이 간다. (중략) 돌봄의 윤리를 따르는 사람은 자기가 반드시 충실해

야만 하는가 하는 질문을 던지지 않는다. 사람에 대한 충실함이 그 자체로 충실함이다. 충실함은 개별 도덕적 행위자의 행동이나 성품의 특징이 아니라 관계의 특질이다.[19]

이러한 생각은 '인간 전체'를 향하게 한다. 돌봄의 윤리라는 관점에서 보면 우리 관심의 초점이 되는 것은 바로 우리 앞에 있는 사람이다. 학문적 추구나 기본적 기술 습득에는 관심을 덜 기울여도 된다는 뜻이 아니라, 기술은 사람에 대한 관심의 결과로 가르칠 수 있다는 뜻이다. 다시 말해 "가르침은 관심 안에서 이루어진다".[20] 나는 학생들이 나한테 수학을 배울 수 있는 까닭은 내가 아이들을 사랑하기 때문이지 내가 수학을 사랑하기 때문이 아니라고 주장한다.

가르치는 과정에서 우리는 교사로서 어떤 사람이 될 수 있을까, 무엇을 소중히 여기고 무엇을 가치 있게 여겨야 할까, 교실에서 학생들과 어떻게 지낼까를 결정하는 과제를 맞닥뜨린다. 제도적 현실은 목표를 (잘해봐야) 부분적으로밖에 이루지 못하게 하므로 나머지는 모두 자신에게 달렸다는 사실을 알면서도 가르치는 일을 맡아야 한다는 과제다. 변화라는 굴곡진 길을 택하는 일이기도 하다. 관습적 패턴이나 기존의 관념에 물든 있는 그대로의 세계를 넘어서 아직 이루어지지 않았으나 이루어질 수 있는 세계와 현실을 향해 가는 일이다.

또한 더 나아가 다른 사람들의 선택을 실현시키고 다른 사람들이 성장하게 지원하는 일을 하기로 선택하는 것이기도 하다. 이런 면에서, 교직을 택한다는 것은 단순히 직업을 택하는 것이 아니다. 어떤 계획이나 천직, 소명으로서 교직을 택한 것이다. 교직 같은 소명에서는 개인의 세계와 공적 세계 사이에, 개인의 성취와 사회적 의무 사이에 중대한 고리가 있다. 오늘날 많은 직업에 만연한 이해타산주의를 거부하는 신념과 목적의식도 있다. 교직은 직업 중의 직업이다. 교직을 택한다는 것은 다른 사람의 선택을 이룰 수 있게 하는 일을 택하는 것이기 때문이다. 힘을 부여하는 일, 잘 선택할 수 있도록 하는 일이다. 그러려면 온갖 기술, 도구, 기질, 기회를 갖추어야 하고, 교사는 어떻게든 이 모든 것을 떠맡아야 한다.

사회는 무관심하고 사회의 일원으로서 우리는 모두 방향을 잃고 떠돌고 있으니, 윤리적 행위라는 말을 낭만적이고 어리석고 시대에 뒤떨어진 것이라고 치부하기도 쉽다. 특히 학교가 점점 효율성과 통제라는 좁은 목표를 향해 기우는 요즘에는 더욱 시대에 뒤떨어진 것으로 여겨지곤 한다. 그러나 우리는 가치에 대해, 어떻게 되어야 하느냐에 대해 이야기해야 한다. 우리 자신과 우리가 처한 상황, 우리의 기회에 대해 진정으로 이해하려면, 학교와 사회의 개선을 위해 의미 있는 한 발을 내디디려 한다면 말이다. 오늘날 우리가 마주하는 문제는 본디 기술적이거나 물질적인 문제가 아니다. 그것은 핵심적으로 도덕적인 문제들이다.

교육은 본질적으로 더 나은 미래에 대한 희망을 실천하는 것이다. 교육을 통해 얻는 보상은 화려하지도 뚜렷하지도 않다. 내적이고 눈에 보이지 않고 순간적일 때가 많다. 그러나 역설적으로, 멋진 옷이나 큰 집보다 훨씬 더 깊고, 더 오래가고, 더욱 실질적인 것일 수 있다. 교육으로 얻는 보상이라면, 아이가 생각을 이어가고 글자나 어떤 주제나 생각을 깨치는 것을 보는 일, 아이가 전과 다르게 무언가에 혹은 누군가에게 관심을 갖기 시작하는 것을 보는 일, 혹은 아이를 가치 있는 사람으로 대했기 때문에 그 아이가 더욱 가치 있는 사람이 되어가는 과정을 지켜보는 일 등이 있을 것이다. 관심이 부재한 시대에 아이에게 관심을 쏟음으로써, 생각이 없는 시대에 스스로 생각함으로써 얻는 특별히 강한 만족감이 있다. 교육의 보상은 우리의 삶이 변화를 이룰 수 있다는 것을 아는 데 있다.

제2장

가르침의 시작_학생 보기

우리는 서로의 수확이다.
우리는 서로의 일이다.
우리는 서로의 중대함이며 끈이다.
— 그웬돌린 브룩스

가르치는 일은 학생을 보는 것에서 시작하고 끝나는, 상호작용하는 실천이다. 계속 이어지며 결코 완결되는 일이 없기 때문에 보기보다 훨씬 복잡한 것이다. 학생은 성장하고 변화하고, 교사는 배우고, 상황은 바뀌므로 보는 것은 진화하는 도전이 된다. 신비하고 불분명했던 것이 한 꺼풀 벗겨지고, 학생이 교사에게 더 직접적인 존재로 느껴지게 되면, 처음에는 불명료했던 경험, 사고방식, 지식이 생기 넘치는 진짜 가르침을 쌓아나갈 토대로 바뀐다.

우리 집 막내는 생후 열네 달에 우리 가족에게 왔다. 느닷없고 급작스러운 일이었다. 오랜 친구인, 체사의 친부모가 더 이상 체사를 돌볼 수 없게 되어 체사는 떠도는 신세가 되었다. 조부모님들이 잠깐 동안 데리고 있다가 우리에게 보냈다.

　한동안 체사는 수월한 아이였다. 순하고 다른 사람의 기분을 잘 맞추어주었고, 어쩌면 좀 너무 순종적이었다. 짜증을 내거나 조르는 법이 없었다. 그런 한편, 어떤 것에도 열의가 없었다. 놀 때도 시큰둥했고 주변 세계를 탐구할 때는 조심스러웠다. 새로 생긴 형들(큰형하고는 네 살 차이고 작은형하고는 반년 차이밖에 나지 않았다)이 노는 것을 구경했지만 같이 놀라고 하면 쭈뼛거렸다. 감기나 중이염이 돌 때마다 여지없이 걸렸다. 건강도 감정도 늘 바닥에 있는 것처럼 보였다. 풀이 죽어 있고 침울했다. 나중에는 우울함이 주로 자기 자신에게 향하는 폭발적인 분노로 바뀌었다. 신체적으로나 사회적으로나 둔했고 사람이나 사물에 부딪히는 일이 잦았다. 그러다 보면 자기는 다치고 다른 사람들은 화를 내곤 했는데, 그래 놓고 정작 자기 자신은 무슨 일이 있었던 건지 어리둥절해하곤 했다.

체사한테는 자기 삶을 헤쳐나가는 데 도움이 되는 자질들도 있었다. 한 가지는 끈질긴 고집이었다. 성공할 때까지 어떤 과제나 도전에 매달리고 또 매달리고자 하는 의지가 있었다. 열 살 때 체사가 다니던 수영부에서 모금 행사를 했을 때, 체사는 어설픈 동작으로 한 바퀴, 또 한 바퀴 계속 헤엄을 쳤다. 수영부에서 가장 느린 아이이기도 했지만 가장 오랫동안 물 밖으로 나오지 않은 아이이기도 했다. 일단 마음을 먹고 나면 무슨 일이 있어도 절대 포기하지도 굴복하지도 않았다. 또 다른 자질은 영리함과 날카로운 기억이었다. 어떤 사건이나 대화를 전달하는 걸 들어보면 색깔, 뉘앙스, 세부사항이 생생하게 살아 있었다. 게다가 믿을 수 없을 정도로 공감능력이 뛰어나고 관대했다. 물론 이런 자질들은 두 가지 각도에서 느껴지곤 했다. 강철 같은 의지가 고집불통의 성격이라고 느껴지기도 하고, 기억력은 명민하기도 하지만 강박적이기도 했다. 다정함도 장점이자 단점이 될 수 있었다.

1학년에 입학하게 되었을 때, 우리는 사람들이 체사를 어떤 아이라고 느낄지, 체사가 학생으로서 어떻게 보일지 다양한 관점이 있을 수 있다는 것을 뼈아프게 자각하고 있었다. 예를 들면 고집스러운 면이 그랬다. 분노와 화가 폭발하는 것이나 사람들 사이로 돌진하는 문제도 눈에 아주 잘 뜨였다. 선생님이 체사를 어떤 아이로 볼까? 놀랍고 멋진 우리 아이를 과연 알아봐줄까?

우리는 운이 좋았다. 체사의 선생님은 케빈 스위니라는 젊은 남자분이었는데, 체사의 장점을 존중했고 장점을 북돋는 재미있고 기발한 방법을 금세 알아냈다. 예를 들면, 스위니 선생님은 체사에게 거의 날마다 청소 과제를 내주었다. 매일 반복되는 따분한 청소가 아니라 체사의 끈질긴 성품을 이용하는 과제였다. "체사, 오늘 오후에 이 선반을 닦을 수 있니? 종이를 이쪽으로 옮기고 비눗물 한 양동이하고 스펀지를 써서 닦아봐." 이렇게 하자 체사가 목표에 집중할 수 있었고, 이뿐만 아니라 다른 아이들과 체사 자신의 눈에도 체사의 가치 있는 자질이 더 잘 보이게 되었다. 그래서 체사는 자신감이 생겼고 무리 안에서도 더 잘 받아들여지게 되었다. 선생님도 체사에게 청소를 시킨 덕에, 힘들게 할 때가 많은 아이인 체사에게서 장점을 계속해서 느낄 수 있었다.

나는 도시 지역에 있는 공립학교에서 열 살 아이들을 맡았을 때 이 일을 다시 떠올렸다. 나는 아이들에게 짧고 자전적인 글이나 시를 쓰는 단순한 틀을 보여주었다. 첫 번째 줄은 이름이고, 다음에 자기를 묘사하는 세 단어를 한 줄로 쓴다. 그다음에는 무언가 사랑하는 것, 싫어하는 것, 무서워하는 것, 비라는 것을 한 줄씩 쓴다. 마지막 줄은 성이다. 나는 아이들에게 이런 예를 보여주었다.

> 나는 마틴
> > 용감하고 비폭력적인 투사
> > 모든 사람을 사랑하고
> > 압제를 싫어하고
> > 무지를 두려워하고
> > 자유를 원하는
> 킹.

해너벌이 "루터"라는 가운데 이름을 빼먹었다고 지적했다. 옳은 말이라서 우리는 마지막 행을 "루터 킹"으로 바꾸었다. 이제 아이들이 스스로 시를 만들었다.

나는 해너벌

변덕쟁이, 하지만 재미있고

시카고 불스를 좋아하고

매 맞는 걸 싫어하고

프레디가 무섭고

마이클 조던이 놀러오기를 바라는

존슨.

나는 애런

작고 검고 겁 많고

엄마를 사랑하고

괴롭힘당하는 걸 싫어하고

강간범과 경찰이 무섭고

행복을 바라는

블랙웰.

그날 아침 애런의 담임 선생님한테, 오전 한 시간 동안 애런이 우리 반에서 공부해도 되느냐고 물었을 때(전에도 가끔 그런 적이 있었다) 담임 선생님은 말 그대로 애런을 문밖으로 밀어냈다. "오늘 상태가 안 좋아요." 선생님이 말했다. "계속 딴생각만 하고 공부할 생각이 없어요." 이제 나는 애런을 다시 보게 되었다. 애런은 작고(연약해 보일 정도였다) 정말 겁에 질린 듯 보였다. 많이 웃었지만 늘 뭔가 미안하다는 듯이 눈을 내리깔고 자신이 없어 보였다. 늘 조용하며 말이나 놀이를 먼저 시작하는 법이 없었고 따라 하기만 했다. 얼굴에는 땟국이 흘렀고 머리는 헝클어졌으며 눈은 퉁퉁 붓고 눈가가 검었다. 나는 궁금했다. 왜 애런은 겁에 질렸을까? 애런이 말하는 경찰은 누구일까? 애런이 바라는 행복은 어떤 것일까?

애런의 시를 보고 궁금한 점에 대해 이야기하다가 나는 강간범이 애런의 삶에서 중요한 인물이라는 것을 알게 되었다. 애런은 그 사람을 한 번도 본 적은 없지만 생생하게 묘사할 수 있었다. 강간범은 손이 크고 못생기고 얼굴에는 크고 붉은 뾰루지가 나 있었다. 낡고 망가진 차를 몰았고 아이들이 학교에서 집으로 돌아가는 길에 종종 나타나곤 하기 때문에, 애런과 여동생은 날마다 뛰어 집으로 돌아갔다. 경찰도 큰 존재였다. 애런이 직접 아는 경찰은 없었지만 애런의 형 둘이 경찰과 엮이는 일이 많았다. 애런은 자기 형 제임스가 억울하게 갱의 일원이라는 오해를 받아 놀이터에서 "단지 거기에 있었다는 이유로" 체포당한 긴 이야기를 들려주었다. 애런은 어제 쿡 군(郡) 형무소에 있는 형을 면회 갔었는데, 오늘 형이 일급살인 혐의로 재판을 받는다고 했다. "엄마는 판사가 형이 안 그랬다는 걸 알면 형을 이번 주에 집에 보내줄 거라고 했어요."

담임 선생님이 "오늘 상태가 안 좋아요. 계속 딴생각만 하고 공부할 생각이 없어요."라고 말한 것도 당연한 일이었다. 우리 형이 살인죄로 재판을 받고 있는 상황에서도 내가 선생님 말씀을 잘 듣거나 문제풀이에 집중할 수 있을까 하는 생각을 해보았다. 그러고 나서 애런의 엄마를 생각했다. 어떤 희망을 품고 애런을 학교에 보냈을까 궁금했다. 우리가 체사를 위해 바랐던 것, 그리고 체사가 케빈 스위니 선생님에게 이해받을 수 있어 얼마나 다행이었는지에 비추어 애런의 엄마를 생각했다. 애런의 엄마가 선생님들에게 애런에 대해 어떤 도움되는 말을 할 수 있을까? 학교에서 신경 쓰는 선생님이 있기나 할까? 선생님이 애런을 가르칠 방법을 찾아내려고 할까?

꼬리표 붙이기

교사들은 자기 반을 바라볼 때 무엇을 볼까? 반쯤 문명화된 야만인들? 미개인들? 다양한 결함들, 지능지수, 혹은 평균점수들? 우리와 같은 인간을 보나? 물론 우리는 교실에 있는 아이들을 보지만, 이들은 누구인가? 어떤 희망을 안고 오나? 아이들의 꿈의 언어는 무엇인가? 아이들은 어떤 경험을 했고, 다음에 어디로 나아가길 바라는가? 무엇에 관심이 있고 흥미를 느끼고, 어떤 상처를 받았고, 무엇을 두려워하고, 무엇을 위해 싸우고, 무엇을, 누구를 아끼는가? 그들의 행복은 무엇인가? 고통은?

교직에 처음 몸담았을 때 우리 학생들 가운데 상당수가 "문화적으로 박탈"되어 있다는 말을 들었다. 몇몇 선생님들은 이 사실을 강력한 화두로 받아들였고, 여기저기에서 문화적 박탈을 파헤치고 고민했다. 우리는 그것을 실질적 조건, 주근깨처럼 몇몇 아이들에게서 떼어놓을 수 없는 물질적인 일부라고 생각했다. 그렇지만 얼마 지나지 않아 문화적 박탈이라는 개념에 계속 진지한 의문이 제기되었다. 누군가를 "문화적으로 박탈되었다"고 하는 것이 그 사람이 백인이 아니다, 중산층이 아니다, 라고 하는 것과 같은 말인가? 에스파냐어는 영어보다 "낮은" 언어인가? 이 말은 어떤 문화는 우월하고 다른 문화는 열등하다고 암시하는 것인가? 아니면 어떤 아이들은 문화를 지녔고 다른 아이들은 지니지 못했다는 것인가? 문화란 게 대체 무엇인가? 곧 문화적 박탈이라는 개념은 오만한 거짓으로 치부되어 폐기되었다.

그런데 안타깝게도 아이들에게 꼬리표를 붙이는 일이 그 뒤로 더 흔한 일이 되었다. 학교에 유행병처럼 제약 없이 퍼지는 유해한 버릇으로 자리 잡고 말았다. 감독관, 관리자, 행정가들은 다 아는 것처럼 "경미한 징후", "주의력 결핍 장애", "충동 조절 장애" 등을 웅얼거리는 것 말고 달리 할 일이 없는 모양이다. 그럴 때 우리 교사들은 옆에 서서 미소를 지으며 무슨 말인지 다 알아듣는 척한다. 분류항목은 점점 잘게 쪼개지고 점점 더 많아지며 그러면서 점점 괴상해진다. LD, BD, EII, TAG, EMII 등등. 오늘날 교사들은 자기 눈앞에서 "타고난 재능이 있는" 학생, "학습 장애" 어린이, "위험군" 아이를 보지 않을 수가 없는 지경이다. 얼마 전 나는 "위험군" 학생들에 대한 학술회의에서 중요한 연구 논문을 발표한 학자에게 "위험군"이라는 것이 무엇인지 간단하게, 《피터 래빗》수준의 언어"를 사용해서 정의를 내려달라고 부탁했다. 학자는 딱 잘라서 이렇게 말했다. "흑인이나 히스패닉, 가난하고, 한 부모 가정 출신." "위험군"이란 결국 "문화적 박탈"의 재활용인 셈이다. 그리고 가장 중요한 사실은 "위험군"이라는 것이 스스로를 정의하는 말이 아니라는 점이다. 나는 늘 힘든 상황의 아이들과 함께 일해 왔지만 한 번도 아이가 스스로 이렇게 말하는 것을 들어본 적이 없다. "안녕하세요, 전 마리아고요, 위험군이에요."

문제는 이거다. 인간이 중심이 되는 교육에서, 뚜렷하게 분류를 하려고 하면 시야가 좁아지고 잘못된 곳을 보게 되며 의도가 어긋나기 마련이다. 꼬리표는 제한한다. 특정 결함에 초점이 맞춰진 하나의 렌즈만 제공한다. 정작 우리에게 필요한 것은 아이의 계속 바뀌는 강점을 바라보기 위한 다양한 방식인데 말이다. 이렇게 나눈다는 것은 본말을 뒤집어놓은 셈이다. 드러내는 것이 아니라 오히려 감춘다. 우리한테는 직접적이고 구체적인 것이 필요한데 나누는 범주들은 추상적이다. 아이를 잘 가르치려면 이런 것들이 핵심 질문이 되어야 한다. 내 앞에 있는 사람은 누구인가? 이 아이의 희망과 상처는 어느 정도인가? 관심과 흥미는 무엇인가? 스스로를 어떻게 표현하며 학생으로서 자신에 대한 인식은 어떠한가? 어떤 노력을 하고 어떤 잠재력을 지녔는가? 우리는 바로 이런 질문에 몰두해야 한다.

바람-늑대에게 필요한 것

나더러 내가 못 하거나 잘 못하는 일, 이해를 못하거나 중요하게 생각하지 않는 것, 어설프게 하거나 재주 없는 활동의 목록을 적어보라고 하면 몇 초만에 칠판을 가득 메울 수 있을 것이다. 한번 보자. 나는 타자를 잘 못 치고, 프랑스어를 못하고, 낚시도 못하고, 차를 수리할 줄 모르고, 테니스도 못 치고, 골프는 이해를 못하고, 컴퓨터나 텔레비전이 어떤 원리로 작동하는지도 모르고, 악보도 못 읽고, 체스도 잘 못 두고, 트럼펫도 못 불고, 냉장고를 수리할 수도 없고, 기타 등등. 이런 것들을 모두 안다면 좋을 것이다. 모두 재미있고 가치 있는 일들이다.

이제 학교 행정가나 교사가 나의 이런 결함을 교정하기 위한 교육과정을 만든다고 생각해보자. 자동차정비 보충수업을 일주일에 세 번 들어야 하고, 이틀에 한 번씩은 과학실에 가서 냉장고와 텔레비전 수리와 유지를 배워야 하고, 매일 오후에는 초급 프랑스어 수업을 들어야 한다. 목적이야 물론 나를 더 능력 있고 나은 사람으로 만들자는 것이지만 그 결과는 소외감, 흥미 부족, 실패할 가능성이 높다. 나는 자동차정비를 배우는 데에 아무 흥미가 없다. 그냥 관심이 없다. 집에 텔레비전도 없는데 그게 어떻게 작동하는지 알고 싶은 불타는 욕망이 있을 리 없다. 냉장 기술도 모르고 외국어와 음악에는 별 재능이 없다. 이 과목들 대부분이 나에게는 멀게 느껴질 것이고 심지어 겁이 나는 것도 있다. 예를 들어 테니스 수업을 받는다면, 같이 수업 듣는 사람들 앞에서 바보가 된 기분일 것이다. 나를 교정하기 위한 노력이 내 기분을 좋지 않게 만들고 학교에서 멀어지게 만들 것이다.

앞에 적은 내가 못하는 것의 목록은(자존감을 너무 다치지 않기 위해서 아주 심하게 줄여놓은 것이다), 사실이긴 하지만 부적절하다. 어렵게 느껴지긴 하지만 그래도 관심이 가고 매력을 느끼는 일과(컴퓨터를 잘 다루는 법이라든가) 전혀 아무런 매력을 느끼지 못하는 일(골프나 낚시) 사이의 구분이 없다. 그뿐만 아니라 이 목록만 보아서는 나에 대해 중요한 사실을 아무것도 알 수 없다. 예를 들면 내가 날마다 자전거를 타고 출근한다거나 자전거에 대해서는 아주 잘 안다는 사실은 모를 것이다. 내가 영화와 재즈와 야구를 좋아한다는 사실도 알 수가 없다. 그리고 내가 빵을 잘 굽고 요리도 아주 창의적으로 잘한다는 사실이나, 요리를 할 때도 아이들을 가르칠 때처럼 계획을 넓게 잡고 정확한 조리법은 따르지 않는다는 사실은 모를 것이다. 내가 어제 시장에서 싱싱하고 조그만 가지를 샀고 그것에서 영감을 얻어 저녁을 준비했다는 사실도. 요리를 마치고 나서야 궁금해하는 손님들에게, 가지를 보니 생강이 생각났고 나중에 마늘과 양파, 오래된 와인 한 병을 곁들이기로 했다며 조리과정을 설명할 수 있었다는 것도.

내가 못하는 것의 목록은 내가 알고 좋아하는 것에 대해 말해주지 않을 뿐 아니라 내 기질이나 성향도 말해주지 않는다. 예를 들어 내가 격려하고 돌보는 기질이 있다는 것, 그리고 사람들 사이의 문제에 겁없이 (때로 쓸데없이 참견하며) 끼어든다는 것 등. 내가 배우는 방식도 말해주지 않는다. 나는 천천히 읽고, 다른 사람한테 들려준 것만 기억한다는 사실 같은 것. 단점 목록은 나에 대해 아무것도 말해주지 않는 듯하다. 내 경험, 필요, 꿈, 두려움, 기술, 비법 등은 알 수가 없다. 교사가 그걸 본다면 나와 별 상관이 없는 피상적인 가치에 대한 정보만 얻는다. 나를 배움을 향한 여행에 어떻게 끌어들일 것인가, 수업에 어떻게 참여하게 할 것인가에 대해서는 아무 실마리도 얻을 수 없다. 다시 말해 이 목록은 핵심적 질문에 답하지 못한다. 내가 아는 것에 기반해, 이 사람을 어떻게 가르칠 것인가?

마지막으로, 이 목록은 나 자신이 학생으로서 형편없다고 느끼게 만든다. 나는 강하고 튼튼하며 자신 있고 독립적이고 싶고, 집단에서 가치 있는 구성원이 되고 싶다. 이런 자질들을 길러주고 기회를 준다면 나는 놀라울 정도로 대범해질 수 있다. 비판을 받아들이고, 다른 사람들과 잘 협력하고, 나의 단점과 부족한 점을 받아들이고, 어려움을 이겨내고, 새로운 영역에서 실험을 해볼 수 있게 된다. 다시 말해 기대와 자신을 갖고 머리를 사용할 수 있는지 없는지는 나의 정서적 상태, 감정, 기분에 달려 있다. 이런 것들이 무시당하면 대부분의 사람들이 그렇듯 나도 물러서고 움츠러들고, 형식적 교육을 통해 성과를 얻을 가능성은 줄어든다.

양심적인 교사라면 누구나 이 아이, 저 아이, 또 저 아이를 잘 가르치려면 무엇을 알아야 하는가, 라는 질문을 던져야 한다. 교과목, 교육과정, 학문 분야에 대한 지식도 있어야 하고, 물론 학교에서 기대하는 바도 알아야 한다. 그렇지만 자기 자신에 대한 지식도 빼놓을 수 없다. 또 마찬가지로 중요한 것은 아이에 대한 지식, 그리고 그 이상이다. 가족, 지역사회, 문화 등 아이 삶의 배경과 상황에 대한 지식, 앞으로 아이들을 내보낼 사회와 세계에 대한 지식도 필요하다. 이런 지식은 광대하기도 하지만 역동적이고 소용돌이치며 확장되고 변화한다.

학교라는 곳은 희한하게도 뒤집어져 있어서 교사들이 잘못된 곳에서 출발하게 되는 일이 흔하다. 대개 아이들이 못하는 것, 모르는 것에서부터 출발한다. 아이들 각각에 대해 못하는 것 목록을 만들어서 아이가 모르거나 중요하게 생각하지 않는 것, 자신 없이 하는 것을 알아내야, 이런 결함을 보충하기 위한 교육과정을 짤 수 있다고 생각하는 꼴이다. 부족한 부분에 따라 약점을 고치기 위해 짠 교육과정이다. 그런 것은 효과가 없다.

교육자들의 의도가 잘못되어서가 아니다. 사실 아이들이 사회에서 제대로 기능하려면, 글을 익혀야 하고 필요한 기술들을 배울 수 있어야 한다. 또 이런 학교에서 많은 것을 배우는 학생이 없는 것도 아니다. 아이들은 늘 무언가를 배우고, 우리가 가르치는 것만 배우는 것도 아니다. 얄궂은 일이지만 학교에서 공부를 잘하는 학생은 학교 교육 때문이 아니라, 학교가 이 모양인데도 불구하고 무언가를 배운 경우다. 학교에서 공부를 못하는 학생은 그와 같은 약점 때문에 가차 없이 집중적 공격을 받는데, 그래봐야 나아지지는 않는다.

전지전능한 학습 계획안(이런 접근 방식에 따라 하루 단위로 교실에서 어떻게 해야 하는지 일러주는 것이다)은 약점 공략 방식을 말끔하게 구현해 보여준다. 단선적이고 일방적이고 점진적이며, 학생과는 전적으로 무관하다. 학습 계획안은 보통 수행 목표를 제시하며 시작한다. 예를 들면 "학생들이 모음 결합을 이해한다" 혹은 "학생들이 두 자리 수 곱셈을 한다" 등과 같이. 그러고 나서 필요한 교재를 설명하고, 어떤 활동을 할지 지시하며, 이 모든 것이 어떻게 더 큰 계획의 일부가 되는지 설명한다. 아주 깔끔하고 아주 객관적으로 보인다. 문제는 이것이 아이들이 어떻게 배우느냐와 무관하다는 점이다. 교실 생활의 복잡성이라든가 지식을 향해 가는 아이들 각각의 지극히 개인적이고 역동적인 경로는 전혀 담지 못한다.

저기 교실 뒤쪽 창가에 앉아 있는 에릭은 어떤가? 에릭은 나중에 친구를 만나서 뭐 하고 놀지 생각하고 있다. 공연히 또 연필깎이 있는 쪽으로 어슬렁거리며 가는 제임스는 어떤가? 제임스는 읽기나 지금 하고 있는 문제풀이를 잘해본 적이 없다. 교사는 문제를 느끼지만 손발이 묶인 기분이다. "서른 명의 아이들이 있고, 잘 못하는 아이들뿐 아니라 모든 아이들을 생각해야 한다. 그럴 기회가 있으면 잘 못 따라가는 아이들 하나하나에게 개인 교습을 하려고 하긴 하지만, 아이들도 어느 정도 노력을 해야 한다. 어쨌든 아이들 성적은 아이들 자신의 노력과 무엇을 배웠는지를 둘 다 보여주니까." 맞는 말이다. 에릭과 제임스는 이미 자기들이 열등생이라는 걸 알고, 벌써 마음이 뜨고 있고, 지금 교실에서 하는 일은 그 사실을 확인시켜줄 뿐이다. 아이들과 무관하게 돌아가는 결함 위주의 접근 방식은 정당성이 없고 닫혀 있다. 누군가는 배우고 누군가는 배우지 못할 것이고, 누군가는 열심히 공부하고 누군가는 그러지 않을 것이고, 누군가는 해내고 누군가는 낙오할 것이다. 매우 빤한 이야기다.

여기에 문제가 있다고 생각한다면(나는 도덕적 행위로서 혹은 지적 도전으로서 교직에 종사하는 교사들이라면 절대로 이런 생각에 머물러서는 안 된다고 생각한다) 다른 접근 방법이 필요하다. 결함 중심의 접근 방식에서 벗어날 방법을 찾아야 한다. 부족한 부분을 공략하는 방식, 결함을 밝혀내고 수리하기 위해 세부분과를 만드는 교육방식을 버려야 한다. 더 좋은 방법을 찾아야 한다. 장점, 경험, 기술, 능력을 토대로 쌓아나가는 방법이다. 가르치려는 학생을 통째로 끌어들여 그 학생이 더 큰 성취와 힘을 갖출 수 있게 이끌어야 한다. 미국 원주민 부모 한 사람이 다섯 살짜리 아들이 "학습 부진"이라는 진단을 받았을 때 이런 호소를 했던 것이 생각난다. "바람-늑대는 마흔 종이 넘는 새들의 이름과 이동 패턴을 압니다. 완벽하게 균형 잡힌 독수리의 꼬리 깃털은 열세 개리는 것도 압니다. 바람-늑대에게 필요한 것은 그 아이를 충분히 알아주는 교사입니다."[21]

깊게 들여다 보기

대부분의 교사들은 자기 학생에 대해 충분히 알고 싶어 한다. 어떻게 하면 동기를 부여하고 움직이게 할 수 있는지, 아이가 무엇에 몰두하고 흥미를 느끼는지 알고 싶고, 아이들이 왜 그런 식으로 행동하는지 알고 싶다. 또한 더 효과적인 교사가 되고 싶다. 곧 아이들에게 다가가는 만족스러운 순간은 최대로 늘리고, 우리가 시도한 것이 모두 실패로 돌아가고 마는 좌절감은 최소로 줄이고 싶다. 점수와 등급에

익숙해져 있긴 하지만, 객관적이고 비인격적인 기준(학년 등급 평균이건 시험 성적이건 가능성이나 성취도에 매겨진 등급이건 간에)에 따라 알 수 있는 것보다 더 많은 것을 알기를 바랄 때가 많다.

교사들은 어느 정도 탐정 노릇을 해야 한다. 아이들이 남긴 단서들을 따라가보고 부지런히 사실을 밝혀내어야 아이들의 성장과 발달에 대한 이야기를 충실하고 그럴듯하게 만들어낼 수 있다. 어떤 면에서는 연구자가 되어야 한다. 자료를 수집하고, 정보를 분석하고, 가설을 검증한다. 어떤 면에서는 세계적 수준의 퍼즐 대가가 되어야 한다. 아주 조그만 조각들을 공들여 짜맞춰 아동기라는 거대하고 복잡한 직소퍼즐을 맞춰간다. 이 세 가지 역할을 동시에 해야 할 뿐 아니라, 사실 이 세 가지 역할과 엄청나게 다른 점도 있다. 아이들의 이야기는 깔끔한 결론으로 끝나는 법이 없고, 자료는 들쭉날쭉하며 늘 부족하고, 직소퍼즐은 계속 바뀌고 변하기 때문에 결코 완성되지 않는다. 우리가 발견하는 진실은 확정적일 수 없고 늘 잠정적이다. 우리가 관심을 갖는 대상이 아이들이기 때문이다. 살아 있고, 숨 쉬고, 꿈틀거리고, 자라고, 움직이고, 제멋대로이고, 독특한 아이들. 뭔가 의미 있는 통찰을 이룬 순간, 흥미로운 본질을 포착한 순간, 아이는 변하고, 만화경이 돌아가고, 우리는 다시, 더욱 깊게 들여다보아야만 한다.

또 우리는 동시에 여러 다른 차원에서 관찰해야 한다. 지적, 문화적, 신체적, 정신적, 감정적 차원 등에서. 더 깊이 들여다보면서 고정관념과 편견을 넘어서려고, 어린 시절에 대한 흐릿하고 낭만화된 기억에서 나온, 아이들이 어떻게 행동해야 하는가 하는 개념을 넘어서서 바라보려고 노력해야 한다. 학교를 지배하는 암묵적 가정들, 곧 아이들은 보잘것없는 덜 된 어른들이며 교육의 목적은 아이들을 최대한 빨리 이런 딱한 상태에서 격상시키는 것이라는 어리석은 생각을 넘어서야 한다. 눈을 똑바로 뜨고 아이들이 실제로 어떤 모습인가 보아야 하고, 전부 이해하려고 애를 써야 아이들을 따라가고 가르칠 수 있게 된다.

발달심리학을 포함한 아동 발달 이론들은 아동기가 사람의 성장 과정에서 독특하고 뚜렷이 구분되는 시기임을 일러준다. 예를 들어 장 피아제는 어린아이들의 사고는 좀 더 큰 아이들과 비교해보았을 때 더 구체적이고 직접적임을 보여준다. 에릭 에릭슨은 사춘기에는 정체성과 집단에 대한 소속감이 중요하다는 것을 강조해 보여주었다. 성장하는 과정에서 인간적 의미가 상당히 바뀐다는 것을 알 수 있다. 아동기는 그 시기만의 중대성을 지니고 있고 삶의 준비 단계나 기능적 역할만 하는 것이 아님을, 아이의 삶도 그 자체로 완전한 삶임을 명심해야 한다. 피아제 같은 이론가의 방식을 진지하게 받아들인다면, 아이를 면밀히 관찰하고 주의 깊게 질문을 던지고, 존중하며 귀를 기울이고 자세한 기록을 남기는 것이 아이를 이해하는 데 얼마나 유용한지 알 수 있다. 우리는 이론을 교리로 받아들일 때가 많다. 구호나 공식 같은, 제대로 된 언어가 아닌 것으로 소통하려 한다. 그러다 보면 복잡한 것을 단순화하게 될 뿐 아니라, 더 나쁘게는, 발달 이론을 이용하여 아이들을 "발달 단계"에 따라 앞으로 밀어내게끔 고안된 교육과정을 세우게 되기도 한다. 그러다 보면 피아제가 몰두했던 아이가 앎을 얻는 방식에 대한 탐구 같은 것은 내팽개치게 되고 만다. 결국 아동 발달 이론도 교리가 되어버려 아이를 정확히 보는 데 도리어 장애물이 된다.

아이를 의도적으로 신중하게 관찰해야 아이를 알고 더 깊게 들여다보게 된다. 움직이는 아이, 상호작용하고, 선택하고, 만들고, 배우고, 반응하는 아이에 대해 최대한 현실적이고 풍부한 상을 취해야 한다. 이 이미지는 살아 있는 사진이고, 가장자리가 약간 흐릿할 수는 있지만 그래도 교사의 가르치는 능력을 높여줄 수 있는 상이다. 집단마다 저마다의 리듬, 패턴, 요구가 있지만, 아이들 하나하나를 관찰하는 것도 중요하다. 아이들 각각을 관찰하다 보면 아이들이 저마다 다르고 자기만의 세계를 가지고 있다는 것을 잊지 않게 된다.

내가 몇 달 동안 한 학생을 두고 교실에서 두서없이 메모한 것을 예로 들어보겠다.

애쉴리는 사랑스러운 아이다. 관심을 쏟은 보람을 안겨주는, 열정적이고 활발한 세 살짜리 여자아이다. 표정과 몸짓이 풍부하고, 눈은 검고 크며, 뺨은 둥글고, 몸이 유연하다. 웃을 때면 온몸이 흔들리며 요동친다. 울 때면 머리끝부터 발끝까지 온몸이 부들부들 떨린다. 익살을 부릴 때면 꼭 만화주인공 같다.

애쉴리는 체구가 작고, 신체 협응력이 좋아 잘 뛰고 잘 기어오르고, 튼튼하고 민첩하고 건강하다. 온몸으로 세상을 만난다. 모래를 맛보고, 얼굴에 물감을 바르고, 진흙 냄새를 맡고 손으로 짜보고, 어항에서 물고기를 떠낸다. 튼튼한 몸에서 우러나는 행동들이다.

하루 중 많은 부분을 애쉴리는 역할놀이를 하며 보낸다. 블록을 갖고 할 때도 있고, 꾸미기 공간에서 할 때도 있고, 읽거나 그림을 그리다가도 느닷없이 시작한다. 얼마 전에는 점심시간에 애쉴리가 케이트와 같이 앉았는데, 두 아이 다 인형을 가지고 식탁에 앉았다. 애쉴리가 케이트를 보며 말했다. "자, 아가, 맘마 먹어." 그러더니 애플소스를 한 숟갈 떠서 내밀었고, 케이트가 받아먹었다. 애쉴리는 웃으며 케이트를 먹이기 시작했다. 케이트 머리를 부드럽게 쓰다듬고 열심히 들여다보면서 얼굴을 살짝 숙이고 눈썹을 치켜세우고는 어른스럽게 과장된 목소리로 말했다. "착하지. 어서 먹어." 케이트는 즐겁게 하자는 대로 했고, 점심을 다 먹고 나자 애쉴리가 케이트의 손을 잡고 양치를 시키러 데리고 갔다.

어느 날 아침에는 모래놀이 테이블에서 너덧 명의 아이들하고 20분 정도 같이 놀았다. 애쉴리의 몸은 긴장이 풀어져 느슨했고, 애쉴리는 테이블 가장자리에서 몸을 앞으로 내밀며 한 발로 땅을 디뎠고 입술은 살짝 벌어져 있었다. "이건 차야." 애쉴리는 큰 컵으로 모래를 뜨더니 쏟아부었다. "이건 달걀이야." 딱히 누군가한테 하는 말은 아니었다. 조금 있다가는, "콩밥을 만들었어"라고 했다. 마침내 모래 테이블을 떠나 레코드 플레이어 쪽으로 갔다. 〈애니〉 레코드를 올려놓고는 혼자서 "투마로"라는 노래를 불렀다. 레코드 앞에서 몸을 흔들며, 연기를 하는 것처럼 손을 쫙 펼쳤다.

애쉴리는 가장 먼저 등원하는 일이 많다. 어느 날은 가볍게 교실로 달려 들어오면서 웃으며 나를 불렀다. "선생님." 애쉴리는 엄마한테 활짝 웃어 보이며 빙빙 돌더니 임신한 엄마의 배를 쓰다듬으며 계속 불렀다. "선생님! 선생님!"

"그 안에 뭐가 있어?"

"내 아기!" 애쉴리가 소리치며 웃음을 터뜨렸다.

"선생님은 안아봐도 돼요."

이건 중대한 선언이었다. 몇 주 동안 애쉴리는 아기가 태어나도 아무도 안아볼 수 없다고 말해왔으니 말이다.

애쉴리는 웃옷을 벗어놓고 깡충거리며 교실을 한 바퀴 또 돌았다. 식탁 위에 있는 베이글과 버터를 보고, 거북이를 쓰다듬고, 이젤을 두드렸다.

돌아와서는 애쉴리의 가방을 끄르고 있는 엄마 가까이에 있는 의자에 앉았다.

"나 실내화 신겨줘, 엄마." 애쉴리가 말했다. "지금 바빠." 엄마가 말했다. "좀 있다 해줄게. 먼저 부츠 끈을 느슨하게 풀지 그래?"

애쉴리는 기분 좋게 열심히 끈을 풀었다. 엄마가 실내화 신는 것을 도와주고 나자 애쉴리는 식탁으로 뛰어가서는 베이글을 크게 베어 물었다. "으음, 버터." 애쉴리는 기분 좋은 소리를 냈다.

엄마가 인사를 하고 떠났다. "엄마, 안녕." 애쉴리가 인사를 했다. 전에는 등원이 이렇게 쉽지 않았다. 애쉴리가 울고 안아달라고 할 때가 많았는데, 애쉴리 엄마는 늘 같은 패턴을 지켰고 애쉴리를 편하고 확고하게 대했다.

아이들이 둘 더 왔고 애쉴리와 같이 식탁에 앉았다. 애쉴리는 인사를 하고 고개를 끄덕이며 말했다. "너 내 아기 안을 수 있어, 호세. 아샤 너도 특별히 안을 수 있어." 두 아이는 자기들이 엄청난 호의를 입은 것을 잘 모르는 것 같았다.

베이글을 다 먹고 나자 애쉴리가 외쳤다. "저기로 올라가자!" 애쉴리는 사다리로 달려가 우아한 동작으로 다락방으로 올라갔다. 금세 블록으로 창문이 있는 네모 모양을 만들었다. 이 일에 집중한 상태라 두 아이가 더 온 것은 알아차리지 못했다. 한 아이의 부모가 애쉴리의 작품을 계속 칭찬하는데도 들리지 않는 모양이었다. 10분이 지난 뒤에 애쉴리가 소리쳤다. "아샤, 우주선 다 만들었어." 세 아이가 우주선에 탔고 애쉴리는 아이들한테 색깔 블록을 나눠주면서 말했다. "이게 건전지야." 그러더니 건전지를 창문에 넣는 법을 보여주었다.

어느 날 몇몇 아이들이 흰 종이에 손을 대고 손 모양을 그린 다음 색칠을 했다. 애쉴리는 자기 손을 갈색으로 빈틈없이 꼼꼼하게 칠했다. 다 칠하고 나자 종이를 뒤집어서 커다란 손 모양을 두 개 더 그렸다. 하나는 색을 칠하지 않고 나머지 하나는 검은색으로 칠했다. 흰 손, 검은 손을 차례로 가리키면서 "이건 아빠고, 이건 엄마야"라고 했다.

애쉴리는 색깔과 인종에 관심이 많다. 엄마는 자메이카 태생 흑인이고 아빠는 유대인이고 백인이다. 한동안 애쉴리가 가장 좋아하는 책은 《검은색은 밤색은 갈색》이라는, 다른 인종으로 이루어진 가족에 대한 그림책이었다. 애쉴리는 그 책을 "내 책"이라고 불렀다.

얼마 전에는 어떤 선생님한테 선생님은 무슨 색이냐고 물었다. 선생님이 대답했다. "어떤 것 같아?"

"제가 먼저 물었잖아요."

"좋아, 난 백인이야." 그랬더니 애쉴리가 다른 여러 아이들에 대해서도 흑인인지 백인인지 물었고, 그 선생님은 전부 대답했다. 결국 애쉴리는 만족한 듯이 이렇게 말했다. "네, 다 맞았어요."

가끔 머리카락에 실 한 가닥을 묶고는 그게 자기 꽁지머리라고 했다. "새러 머리처럼요." 지난주에는 자기 엄마가 친엄마가 아니라고 했다. 엄마가 자기 친구 압둘처럼 생겼기 때문이란다. "엄마가 가게에서 날 보고 마음에 들어서 샀어요." 애쉴리는 아주 진지한 태도로 그 문제에 몰두했다. 나중에는 나에게 이렇게 물었다. "우리 새 아기가 어떤 색일지 알아요?"

"알 것 같아."

"갈색이지요, 나처럼."

한 번에 한 아이에게 집중하면 그 아이에 대해 잘 이해할 수 있게 되는 것은 물론이고, 동시에 모든 아이들에 대해 더 깊고 의미 있는 이해를 발달시킬 수 있게 된다. 교사가 세부적인 것들, 관찰하고 이해하는 스스로의 능력, 아이들 사이의 비슷한 점과 다른 점에 민감해지기 때문이다. 구조 때문에 시야가 흐려지고 아이들이 비인격화될 때에는 아이를 관찰하는 것이 특히 중요하다. 예를 들면 학급이 크고 서류작업은 많고 아이를 바라보는 표준화된 방식이 견고하게 자리 잡고 있을 때, 그리고 교사들이 함께 아이에 대해 주기적으로 토론하는 체제가 잡혀 있지 않을 때에 특히 그렇다.

관찰의 목표는 이해이지, 객관성 같은 것을 얻기 위해서가 아니다. 선생님이 어떤 아이에게 푹 빠져 관심을 쏟는다면, 그 아이가 "예쁨받는" 아이라면 문제가 안 된다. 늘 그 아이를 이해하고 가르치려고 애쓸 터이니 말이다. 문제는 아이가 보이지 않고, 관심을 받지 못할 경우이다. 이 경우에는 객관성이 중요한 게 아니라 헌신이 중요하다. 이런 아이를, 모든 아이들을 일부러 바라보고 관찰하고 이해하려고 하는 것은 공감에서 나온 행동이며 교육의 중요한 일부다.

아이를 관찰하고 묘사하는 것만큼이나 해석하는 것도 중요하다. 해석은 교사에 대해, 묘사는 아이에 대해 더 많은 것을 말해주는데, 둘 다 필요하다. 자기 자신에 대한 인식과 아이에 대한 지식, 둘 다 교육의 지적 도전의 일부다. 내가 비슷한 시기에 다른 두 아이에 대해 적은 기록이 있다.

호세와 압둘은 시끄럽고 산만하고 소란한 아이들이다. 다락에서 책 공간까지 들리게 소리를 지르고, 미술 공간을 가로질러 방을 한 바퀴 돌아 다시 다락으로 와서는, 물건들을 넘어뜨리고 소리 지르고 서로 쫓아다니는 모습을 흔히 볼 수 있다.

둘 사이에서는 호세가 대장이다. 때로 공격적이고 에너지가 넘친다. 호세는 행동중심적일 뿐 아니라, 나름 조용한 순간에도 주로 공간을 탐험하고 만지고 두고 다른 데로 가서 또 무언가를 만지는 일에 몰두하는 듯하다. 호세는 문지기 노릇도 한다. 늘 자기와 압둘의 관계를 지키기 위해 다른 아이들을 때리고 밀고 "넌 우리 친구 아냐"라고 말하며, 점심시간에는 압둘 옆자리에 앉으려고 다툰다. 압둘이 다락에서 블록 쌓기를 시작하면 호세는 계단 머리에 앉아 팔다리를 쫙 펴고 아무도 들어오지 못하게 한다. 말 그대로 문지기 노릇을 하는 것이다.

압둘은 호세를 무척 좋아하고, 늘 조용히 호세를 기다리고 있다가 호세가 우당탕거리며 교실로 들어오면 환하게 웃는다. 호세가 안 오는 날이면 압둘은 조용하고 유순하고 협조적이다. 순진하고 다정하고 눈이 큰 아이나. 호세가 올 때까지는 다른 아이들과 같이 노는데, 호세가 오면 둘이서만 논다. 호세가 그러길 바라기 때문이다.

호세와 압둘은 인기 있는 리더 그룹은 아니다. 때로 쉬는 시간에 아이들을 선동해서 다 같이 들고일어날 때만 예외다. 내가 어릴 적에 알던 아이들 중에서 호세와 비슷한 아이들이 생각난다. 나는 그렇게 거침없고 무서운 게 없는 아이들에 대해 한없는 존경심을 품었었다. 두 아이 다 사랑스러운 아이들이다.

아이들에 대한 관심 없이 꼼꼼하고 치밀하게 기록하는 교사보다, 기록은 두서없이 하더라도 다정하고 스스로에 대한 인식이 있는 교사가 아이들한테는 더 낫다. 그렇지만 아이에 대해 마구잡이로 격식 없이 "받아들이는" 것보다 형식적으로 관찰하고 기록을 남기는 것이 훨씬 유용할 수 있다. 시간이 걸리는 일이지만, 학급이 크더라도 불가능한 일은 아니다. 꼭 따로 시간을 내야 하는 것도 아니다. 하루 일과에 포함시킬 수 있다. 어떤 교사들은 늘 메모장과 연필을 지니고 일과 중에 메모를 해놓았다가 나중에 자세한 내용을 추가한다. 어떤 교사들은 얼른 기록을 남기기 위해 녹음기를 지니기도 한다. 비비언 거신 페일리라는 선생님은 여러 해에 걸쳐 교실에서 있었던 일을 기록해서 훌륭한 책 여러 권으로 내놓았는데, 카세트테이프 하나를 가지고 계속 돌려가며 썼다. 페일리 선생님은 이 테이프가 자기를 채찍질한다고 했다. 테이프가 하나밖에 없으니 녹음한 다음에 바로 받아 적고 자료를 정리할 수밖에 없었기 때문이다. 집단에서 한 걸음 떨어져서 한 아이에게만 집중하는 순간을 갖고, 이 아이가 문제를 해결하고 과제를 가지고 작업하고, 다른 아이들과 상호작용하는 것 등 모든 것을 실시간으로 기록하면, 아이의 학습 방식, 취향, 접근 방식, 성숙도, 기질 등에 대해 풍부한 정보를 얻을 수 있게 된다.

 기록을 정리하는 것은 주로 저녁이나 주말 등 일과 시간이 끝난 뒤에 하게 된다. 일지나 일기를 쓰거나, 중요한 사건이나 생각을 날마다 기록하면 도움이 된다. 다시 말하지만 객관적 기록을 남기려고 할 필요는 없다. 목표는 가르치는 일과 아이들에 대해 비판적으로 계속 생각하게 하는 도구를 만드는 것이다. 일지는 생각하고 계획하고 아이디어를 얻는 도구일 뿐 아니라, 시간이 흐르면서 일지에 아이들에 대한 작은 조각들이 많이 담기게 되므로, 이 조각들을 모으면 아이의 성장과 발달에 대해 깊이 이해할 수 있고 아이들의 부모나 동료들과 아이에 대해 이야기할 때에도 쓸 수 있다. 일주일에 한 번씩 열 명에서 열다섯 명 정도의 아이들이 나오는 일화를 써내려가는 것도 유용하다. 몇 주만 지나도 교사는 많은 정보를 모을 수 있다. 그러면 어떤 아이가 주목을 받지 못했는가, 어떤 아이가 틈새로 빠지고 있나 하는 정보도 얻을 수 있다.

아이를 이해하는 것을 중심 목표로 삼았다면, 아이들이 교실 생활 중에 무언가를 선택하고 시작하고 만들어낼 기회를 다양하게 주는 것이 좋다. 초등 교실에서는 "선택 활동 시간"의 형태를 취할 수 있다. 아이들에게 어떤 활동을 할지 선택하게 하고, 교사는 다양한 선택을 관찰하고 아이가 자기 관심에 따라 해나가는 작업을 간략하게 기록한다. 더 큰 아이들의 경우에는 프로젝트 시간, 개별적으로 조사하는 시간, 자유 독서 시간, 혹은 그냥 아이들끼리 자유롭게 이야기하는 시간 등을 주면 된다. 이때에도 교사는 아이들의 선택과 공부하고 놀고 관계 맺는 방식을 기록한다.

부모와 소통하기

부모는 아이에 대한 중대한 정보원인데 잘 활용이 안 될 때가 많다. 부모들은 학교에서 환영받지 못한다는 느낌을 받을 때가 종종 있고, 교사들은 부모들의 통찰을 시야가 좁고 객관성이 없다고 치부해버리곤 한다. 사실 부모의 통찰이야말로, 다급하고 관심이 집중되어 있고 열렬하고 직접적으로 바로 우리한테 필요한 것이다. 예를 들어, 학교에 입학하게 된 아들을 둔 어떤 미국 원주민 어머니가 선생님에게 보낸 편지가 있다(이 편지는 복사되어 교육자들 사이에서 널리 읽혔는데, 내가 알기로는 매체에 실린 적은 없고 작성자가 누구인지도 알려져 있지 않다).

우리 아이가 다닐 학급을 맡기 전에 왜 인디언 아이를 가르치려고 하는

지 스스로 한번 질문을 던져보시길 부탁드립니다. 어떤 기대를 가지고 있는지. 어떤 보상이 있을지. (중략)

인디언들에 대해 아는 정보와 생각을 모두 적고 검토해보세요. 어떤 고정관념과 검증되지 않은 가정들을 가지고 교실에 들어가게 될지. 얼마나 많은 부정적 태도를 우리 아이 앞에 들이댈지. (중략)

안타깝지만 많은 선생님들이 자기 역할을 구원자로 보는 듯합니다. 우리 아이는 구원받을 필요가 없습니다. 인디언인 것이 불운이라고 생각하지 않습니다. 이 아이에게는 문화가 있고, 아마 선생님의 것보다 더 오래된 문화일 것입니다. 아이에게는 의미 있고 가치 있고 풍부하고 다양한 경험이 있습니다. 선생님에게는 그게 낯설고 이해할 수 없게 여겨질지도 모르지만, 아이에게 그게 부족하다고 암시하는 행동이나 말을 할 권리는 없습니다. (중략)

그 나이의 대부분의 인디언 아이들처럼 우리 아이도 능력이 있습니다. 스스로 옷을 입고, 밥을 차려 먹고, 설거지를 하고, 동생을 돌볼 수 있습니다. 자기 보호구역을 알고, 보호구역 전체를 제집처럼 여기며 자기 손바닥 보듯 훤히 압니다.

일상적 일들을 하는 데 허락을 받는 것에는 익숙하지 않습니다. 아이한테 못 하도록 금지하는 것이 거의 없기 때문입니다. 대개는 어떤 행동의 결과를 아이에게 설명해주고, 그렇게 행동할지 안 할지를 스스로 결정하게 합니다. 아이가 보고 들을 수 있을 만큼 자란 뒤에는 삶 전체가 경험하며 배우는 환경이 되었습니다. 기술과 자기 능력에 대한 자신감을 발달시키는 기회를 주는 환경이었습니다. 이 아이는 설교를 듣고 배우는 것은 경험해본 적이 없습니다. (중략)

이 아이는 예의가 인간 행동에서 극히 중요한 요소이며 무례함은 다른 사람을 바보처럼 느끼게 만드는 행동임을 수칙으로 배웠습니다. 아이의 차분한 예의를 무관심이나 수동성으로 오인하지 마세요.

우리 아이가 표준 영어로 말하지는 않지만 "언어 장애"가 있지는 않습니다. 시간을 들여 존중하며 귀를 기울이고 찬찬히 관찰한다면, 우리 아이나 다른 인디언 아이들이 자기들끼리나 다른 인디언 부족들과 의사소통을 아주 잘한다는 것을 알 수 있을 것입니다. 이 아이들은 "기능적" 영어로 말합니다. 소리 없는 언어, 표정, 손짓, 몸짓, 개인 공간 활용 등의 미묘한 의사소통 방식을 통해 의미 전달이 매우 효율적으로 강화되는 언어입니다.

우리 아이들은 소리 없는 언어를 해석하는 능력이 뻬어나다는 점을 알아두시면 좋을 것입니다. 선생님이 주의 깊게 미소를 띠어 보이거나 목소리를 조질한다고 하더라도 신생님의 감정이나 태도를 정확하게 파악할 것입니다. 우리 아이들도 선생님 반에서 배울 것입니다. 아이들은 자기도 모르는 사이에 배우니까요. 아이들이 무엇을 배우느냐는 선생님에게 달려 있습니다.

우리 아이가 읽는 법을 익히도록 도와주실 건가요, 아니면 아이에게 언어적 문제가 있다고 가르치실 건가요? 문제 해결 능력을 발달시키도록 도와주실 건가요, 아니면 학교는 교사가 원하는 답이 무엇인지 때려 맞히려고 애쓰는 곳이라고 가르치실 건가요?

아이가 자신의 가치와 존엄에 대한 생각이 타당하다는 것을 배우게 될까요, 아니면 자기가 백인이 아니기 때문에 계속 기죽어 있어야 하고 "더 열심히 노력해야" 한다는 것을 배우게 될까요? 아이에게 필요한 지적 기술을 습득하도록 도우면서도 아이에게 선생님의 가치관을 강요하지 않으실 수 있나요?

우리 아이를 존중해주세요. 이 아이는 사람입니다. 자기 자신일 권리가 있습니다.

부모들에게 편지를 써 보내도록 하는 것도 좋은 방법이다. 아니면 부모들이 학교, 교실, 교사에게 적극적으로 접근할 수 있는 기회를 만들 수도 있다. 예를 들어 나는 늘 학부모들에게 내 전화번호와 주소를 주었다. 대도시 학교에서는 학부모를 적으로 보는 경우가 많아서 동료 교사들은 현명하지 못한 방법이라고들 했다. 나는 학교 밖에서 부모들과 교류할 방법을 찾았고, 일일 교사, 보조 교사, 전문가 등의 명목으로 부모를 교실로 끌어들였다. 사실 누구나 자기 삶에서는 전문가이고, 주어진 교육과정에는 들어가 있지 않지만 흥미로운 분야에서 실제 전문가인 사람도 많다. 조각, 바느질, 마작 등. 부모들에게 초점을 맞추면 교사들뿐 아니라 아이들에게도 도움이 된다. 사실 가족을 중심에 놓지 않고 아이를 중심에 놓는다는 건 어려운 일이니 말이다. 내가 오래 전에 알게 된 사실이 어쩌면 가장 중요한지도 모르겠다. 학부모-교사 간담회를 할 때는 보통 학부모들이 어쩐지 위축되는데, 그걸 떨쳐버릴 수 있게 틀을 잡는 일이다. 나는 첫 번째 모임을 이렇게 가볍게 시작하는 방법을 택했다. "제가 아무리 애를 써봐야 아이에 대해서는 부모님이 저보다 더 잘 아실 겁니다. 아이를 더 잘 가르치는 데 도움이 될 조언을 해주시겠어요?" 권력관계를 뒤집고, 정보와 감정을 기꺼이 받아들이며, 부모의 기대, 두려움, 경험을 배우는 학생의 자세를 택할 때, 나는 아이들에게 더 좋은 교사가 될 수 있었다.

아이로부터 지식 얻기

물론 아이에 대한 지식을 가장 많이 얻을 수 있는 곳은 아이 자신이다. 이 지식을 얻어내기는 그렇게 어렵지 않다. 아이들은 자기 이야기를 하기 좋아하므로 교사들이 그렇게 하도록 부추기는 다양한 기회를 만들면 된다. 예를 들면 나는 아이들에게 늘 가족을 그림으로 그리라고 했다. 어린아이들은 주로 조그만 올챙이 같은 것들을 그리고 조금 큰 아이들은 정확하게 재현하려고 공을 들인다. 어느 쪽이든 그림에서 많은 것을 알 수 있다. 이 가족에는 개 한 마리, 할머니, 그리고 헬렌 고모가 있고, 이 가족에는 장성한 자녀들과 그 배우자들, 조카들이 있다. 이 가족은 "엄마"가 중요한 위치를 차지하고 조그만 "아빠"는 종이 구석에 있다. 이 가족은 형무소에 있는 아빠를 면회 가곤 한다.

앞에서 말한 〈나는 애런〉 시와 같은 짧은 자전적 글을 써볼 수도 있다. 아이들이 지금까지 먹어본 가장 맛없는 음식, 가장 무서웠던 순간, 가장 다정했던 사람, 가장 좋은 친구에 대해 그림을 그리거나 글을 쓸 수도 있다. 어떤 이야기를 같이 읽고 있는데 등장인물이 무언가 용감하거나 비겁한 행동, 관대하거나 속 좁은 행동을 한다면, 누군가가 관대하거나 비겁한 모습을 보았을 때나 우리 자신이 그랬을 때에 대해 이야기하는 시간을 가질 수 있다. 더 자세한 자전적 글쓰기, 가계도 그리기, 혹은 일기 쓰기 등으로 나아갈 수도 있다.

유치원 아이들에게나 대학생들에게나, 나는 자기 이름에 대해 연구 조사해오는 숙제를 잘 내준다. 어떻게 그런 이름을 갖게 되었나? 어떤 의미가 있나? 누가 지어줬나? 이름에는 모두 이야기가 있다. 그냥 듣기 좋아서일 수도 있고 아주 독창적이고 독특한 것일 수도 있다. 성경에서 나온 것도 있고 코란에 뿌리가 있는 것도 있었다. 러시아, 중국, 브라질, 푸에르토리코에서 온 것일 때도 있었다. 할머니, 종조부, 죽은 사촌 이름에서 딴 것도 있다. 유진 데브스(1855~1926, 미국 노동운동가), 맬컴 엑스, 에이브러햄 링컨의 이름을 따르기도 했다. 유치원에서 한 번은 마커스(마커스 가비, 1887~1940, 흑인 인권운동가에서), 솔로몬(구약), 롤리타(롤리타 레브론, 1919~2010, 푸에르토리코 민족주의 운동가에서)가 한 반에 있었다. 또 베로니카도 있었다. "우리 아빠가 《아치》 만화를 아주 좋아해서요, 딸을 낳으면 베로니카라고 짓겠다고 늘 말했었대요." 베로니카는 우리가 자기 이름을 잘 이해할 수 있도록 만화책을 몇 권 가지고 왔다. 이름은 개인에게 아주 강한 의미를 지니고, 그 안에 재미있고 의미 있는 이야기가 있을 때가 많다.

수업시간에 문화에 대해서 이야기하면서 아이들에게 집에서 "문화적 유물"을 가지고 오라고 했다. 이때에도 아주 중요한 세계가 펼쳐졌다. 종교적 상징물, 책, 군대 소집해제 통보서, 사진, 식기, 장식품, 옛날 시골에서 쓰던 물건, 무언가 오래된 물건 등. 이렇게 하면 경험이 중요한 것으로 인정받고, 아이들은 자기 자신에게나 다른 사람들에게 더 주목할 만하고 이해하기 쉬우며 더 강하고 능력 있는 존재가 된다.

나는 아이들에게 "인터뷰 기술"을 가르치겠다고 말하고, 녹음기를 사용하는 법과 인터뷰 계획하는 법을 보여준다. 이런 질문으로 아이들이 서로 인터뷰를 하게 한다. 학교에서 가장 좋은 것은 무엇인가? 교실에서 한 번도 못 해본 것 중에서 하고 싶은 일은 무엇인가? 이런 질문들은 놀라울 정도로 비약적인 상상력을 이끌어낸다. "스카이다이빙을 한 번도 안 해봤어." 또는 어떤 아이들에 대해 들여다볼 수 있게 되기도 하고, 내가 가르치는 방식의 부족함도 알게 된다. "여기에서는 나무로 뭘 만들어본 적이 없어." "밖에 더 많이 나갔으면 좋겠어."

교사들이 아이들의 의견과 경험을 소중히 여길 때 아이들은 더 자유롭게 생각하게 되고, 교사들은 또 아이들을 다르게 보게 된다. 다음에는 학교의 다른 아이들, 부모, 형제자매, 조부모, 이웃, 마을 주민들을 인터뷰한다. 일반적 관심사에 대한 연구 프로젝트를 할 수도 있는데 프로젝트에서는 인터뷰가 아주 중요하다.

나는 내가 아는 것과 나나 다른 사람들이 알면 좋을 것을 가지고 아이들과 보물찾기를 하는 것을 좋아한다. 이 보물찾기에서는 물건이 아니라 사람을 찾는다. 엄마가 합창단에서 노래를 하는 사람을 찾아라. 식구 중에 장애인이 있어서 그 경험을 통해 가족들이 무언가를 배우게 된 사람을 찾아라. 식구 중에 노인이 있는 사람을 찾고 그래서 가장 좋은 점이 무엇인지 알아보라. 이런 활동도 각각의 아이들을 온전히, 더 눈에 잘 들어오고 더 뚜렷하며 교실 안에서 확고한 존재로 만들어줄 수 있다.

매 학년을 시작할 때마다 나는 학생들에게 학습 목표를 스스로 생각해보라고 한다. 올해에 무엇을 하고 싶은가? 올해에 무엇을 얻고 싶은가? (유치원생이건 중학교 2학년이건) 올해가 어떠할 것 같은가? 어린아이들은 쉽게 대답한다. 친구들하고 같이 놀 거예요. 글자 쓰는 법을 익히고 싶어요. 엄마가 그러는데 글 읽는 법을 배울 거래요! 이런 대답들을 들으면 내가 집중하는 데 도움이 된다. 놀이와 친구 관계의 중요성과 글을 자신 있게 쓰고 싶은 기대를 명심하게 된다. 큰 아이들은 학교생활을 너무 오래한 탓에 대답이 더디게 나온다. "내가 무얼 하길 바라세요?"—이게 "좋은" 학생의 반응이다. 어떤 아이들은 그냥 그럭저럭 한 해를 버티고 싶다고 한다. 그렇지만 아이의 목표를 진지하게 추구하는 것이 가르침에 좋은 길잡이가 된다.

  핵심은 아이들이 스스로에 대해 이야기하게 하고, 학교에서 더욱 온전하고 생기 있게 존재할 수 있게 하는 다양한 방법을 만들어내는 것이다. 한 가지 활동이 모든 아이들에게 먹힐 수는 없다. 한 가지 아이디어만으로 전체를 말할 수는 없다. 그러나 아이의 학교생활이 교사가 아이를 탐구하는 데 도움이 되도록 하면 모두에게 이득이 된다. 그러면 학교 경험이 더 의미 있고 깊어진다.

동료 검토

  학생을 관찰하는 좋은 방법이 버몬트 주 노스베닝턴에 있는 프로스펙트 학교에서 개발되었다. 팻 카리니와 동료 교사들이 여러 해 동안 수백 명의 아이들의 학교 활동을 모아 훌륭한 기록 보관소와 연구 조사 센터를 만들었다. 아이들의 학교생활을 문서로 기록했고, 또 각 아이들에 대해 정보를 모으고 아이를 풍부하고 자세히 묘사하는 탁월한 방법을 만들어냈다. 프로스펙트 학교 방식의 목적은 학습이라는 복잡다단한 과정을 밀도 있게 묘사하기 위한 것이기 때문에(아이 전체를 최대한 충분히 바라보아 이 아이의 학교 경험을 지원하고 깊이 있게 하기 위한 것이기 때문에) 구체적이고 자세하고 개별적으로 묘사하고, 일반화, 결론 짓기, 전문용어는 피하려고 애썼다. 아이의 강점, 능력, 관심사를 토대로 해서 쌓아나가고, 각 학생들, 더 나아가 모든 학생들을 기르고 자극하기에 적합한 교실 문화와 구조를 만들려는 교사의 노력을 지원하는 것이 목적이다. 이 학교에서는 학생에 대한 관찰, 기록, 발표, 조언 등을 모두 역동적이고 변화하는 것으로 보고, 앞에서도 계속 말했던 교사의 계속되는 질문에 기여하는 것으로 생각한다. 내가 지금 가진 지식과 정보에 근거해 이 학생을 어떻게 가르칠 것인가?

프로스펙트 학교의 접근 방식은 "동료 검토" 방식을 중심으로 한다. 여러 교사들이 협력하는 방식인데, 같은 학교 안에서 이루어지면 가장 좋고 필요하면 여러 학교 교사들로 이루어진 지원 모임의 도움을 받기도 한다. 교사들이 함께 아이에게 집중하는 시간을 정해서 정기적으로 모임을 가지면 교사의 성장과 발전에도 도움이 된다. 교사들이 같이 관심을 갖고 몰두하는 것에 주목할 수 있게 된다. 아이에 대해 함께 이야기하다 보면 서로에 대해서도 많은 것을 알게 된다. 학생의 배움이라는 우리의 핵심 목표를 중심으로 협력, 지원 관계가 형성된다. 동료 검토를 통해 교사들은 교육이라는 복잡한 과업에 대해 더 비판적이고 헌신적이 될 수 있으며 지적으로 깨어 있게 된다. 동료 검토는 교사의 발전에 아이 중심적으로 접근하는 것이기도 하다.

동료 검토를 위해 교사는 아이들이 공부한 것의 샘플, 일화 기록, 관찰한 자료, 인상, 학생 작품을 수집하고, 1차 "발제"를 위해 아이에 대해 묘사한 글을 준비해야 한다. 교사는 여러 관점에서 아이를 묘사하려고 한다. 아이의 신체적 상태, 세상을 대하는 태도, 몸짓, 자세, 활력. 아이의 기질, 성향, 성정, 표현, 감정적 범위, 감정적 강도. 다른 아이나 어른에 대한 애착, 헌신, 관계. 활동에 대한 아이의 관심과 참여. 형식적 학습에 대한 접근 방식과 관심도. 가장 잘하는 분야와 가장 취약한 분야 등. 이런 모든 영역들에 대해 고민해서 각각에 대해 뭔가 의미 있는 것을 밝혀내어 제시하려고 하는 것이 출발점이다.

다음은 데이빗 캐럴과 팻 카리니가 프로스펙트 학교의 한 아이에 대해 발제한 글이다.

시드(가명)는 키가 크고 팔다리가 긴 아홉 살짜리 아이다. 목소리가 크고 동작은 눈에 뜨이게 어색하다. 여덟 살 때 프로스펙트 학교에 처음 왔는데, 자기 몸이나 자기 물건을 펼쳐놓는 경향이 있어 다른 아이들의 짜증을 유발하곤 했다. 아이들과 잘 부딪히고, 시끄럽고 거슬리는 소리를 냈고, 아이들의 공부를 방해했다. 스스로에 대한 인식이 없어 사람들과 잘 지내지 못했다. 천천히 아이들 사이에서 자기 자리를 찾긴 했지만, 집단에 받아들여지기까지 교사의 상당한 중재가 필요했다. 시드는 뜻밖의 반응을 보이곤 했다. 자기 행동이 일으킨 갈등에 대해서 종종 겁에 질려 하거나 자기가 한 일이 아니라고 부인했다. 자의식과 책임감을 길러주려는 노력이 별 효과를 거두지 못했다.

그렇지만 어떤 아이디어에 관심이 가면 얼굴이 환해졌다. 신비로운 것, 분석이 필요한 문제, 여러 요소들 사이의 연관을 파악해야 할 일 등이 있으면 거기에 홀딱 빠졌다. 무심한 듯하면서도 책을 열심히 읽어 아는 게 많았고, 어른들의 관심을 받는 것을 좋아했다. 그때 우리 교실에 와 있던 교생 선생님이 시드의 읽기를 이렇게 묘사했다. "시드는 단어의 소리와 표현에 푹 빠져서, 누군가가 속도를 늦추게 하고 글과 의미를 연결 짓도록 하지 않으면 분명히 이해하려고 하지 않고 넘어가곤 했다. 그렇지만 소리 내어 읽는 것을 즐길 뿐 아니라 거기에서 얻는 것도 있는 듯했다. 감정을 모두 쏟아부었고, 기회가 있으면 책 속의 특정 단어와 액션으로 다시 돌아가기도 했다. 시드는 자기가 읽는 것을 누가 듣는 것도 좋아하는 것 같았."[22]

교사는 지원과 조언을 얻고자 하는 핵심 문제에 동료 검토회의 관심을 집중시키려고 한다. 아이를 가르치면서 잘 알 수 없는 부분을 밝힌다. 이 경우에는 이렇게 표현했다.

시드의 선생님 제시카 하워드는, 시드가 개념이나 정보에 대해 말할 때는 표현적이고 활기가 넘치지만, 사회적 갈등을 해결할 때와 같이 가치나 감정에 대해 말해야 할 때에는 태도가 혼란스럽고 어조가 딱딱하며 빨리 끝을 내려고만 해서 대화가 잘 이루어지지 않는다고 한다. 또 제시카는 이런 상황이 되었을 때 자기나 다른 친구들뿐 아니라 시드 자신도 좌절감과 불만족을 느낀다는 강한 느낌을 받았다. 제시카는 시드가 감정 표현이 부족한 면에 예외가 되는 주목할 만한 경우가 있음을 주지시켰나. 이 일로 신생님은 시드를 보다 잘 이해하게 되었다고 힌다. 제시가기 말하길, 시드는 연극을 할 때는 활기차고 자연스러웠으며 영리하게 즉흥적으로 꾸며대는 데 뛰어난 재능을 보인다. 첫 번째 연극 연습 때부터 타이밍, 속도, 표현, 형상화가 모두 정확해서 줄거리 전체의 정조와 의미를 쉽게 파악한다는 것을 알 수 있었다.

제시카는 이어서 시드가 교실에서 좋아하는 활동을 열거했다. 아이들과 그림 그리고 이야기하기, 요리, 블록으로 구슬 활주로나 미로 만들기, 고무찰흙으로 조그만 인형을 만들어 연극놀이하기, 정교한 구조물 만들기…….

제시카는 시드가 읽기, 쓰기, 수학, 사회, 과학 과목에서 어떻게 해나가고 있는지 설명했다. 모든 분야에서 시드는 이해의 폭은 넓으나 세부적인 것에 관심이 부족하다고 강조했다. 글을 유려하고 명료하게 쓰고 자기 생각을 잘 드러내지만, 글씨체가 엄청나게 엉망인 게 흠이었다.

제시카는 수학을 예로 들어 시드의 이해의 폭이 넓다는 것을 설명했다. 시드는 계산 문제를 풀 때 자기만의 과정을 만들어내곤 했다. 27과 8을 더할 때 시드는 이렇게 말하곤 했다. "음, 3에다 7을 더하면 30이니까…… 답은 35." 이 예에서 8에서 3을 빼는 과정은 겉으로 드러나지 않는다. 누군가가 시드가 쓰는 독특한 방법을 이해하고 그 방법이 어떻게 수 체계에 들어맞는지를 설명해주지 않으면, 이런 "세부사항"이 시드의 약점이 될 수 있다. 이러한 설명을 해주면 시드는 즐거워했고 잘 받아들여 활용했다.

읽기 시간에 시드는 《호빗》 같은 책을 좋아했다. 탐험할 수 있는 세계와 영웅적 모험의 배경을 제공해주는 책이다. 제시카는 교생 선생님이 시드의 정신적 여행 속도가 아주 빠르고 액션에 주로 관심이 집중된다고 관찰한 것이 맞다고 했다. 시드는 이야기의 전개에 푹 빠져서 큰 걸음으로 성큼성큼 나아가며 핵심적 세부사항들은 빠뜨리곤 했다. 어른이 이야기 흐름을 따라가는 데 도움을 주면 고마워했다.[23]

대개 동료 검토회의 회장 격인 다른 교사가 발제된 내용을 요약하고 역사적 시각이나 기록을 덧붙인다. 이 아이를 알고 같이 지내본 다른 선생님도 구체적인 추가 정보를 들려준다.

모든 참석자들이 질문과 논평을 하면서 발제한 내용이 확장된다. 이 아이에 대해 형식을 갖춰 관찰을 한 교사가 있으면 그것도 제시하고 토론한다. 회장이 다시 한 번 요약하고, 발제한 교사가 고려해볼 만한 것을 추천하게 한다. 처음에는 일반적이고 개괄적인 것들을 추천하다가 시간이 좀 지나면 실행 가능한 행동 계획으로 구체화한다. 시드에 대한 동료 검토는 이렇게 이어졌다.

참석자들은 시드의 사회적 상황의 윤곽을 그려보고자 하는 제시카의 의지를 지지하고 이 접근 방법을 꾸준히 추진해보는 게 좋겠다고 했다. "지도를 그리는"것이 머릿속으로 큰 그림이나 상황을 그려내는 시드의 재능과 교사의 노력을 연결시키는 데도 도움이 될 수 있다. 검토회는 지도를 그린다는 것이 시드가 배우고 알아나갈 때 가장 많이 의존하고 선호하는 방식에 대한 비유로도 딱 맞는다고 했다. 연대표, 과학적 분류, 수학적 패턴 등 여러 과목에서 지도 그리기를 통해 지식을 구성하므로, 시드를 이런 방향으로 이끌어나갈 수 있다.

시드에게 도움이 되는 교실 연극활동을 더 확대시켜나가기 위하여 함께 읽기, 책을 각색한 라디오극, 대중음악 립싱크하기 등을 제안했다. 시드가 감정과 이미지의 영역에 더 잘 접근하도록 하려면 시와 음악을 의도적으로 많이 접하게 하라고 했다. 시드가 스스로 관계를 만들어나가려면 시간과 기회를 주어야 한다는 점을 강조했다. 교실에 다른 아이들과의 일상적 접촉을 중재할 어른이 있어주는 것만으로도 아이에겐 큰 도움이 된다고 했다.

가장 중요한 것은, 동료 검토회가 초점을 시드의 어설픈 사회적 관계, 언어적 공백, 늘어가는 좌절감에서 시드의 장점, 곧 폭넓은 사고, 문제 해결에 즐겁게 몰두하는 것, 직관적 시각 등으로 옮겨가게 했다는 것이다. 형식적 과정을 통해 교사가 아이의 장점을 훨씬 더 뚜렷하게 볼 수 있게 되는 것만으로도 큰 변화를 가져다주는 경험이다.

제시카의 학년 말 평가에는 동료 검토를 통해 시드와 제시카 모두 도움을 받았음이 드러난다. "시드는 기대한 대로 충만하고 생산적인 한 해를 보냈습니다. 자기 과제에 에너지와 열정을 쏟습니다. 주변 사물이나 사람에 대해 조심하고 신경을 쓰는 능력에 기복이 있긴 하지만, 아이들과의 관계가 안정되었습니다. 시드를 대할 때 아이들이 대체로 편한 듯하고, 시드가 단체 프로젝트에 기여하고 좋은 아이디어를 내놓기 때문에 존중받습니다. 곤란한 상황이 발생했을 때 변명하는 태도가 아직 남아 있긴 하지만 많이 줄어들었습니다. 시드는 자기 감정에 대해 더 분명하게 터놓고 말하고, 곤란한 상황이 벌어지고 난 뒤에 자기가 어떻게 그 일을 초래했는지를 더 자각하게 되었습니다. 전체적으로 시드는 반에서 안정적으로 자기 자리를 찾았고 다양한 친구들과 같이 활동을 할 수 있습니다."[24]

이 회의는 그간의 과정을 비판적으로 토론하고 아이와 가족의 프라이버시를 보호하는 게 중요함을 재확인하며 마무리되었다. 동료 검토는 교사가 어렵게 얻어낸 아이에 대한 지식을 진지하게 받아들이고, 신중히 고민해보고, 그것을 여러 교사들이 이용할 수 있게 공개하는 방식 가운데 하나다. 교사들이 자기가 하는 일의 핵심에 대해 더 깊이 생각해볼 기회를 제공한다. 또 고정관념이나 유형화를 통한 단순한 설명에 반대한다.

팻 카리니는 "사람은 누구나 끝없는 미스터리다"[25]라고 주장한다. 카리니는 인간 경험의 복잡성과, 각각의 삶에서 인간성을 추구해 나가는 보편적 방식 둘 다를 염두에 둔다. 한 사람 한 사람은 인간 전체를 반영하는 동시에 삶의 갈망을 독특하고 특별하게 표현함을 일깨워준다. 카리니는 모든 사람의 삶의 깊이와 복잡성, 삶의 역동적 본질(삶은 언제나 만들어지는 중이며, 영원히 더 큰 인간성이라는 틀의 일부일 수밖에 없음)에 주목하게 한다.

카리니는 우리가 누구를 관찰할 때 우리는 보는 사람이자 동시에 보이는 대상이기도 하다는 점을 깨닫게 해준다. 보는 우리를 의식해야만 맹목성과 관찰하는 대상을 이용 대상으로 축소시키는 "속된 시각"을 피할 수 있다. 카리니는 "사람에 대한 것들이 밝혀질 수는 있지만 그 사람이 절대 완전히 드러날 수는 없다"[26]고 말한다. 다른 사람에 대해서도 그렇지만 우리 자신도 그렇다. 누구에 대해서도 모든 것을 말해주는 하나의 관점이란 있을 수 없다. 늘 알아야 할 것이 더 있고 이루어야 할 것이 더 있음을 인식하고 알 수 없는 것에 대해 열린 마음을 가져야, 아이들을 온전한 존재로 대할 수 있고 교사로서 깨어 있을 수 있다.

제3장

교실 만들기

그리고 그가 대학을 차지하면,
유용한 지식이 진리를 몰아낸다.
— W. H. 오든

학습의 실험실을 구축하는 일이 교육에서 큰 부분을 차지한다. 학습 환경은 폭이 넓고 다양해서 다양한 흥미와 능력을 자극하면서도, 학생들에게 일관된 리듬과 목표를 제공할 수 있게끔 초점이 맞춰져 있어야 한다. 학습 환경은 교사가 지닌 가치를 다면적으로 생생하게 반영한다.

누군가의 공간에 들어가면 어떤 뚜렷한 느낌을 받게 된다. 해리엇과 이프렘의 집에 가면 나는 늘 고요함을 느낀다. 이 집에 가려면 대문을 지나 백합, 미모사, 히비스커스 사이로 구불구불 돌아가는 돌길을 따라가야 한다. 그래서 내 도시 아파트 지하층으로 들어가는 게 아니라 마치 숲속 작은 오두막을 찾아가는 느낌이다. 집 안은 아주 깔끔하고 고요하다. 내장은 나무와 타일로 되어 있고, 허브와 향료가 담긴 병들이 늘어서 있다. 나는 이 집에 가면 위에 아름다운 캐노피를 쳐놓고 화려한 프린트천을 덮은 무명 자리 위에서 잔다. 벽과 선반에는 중국을 연상시키는 그림, 가면, 판화, 스케치가 정성스레 진열되어 있다. 화장실에는 양치식물 화분이 가득하고, 나무틀 안에 있는 큼직한 욕조 주위에는 오일과 목욕소금이 죽 늘어서 있다. 공간은 고요하다. 나 같은 사람도 이곳에 가면 조용하고 느릿해진다. 고요함과 치유의 느낌에 물드는 것이다.

BJ의 놀이방은 아이들의 작품과 활동을 존중하는 분위기다. 조그만 가구가 여기저기에 놓여 있다. 테이블과 소파, 장난감 싱크대와 조리대, 조그만 흔들의자 등. 작은 구름사다리, 이젤 두 개, 블록 선반, 책과 쿠션이 잔뜩 있어 편안한 책 읽는 자리도 있다. 커다란 종이 상자를 잘라 만든 세 살짜리들의 놀이집이 있고, 벽에는 아이들 그림이 잔뜩 붙어 있다. 전등 스위치마다 어린아이도 끄고 켤 수 있게 연결장치가 달렸고, 아이들 손 닿는 곳에 조그만 냉장고가 있어서 주스, 과일, 요거트를 쉽게 꺼내 먹을 수 있다. 부엌 레인지 둘레에는 아이가 들어가지 못하게 울타리를 쳤지만, 화장실 세면대나 변기 앞에는 3단 디딤대를 놓아 쉽게 올라갈 수 있게 했다. 이곳은 어린아이들이 안전하게 지내면서도 자기 능력을 발휘할 수 있는 곳이다. "세 살"들을 불러들이고 힘을 부여하는 곳이다. BJ의 집이 주는 메시지는 "아이가 되어라!"라는 것이다.

코레타의 집은 효율성, 유용성, 종교의 중요성을 말해준다. 코레타는 남편과 큰 아이들 여럿과 많은 손자손녀들과 같이 살고, 언제라도 많은 입을 먹일 준비를 해놓는다. 모든 게 깔끔하다. 반들반들 윤이 나게 닦여 있다. 집에 들어갈 때는 신발을 벗으라고 하는데, 도시의 거리를 뒤로하고 들어오라는 뚜렷하고 상징적인 메시지다. 지하에 있는 작은 방 하나는 나무판으로 벽을 마감해 예배당처럼 꾸며놓았다. 조그만 신도석들이 옹기종기 모여 있고 앞에는 제단이 있으며 찬송가와 성경이 여기저기 놓여 있다. 코레타의 집은 기도를 하게 만든다.

마지막으로, 맬컴과 수의 집은 주방이 중심이다. 구조상 가운데 있기도 하고 생활의 중심이기도 하다. 방마다 국물로 얼룩지고 여러 사람들이 써넣은 메모가 빼곡히 적힌 낡은 요리책이 있다. 시커먼 무쇠냄비와 프라이팬이 못에 걸려 있고, 밀가루와 마른 콩이 든 깡통이 벽에 죽 늘어서 있다. 큼직하고 튼튼한 식탁에서 통조림도 만들고 요리도 하고 카드 게임도 하며, 맛있는 식사도 하고 정치 회합도 한다. 맬컴과 수의 집에서는 늘 무언가 요리 중이다. 레인지 위에서 끓고 있거나 오븐에서 구워지거나 아니면 그네들 공동체의 사회운동이 "익어간다". 커다란 스크린도어를 열면 마당으로 나갈 수 있는데, 사실 집 안 곳곳에 갓 꺾은 꽃들, 말린 꽃다발, 마늘 두름이 여기저기 걸려 있고, 자두와 토마토가 담긴 나무통, 양파 바구니가 구석구석에 있어 집 안팎의 경계가 불분명하다. 나는 맬컴과 수의 집에 놀러가고 같이 밥 먹는 걸 좋아한다.

이런 집들 모두 주어진 물리적 공간에서 시작한다. 원래 공간은 껍데기이고 죽어 있고 그냥 그 자리에 있는 것이다. 그다음은 적극적 선택이다. 어떤 아이디어, 어떤 생각을 가진 사람이 공간에 삶을 불어넣는다. 그래서 각 공간은 그냥 단순한 배경, 바닥과 벽과 천장만이 아닌 것이다. 사람의 생각과 가치가 구체회된 곳, 만들어진 생태계가 된다.

모든 인간 환경에는 그 안에 어떤 생각, 믿음이 깃들어 있다. 일부러 그렇게 했든 아니든 간에. 어떤 사람들은 구체적인 생각을 가지고 특별한 환경을 만든다. 그렇지만 그 반대 방향으로 작용하기도 한다. 어떤 공간을 보고 거기에서 아이디어를 얻는 것이다. 공간은 인간 행동을 담는 그릇이다. 때로는 억압적이고 때로는 해방적이고, 아름다울 수도 있고 추할 수도 있다.

환경이 우리에게 어떻게 하라고 지시를 한다. 내가 갓 교사가 되었을 때, 유치원 아이들을 데리고 공항에 가서 비행기가 이착륙하는 것을 구경하곤 했다. 어느 공항에서나 중앙 홀은 사람들에게 강력한 메시지를 보낸다. 이쪽으로 가시오, 계속 걸으시오, 빨리 움직이시오 등. 그렇지만 다섯 살짜리 아이들에게 이 공간은 "뛰어!"라고 말한다. 공항에 세 번 가고 나서야 나는, 내가 아이들에게 내리는 지시, 무리에서 떨어지지 마라, 손을 잡아라, 뛰지 마라 등이 환경의 메시지에 밀린다는 사실을 깨달았다. "뛰어!"라는 지배적인 환경의 목소리에 내 목소리는 압도당하는 것이다.

환경이 무어라고 말하는가? 어떻게 그걸 개선할 수 있는가?

학교생활에서 가장 당연시되며 상식적이고 일상적이라고 받아들여지는 요소들은 중대한 문제에 관한 메시지를 보낸다. 이렇게 배우는 거다, 이렇게 생각하는 거다, 이게 지식이다, 이게 가치 있는 것이다, 이걸 들어야 한다 등. 학교에서 주로 배우고 당연하게 여기는 것들이 바로 이런 메시지들이다. 왜 매년 학년이 바뀔까? 왜 하루를 교시로 나눌까? 왜 수학과 과학을 다른 과목으로 가르칠까? 왜 아이들은 복도에서 줄 맞춰 걸어야 하나? 왜 교사가 교실 앞에 서서 주로 이야기하고 학생들은 책상에 앉아 아무것도 하지 않는 것처럼 보이나? 우리의 생각과 목표를 더 많이 의식할수록 우리의 가치와 신념에 책임을 더 많이 지게 되고, 우리를 대신해 말하고 우리를 위해 기능하는 공간을 더 적절하게 만들 수 있다.

우리가 만드는 환경에서 아이들이 무엇을 경험하는지는 아이들을 보면 뚜렷이 알 수 있다. 얼마 전에 아홉 살 학생이 복도에서 풀이 죽어 도살장에 끌려가는 소처럼 느릿느릿 걸어가는 모습을 보았다. "무슨 수업 들으러 가니?" 내가 물었다. "읽기요." 아이가 시무룩하게 말했다. "하지만⋯⋯ 너 읽기 좋아하잖니." 아이는 잡지 두 권, 만화책 몇 권, 낡은 책 한 권을 들고 있었다. "네." 아이가 대답했다. "하지만 읽기 시간 읽기는 싫어요." 이 아이는 다른 목적으로 읽는 것은 좋아하는데도 학교 읽기 수업에서는 아무 재미를 느끼지 못했다. 학교에서는 뭔가 앞뒤가 바뀌어 있다.

아이들은 학교가 단체생활이라는 것을 안다. 프라이버시가 없고 개성도 거의 없다. 모두에게 좋다고 하는 것이 나한테도 좋은 것이라고 쳐야 한다. 시간표가 일상을 지배한다. 먹는 시간, 화장실 가는 시간이 정해져 있고 모두 동시에 간다. 교내 방송이 시도 때도 없이 찌지직거리면 우리가 하던 일은 뭐든 중요하지 않은 일이 된다. 모두 다 함께 차 빼라는 소리나 학교버스 시간 변동 소식을 들어야만 한다. 학교에는 권위가 수립되어 있어 아이들은 위계질서를 반드시 익혀야 한다. 민주주의에 대해 말은 하지만 실천되지는 않고, 더 큰 사회의 쟁점을 두고 고민하거나 직접 행동에 나서는 일은 아주 드물다. 학교에서는 조용한 것에 큰 가치가 부여된다. "별일 없이 조용한가요?" 감독관은 교장에게 묻고, 교장은 교사에게 묻고, 교사는 아이에게 묻는다. 조용하기만 하면 아무 문제가 없는 게 된다. 그래서 많은 아이들이, 학교에서 어떤 지능을 발휘하기를 기대하며 무엇을 보상하는가를 염두에 두다 보니, 수동적이고 조용하며 순종적이고 둔감한 아이가 되어버린다. 환경이 그걸 요구한다.

아이들은 학교에서는 학습이 다른 무엇보다도 연령과 밀접한 관계가 있으며, 성장과 발달, 지혜가 1년 단위로 깔끔하게 나뉜다는 것을 알게 된다. 지식은 학문 분야로, 학문 분야는 과목으로, 과목은 학습 단위로 나뉜다는 것을 알게 된다. 어린 학년부터 하루를 교시로 나누어 시간마다 다른 과목을 배운다. 중학생이 되면 수학자, 과학자, 작가, 문학 연구자 등등 각 과목 전문가에게 배우기 위해 매 시간마다 이 교실에서 저 교실로 이동한다. 종이 울리면 과학책을 집어넣고 다른 곳으로 가서 수학책을 꺼낸다. 아이들은 어른들이 학습을 일렬로 죽 늘어선 조각조각으로 생각한다는 것을 알게 된다. 학교에서 한 해 200일 남짓을 보내고 나면, 각 학생들은 수학 200조각, 과학 200조각, 문학 200조각 등을 모으게 된다. 공부를 잘하는 학생이라면 그걸 죽 잇는 법을 배운다.

탐험해 봐! 실험해 봐!

환경 안에 있는 모든 것에 모조리 질문을 던져보는 것이 교사의 중요한 임무다. 환경을 통째로 바꿀 수는 없지만, 환경이 전하는 메시지를 드러난 것이나 감춰진 것이나 인식할 수 있게 된다. 껍데기를 약간 벗기고, 아래를 들여다보고, 감춰져 있던 것을 드러낼 수 있다. 적어도 교사 자신은 알게 된다. 침묵하던 것을 드러내면서 우리는 우리 환경을 더 적극적으로 만들어가고 우리가 소중히 여기는 것을 더 잘 구현하는 곳으로 만들 수 있다. 교실은 학습에 대해 아는 것을 담아내고, 소중히 여기는 지혜를 구현하고, 배움의 생태계를 이루는 곳이다. 우리들 자신과 아이들을 위해 이루고 싶은 것을 더 잘 만들 수 있게 될 것이다. 교실을 아이들이 기꺼이 있고 싶어 하는 곳, 떠나기 싫어하는 곳, 내가 아이들 등을 떠밀어 내보내야만 하는 곳으로 만들려면 어떻게 해야 할까? 배우는 사람들의 공동체, 아이들이 놀이터나 농구장, 거리보다 더 재미있게 여길 수 있는 공간을 만들려면 어떻게 해야 할까? 어떤 모습일까? 어떻게 디자인해야 할까? 경계와 가능성은 어디까지일까?

내 유치원 교실로 달려 들어오는 아이는 울타리를 두른 넓은 다락방 안에 나무블록이 잔뜩 있는 것을 본다. 이 다락방에는 사다리를 타고 조그만 구멍을 통해 올라가거나 구석에 있는 계단으로 올라갈 수 있다. 이 공간이 무언가를 만들어보라며 아이를 부른다. 다락방 아래 공간에는 옷가지와 "소품 상자"가 쌓인 꾸미기 공간이 있다. 소품 상자라고 한 것은 아이들이 병원, 피자 가게, 신발 가게, 빵집, 소방서 등을 차리는 데 쓰는 물건들을 넣어둔 우유팩들이다. 꾸미기 공간은 편안하고 집 같은 모습이며 아늑하고 쉽사리 침범할 수 없는 곳이다. 탐험하고 실험을 할 수 있는 곳이다. 다른 곳에서 놀고 싶으면 세면대 옆 구석으로 가서 물감, 찰흙, 물, 모래, 미술 재료를 가지고 놀 수 있다. 한쪽 구석에 있는 바퀴 달린 커다란 콜라주 테이블에도 뭐가 잔뜩 있다. 천조각, 조개껍질, 단추, 병뚜껑, 코르크 등이 담긴 통들이 죽 늘어서 있고, 필요한 것을 테이블로 가져올 때 쓰는 작은 쟁반들도 있다. 게임, 조그만 블록, 도미노, 체커, 체스, 셈 도구 등을 테이블 근처 손 닿는 곳에 있는 찬장에서 꺼내올 수도 있다. 나는 이 공간이 이렇게 말하기를 바란다. "탐험해 봐! 실험해 봐!"

큰 아이들 교실에는, 한쪽 코너에 컴퓨터 세 대를 놓고 그 옆에는 베짜기에 쓰는 커다란 베틀을 둔다. 바늘구멍 카메라와 홈비디오 장비가 함께 선반에 놓인다. 벽은 주로 남자들이 하던 직업을 가진 여자, 독특하고 재미있는 상황에 놓인 아이, 생산적 활동이나 재미있는 놀이를 하는 흑인이나 제3세계 아이들의 이미지로 장식한다. 한쪽 구석에는 커다란 소파, 편한 의자를 두고 양탄자를 깔아서 아이들이 좋은 아동 도서와 참고 도서를 볼 수 있는 책 읽기 코너를 만든다. 또 조그만 오븐, 냉장고, 핫플레이트가 있어 간식을 만들거나 요리 활동을 할 수 있다. 칠판에는 아이들이 집중하게 될 질문들을 적어놓았다. 우리가 아는 것은 어떻게 아는 것인가? 증거란 무엇인가? 시간이 흐르면서 어떻게 달라졌나? 다른 것들과 어떻게 연결되나? 어떤 차이가 있나? 이런 질문들에 분필로 굵게 테두리를 쳐놓고 그 옆에 "지우지 마세요"라고 적어놓았다. 나는 이런 것들이 존중, 호기심, 그리고 비판하고 숙고해보는 습관이라는 메시지를 전하길 바란다.

소년원에 있는 교실에서는, 수업시간에 카세트 라디오로 클래식 음악을 듣고 쉬는 시간에는 아이들이 랩을 할 수 있게 했다. 옆방에는 역기를 갖다 놓아서 아이들이 원할 때 운동을 할 수 있게 했고(아이들이 좋아하는 일이다), 찰흙과 도자기 물레, 소규모 가마, 그 밖에 많은 미술 도구와 재료들도 있었다. 아이들 작품이 창턱과 작업대 위를 가득 메웠다. 아이들마다 책 상자를 하나씩 마련해주어서, 아이들이 이 상자를 들고 동생들이 공부하는 교실로 가서 "하급반" 아이들의 "읽기 짝"이 되어주곤 했다. 상자 안에는 어린아이들과 함께할 글 익히기 활동 목록과, 멘토로서 자기 역할이나 읽기 짝의 발전을 평가하는 양식도 들어 있다. 나는 이 공간이 아이들의 창의성, 젊은 에너지, 사회적 책임감, 선함을 불러일으키기를 바란다.

유치원에서 대학원까지, 내 교실에서는 늘 학생들 작품으로 벽면을 장식한다. 이야기, 글, 도표, 조사 결과, 큰 프로젝트와 작은 프로젝트가 늘 눈에 뜨인다. 유치원에서는 커다란 종이에 아이들의 몸 윤곽을 그려서 오린 다음, 아이들에게 자기 이미지에 색을 칠하고 장식하게 하고는 천장에 단다. 대학생들에게는 색종이, 물감, 찰흙, 재활용품 등을 이용해서 교사로서 자신의 이미지를 만들어보라고 한다. 이것도 벽에 전시한다. 나는 아이들 작품을 좋아하고 그게 공간에 생기를 준다고 생각한다. 성인 학생들이 만든 좀 더 자의식적이고 좀 덜 자연스러운 작품도 좋아한다. 이렇게 하면 유치원생이건 대학생이건 교실에서 자기 자신의 모습을 본다. 자기 생각이 공간을 구성하는 것을 보고, 공간을 디자인하는 것이 (교사 혼자만의 작업은 아니지만) 교사의 일이라는 것을 깨닫는다. 자기 작품이 전시되고 소중히 여겨지는 것을 본다. 아이들 생각과 노력의 산물을 인정해줌으로써 아이들이 교사에게나 다른 학생들에게 더 잘 드러나고 뚜렷한 존재가 되게 할 수 있다.

존중과 경의를 표하기

아이들 작품을 전시하는 사소한 한 가지 선택을 통해 나는 더 큰 목적과 더 포괄적인 가치를 표현한다. 학생들에게 자기 삶의 일부를 통제하고 만들어나가라고 격려하는 것이다. 학생들의 노력을 더 많은 사람들이 보게 하고, 학교에서 배우는 지식과 개인적 지식 사이의 구분을 줄이려 하고, 아이들의 자발성과 개성을 강조한다. 이렇게 해서, 내가 전체적으로 믿는 것들을 작은 곳에서 실천하는 셈이다.

교사로서 나는 나의 더 큰 목적과 핵심 가치에 맞는 학습 환경을 만들려고 애썼다. 예를 들어 나는 이렇게 저렇게 간섭하지 않아도 아이들이 중요한 것을 배우리라고 생각한다. 아기들은 옹알이를 하다가 결국 한두 마디를 하게 되고 나중에는 문장으로 말한다. 배밀이를 하다가 기다가 걷는다. 어른들은 아이에게 탐험하고 연습할 안전한 공간을 제공해주고, 아이들이 노력할 때 도와줄 수 있다. 옆에서 같이 긴다거나, 옹알이에 대꾸를 해준다거나, 옹알이를 해석해 알맞게 반응하거나, 아이의 성취에 기뻐해준다거나. 사실상 모든 아이들이 이런 비약적인 발전과 발견을 해내지만, 그래도 그 자체로 모두 중대하고 특별하고 놀라운 것으로 대한다. "그래, 그래, 걷고 말하는 건 누구나 하는 일이지. 다른 애들도 하는 거 봤어. 별거 아냐." 이렇게 말하는 사람은 없다. 교육과정을 구성하고 목표를 설정하고 범주와 순서를 명시하고 학습 계획안을 내놓는 "학습 전문가"를 데려오지도 않는다(놀랍게도 그렇게 하려는 경향이 있긴 하다). 다시 말해, 아기가 걷고 말하는 것을 익힐 때에는 아이가 읽기를 익힐 때 우리가 해온 것들을 하지는 않는다. 만약 그렇게 한다면 글을 못 읽는 아이들만큼이나 말을 못하는 아이들도 많이 생길지 모르겠다.

우리 아이들 각각이 걷고, 말하고, 헤엄치고, 자전거 타고, 읽고, 더하는 법을 배우는 순간은, 그런 것들을 익히는 단 한 번의 첫 번째 순간이다. 이 사건에는 존중과 경의를 표해야 한다. 배우고 노력하고 성취해낸 것은 바로 아이들이기 때문에 경의를 표하는 일은 어렵지 않다. 우리는 자전거나 수영을 배우는 아이에게 평형 측정기의 원리나 물고기에 대한 생물학적 지식을 강의하지는 않는다. 그런 게 무의미하다는 것을 알기 때문이다. 완전히 지치고 허리가 쑤실 때까지, 수영 연습을 하는 아이를 받쳐주고 밀어주고, 자전거 연습하는 아이를 잡아주고 놓아줄 뿐이다. 우리는 배울 환경을 제공했고 배우라고 불러들였다. 그러나 배움을 이뤄내는 것은 아이의 선택, 행위, 그리고 용기다.

우리 교실을 소개합니다

진정한 배움에는 늘 어느 정도 활동이 필요하다. 우리 아들 말릭이 말을 배울 때 처음으로 한 말이 '공'이었다. 말릭은 테니스공이나 탁구

공, 구슬을 쫓아 부엌 바닥을 달리며 외치길 좋아했다. "공! 공! 공!"

세 살이 되었을 때는 집 밖에서 골프 연습공을 조그만 플라스틱 배트로 치기 시작했다. 도시에 있을 때는 몇 시간이고 벽에 대고 공을 쳤다. 시골에 갔을 때는 마당에서 자기가 공을 위로 던지고 배트로 쳐서 집 위로 날려 보냈다. 공이 지붕 위로 올라갈 때마다 함성을 질러댔다.

말릭은 공놀이를 너무나 좋아했다. 기회가 되면 친구들이나 동생들과 함께, 안 되면 혼자서 했다. 공놀이에는 이 아이를 사로잡는 무언가가 있었다.

크면서 실력이 좋아지자 야구에 대해 점점 많이 배워갔다. 야구 카드를 수집하기 시작해서 곧 세계적 수준의 컬렉션을 갖게 되었는데, 그걸 계속 새로운 방식으로 정리하고 또 정리했다. 각 타자의 타율을 외우고 야구에 얽힌 이야기들을 알아갔다. 라디오로 중계방송을 듣고, 기회만 되면 야구하러 나가고, 승리의 순간을 계속 이야기하곤 했다. 리틀리그에도 들어가고 싶어 했다.

유치원에 입학한 뒤에 말릭은 보조 교사였던 호세 베가 선생님에게 같이 야구를 하자고 했다. 호세가 공을 던지면 말릭은 모두 홈런으로 날려버렸다. 호세는 감탄했고 날마다 말릭에게 공을 던져주게 되었다. 곧 두 사람은 야구를 중심으로 몇 해 동안 이어진 깊은 우정을 쌓을 수 있었다. 마침내 말릭이 리틀리그에 들어갈 수 있는 나이가 되었고, 명성이 허황된 것이 아님을 입증했다. 입단 평가서에는 이렇게 적혀 있었다. "빠르고, 협응력이 좋고, 모든 분야에 능력이 있고, 진지하다."

이 이야기를 한 까닭은 학습에는 동의와 행동이 필요하다는 것을 말하기 위해서였다. 배우기 위해서는 연습, 교정, 자기 교정이 필요하다. 배우는 것은 때로 힘든 일이지만, 목적의식이 뚜렷하면 큰 만족감을 얻을 수 있다.

학습을 수동적인 과정으로 보고 교사는 "아는 사람"이고 학생은 "모르는 사람"이라고 보는 것은 옳지 않다. 나는 교실을 절대로 강의실 같은 모양으로 만들지 않는다. 앞에 교탁이 있고 학생들이 줄줄이 앞을 보고 앉는 형태는 아니다. 내 교실에서 나는 아이들과 같은 책상을 쓰고, 묵직한 나무로 된 교탁은 한쪽 구석으로 밀어놓고 창고나 작업대로 쓴다.

나는 발견과 놀라움의 실험실이 되는 공간을 만들고 싶다. 어린아이들 교실에는 크고 열린 공간을 만들고 나무 블록을 넉넉히 갖춘다. 만들기 공간 둘레에는 블록을 가지고 역할놀이를 할 수 있는 재료들이 있다. 인형, 동물, 표지판 등. 블록 선반은 잡지에서 오려낸 고층건물, 판자촌, 연립주택 사진 등으로 장식하고, 벽에는 여러 해 전부터 아이들이 만들어낸 블록 작품 사진을 붙여놓는다.

또 이젤도 몇 대 놓고, 빨강, 노랑, 파랑 물감이 든 물감통을 손 닿는 곳에 둔다. 종이는 가까이에 쌓아놓아서 아이들이 가져와 이젤에 쉽게 붙일 수 있다. 작품을 말리는 건조대도 있고, 그리기 공간 주위에는 아이들 작품이 걸려 있다.

어떤 선생님들은 블록과 물감은 유아들 장난감으로는 좋지만 일곱 살이나 1학년 아이들은 그런 것은 두고 "진짜 공부"를 시작해야 한다고 하기도 한다. 어떤 기술이나 훈련이 필요하다는 말일 것이다. 아마 이런 선생님들은 물감이나 블록을 충분히 탐구해보지 않아서 이런 재료들의 힘과 가능성을 이해하지 못하는 모양이다. 자기 트럭에 달 바퀴를 발명한 여섯 살 아이나 거대한 2층 다리 위로 자동차가 올라가게 하는 법을 알아낸 일곱 살 아이, 센트럴파크를 만들고 공간의 복잡한 사용 때문에 발생하는 조경사의 딜레마를 경험해본 여덟 살 아이의 얼굴에 떠오른 경탄의 표정을 본 적이 없거나, 보라색의 발견이라는 순간도 아마 목격한 적이 없을 것이다. 아이들이 이젤 앞에서 놀다 보면 흔히 일어나는 발견이지만, 그래도 일어날 때마다 찬란한 업적으로 여겨진다.

엘리너 덕워스는 훌륭한 교사이자 아동 학습이라는 주제를 대범하게 파고든 사람인데, 어떤 나이의 아이들한테나 인지발달의 본질은 "놀라운 생각을 갖는 것"[27]이라고 한다. 모든 지적 성장에서 발견과 놀라움이 중요하다는 말이다. 덕워스가 보기에 보라색의 발견은 사소한 일이 아니라 중대한 일이다. 이 놀랍고 주목할 만한 발견을 통해 원색과 중간색에 대한 깊은 지식을 구축할 토대가 마련된다. 보라색과 함께 자신감, 자존감, 호기심, 그리고 지식은 끝이 없으며 직극직 활동이라는 인식이 생긴다. 아이는 세상 속에서 자신감이 솟고 강해진 느낌을 갖게 되고, 그 교훈이 의식 깊이 박힌다. 교사가 학습지를 가지고 강의를 해서 원색과 중간색을 가르치는 것이 더 효율적일지도 모르겠다. 문제는 이런 열 없는 접근 방식을 택하면 아이들이 지식은 유한하고 수동적 활동이며, 교사는 "알고" 학생은 "모른다"는 것, 언젠가는 중요한 것들을 모두 누군가가 어떻게든 전달해줄 것이라는 부수적 교훈도 얻게 되리라는 점이다. 호기심 많은 비판적인 정신을 목표로 하는 사람들에게 찬물을 끼얹는 교훈이다.

더 큰 아이들 교실에는 블록 대신 다른 재료와 활동을 준비하더라도 과제는 마찬가지다. 발견과 놀라움의 실험실, 아이들이 저마다 마음이 끌리는 목표를 향해 적극적으로 실험하는 공간, 현재 지식이 앞으로의 지식을 향해 열리는 장소를 만드는 것이다. 아이들에게는 날마다 시간을 내어 추구할 프로젝트가 필요하다. 프로젝트는 학교생활의 다른 부분과 교육과정을 통합하고 의미를 부여한다. 프로젝트는 아이의 에너지를 끌어들여 집중시킨다. 프로젝트는 단선적 지시나 빈약한 지침서를 메워나가는 데 있어 이중, 삼중, 사중의 역할을 해주는 아주 경제적인 방식이다.

블록 쌓기를 뗀 지 얼마 안 된 열 살 아이들 반에서는 아이들과 함께 레고로 우주기지를 만들거나 나무와 접착제를 가지고 도시를 만들었다. 강을 건너는 다리를 놓는 문제가 발생했을 때 나는 아이들에게 과제를 주었다. 이쑤시개, 접착제, 노끈을 가지고 아이들에게 주어진 높이("이 배가 다리 아래로 지나갈 수 있어야 해.")와 공간("다리가 이 도로와 이쪽 강가를 연결해야 해.")에 맞는 가장 튼튼한 다리를 만들게 했다. 다리를 설계하고 만드는 과정을 그림, 글, 사진 등으로 기록한 다음에, 다리가 무너질 때까지 추를 하나씩 더해서 감당할 수 있는 최대 중량을 실험했다. 그러는 동안, 가설을 세우고 예측하고 관찰하고, 도면을 그리고 생각해보고 환호하고 토론하는 일이 많이 벌어졌다. 가까이에 있는 다리를 보러 가기도 하고 신문과 잡지에서 다리 사진도 오려 모았다. 도서관에 가고 자료 조사하고 스케치를 하는 등 건축학적 탐구가 이어졌다. 다리의 안정성과 보수, 현수교, 트레슬교, 고가교 등에 대한 논의가 이어졌다. 다리의 역사에 대한 글을 읽고 미술 작품 속에서 다리를 보고, 《우락부락 염소 삼 형제》,《콰이 강의 다리》,《누구를 위하여 종은 울리나》 등의 책에서 다리 이야기를 읽었다. 다른 모든 것들이 그렇겠지만, 다리는 새로운 세계를 활짝 열어줄 수 있고 이런 탐구는 절대 끝이 나지 않는다. 나는 최종 프로젝트를 제안했다. "체스판 있는 곳에서 컴퓨터 자리를 연결하는, 우리가 실제로 걸어서 건널 수 있는 다리를 만들자. 2×4인치 목재, 1×2인치 목재, 못, 빨랫줄을 가지고." 아무리 많은 것을 하더라도 우리가 다리라는 주제를 "뗐었다"고는 절대 말하지 않았다. 그런 일은 있을 수 없다. 계속 해나가면 다리 분야에서 박사학위를 받을 수 있을 것이다. 다리 설계, 다리 공학, 다리 역사 등.

내가 열두 살 아이들 반을 맡았을 때의 일이다. 어느 겨울 아침에 시카고 철강 공장 근처에서 흰올빼미 둥지를 발견했다. 흰올빼미 서식지보다 훨씬 남쪽인 데다가, 이런 신화적인 동물에게 어울리지 않는 도시 공간에서 둥지가 발견된 것이다. 그리고 프로젝트가 시작되었다. 우리는 그 새가 어디에서 왔는지, 어떻게 여기에 오게 되었는지, 어떻게 생활하는지 알고 싶었다. 우리는 올빼미가 토해낸 펠릿(우웩)을 찾아보고, 자연학자들을 만나보고(우아), 도서관을 찾아갔다. 우리는 〈흰올빼미 조사단〉이라는 긴긴한 교내소식지도 발간했다. 육분의와 별자리표를 꺼내 이동경로를 그려보고 북아메리카 전체 지도를 그려 올빼미가 이곳으로 오고 집으로 돌아가는 경로를 찾았다.

이 모든 과정의 목표는 교실 환경을 학습이 이루어지는 실험실, 발견을 위한 활발한 작업장으로 만드는 것이었다. 나는 아이들이 자기들 작업, 관심사, 지식을 계속 추구하도록 자극하고 싶었다. 아이들에게 이런 추구를 해낼 능력과 잠재력이 있다는 것을 보여주고 싶었다. 지식은 직접 얻을 수 있는 것이지 교과서에 갇혀 있는 고정된 것이 아니라는 것, 배우는 일은 신이 나고 경이로움을 안겨줄 수 있고 깊은 만족감을 줄 수 있는 것임을 보여주고 싶었다. 또 아이들이 읽고 쓰고 생각하기를 바랐지만, 더 큰 목적에 따라 발견하고 힘을 얻기 위한 방법으로 읽기를 익히길 바랐고, 수학을 단순한 기술로만 바라보지 않길 바랐다. 읽기, 수학, 과학, 지리, 역사 등에 모두 진지하게 접근했지만, 늘 더 큰 목표와 목적을 염두에 두고 그렇게 했다.

나는 모든 아이들이 나에게 또 서로서로에게 잘 보이는 공간, 알고 이해받는 곳, 안전하다고 느끼는 곳, 소중하게 여겨지는 곳을 만들고 싶다. 가정, 사회 등 아이들의 삶 속에서 배움의 원재료를 많이 얻기를 바라고, 아이들의 여러 세계가 서로 자연스레 넘나들기를 바란다. 삶과 배움이 상호작용하고 서로 침투하며 통합되고 이어지는 환경을 만들고 싶다. 다시 말해 집과 공동체에서의 삶이 교실에 긍정적이고 분명한 영향을 미치길 바라고, 또 교실이 더 큰 삶의 영역에 영향을 미치길 바란다. 모든 아이들이 교실 안에서 개인적 공간을 갖고 그것이 존중되기를 바라고, 이곳에서 뭔가 흥미롭고 낯선 것뿐 아니라 친숙한 것도 볼 수 있기를 바란다.

내 교실에는 성공할 수 있는 여러 가지 방법, 추구할 수 있는 여러 관심사, 기여할 수 있는 다양한 방법이 있어야 한다. 교실이 한곳에 집중하게 만들어진 줄줄이 늘어선 책상이 아니라 활기 넘치는 작업대나 관심사에 따른 영역 등을 여럿 갖추고 있어야 한다는 뜻이다. 어린아이들을 가르칠 때는 교실에 블록 공간, 미술 공간, 모래와 물놀이 테이블, 서가와 읽기 코너, 막대나 큐브 같은 셈 도구, 꾸미기와 역할놀이 공간이 있었다. 아동기 중반이 되면 공간이 좀 달라진다. 블록 공간 대신 목공 공간, 모래놀이 테이블 대신 건설 중인 디오라마, 셈 도구 대신 복잡한 퍼즐과 보드게임, 꾸미기 공간은 판타지 모험 공간으로 바뀐다. 청소년기 교실은 또 다르다. 체스, 바둑, 백개먼(두 사람이 주사위를 굴려 말을 움직이며 하는 말판놀이-옮긴이) 등이 놓인 게임 센터, 지도제작 도구와 측량 도구가 놓인 지도 그리기 공간, 건축 공간, 사진실 등이 있다.

물론 모든 공간은 다양한 용도로 쓰일 수 있다. 어린아이들의 꾸미기 공간에서 아이들은 역할놀이를 통해 자기 삶의 중대한 문제를 경험하고 이야기하고 재창조할 수 있지만, 글을 풍부히 접하고 수학 개념을 형성할 수도 있다. 교사들이 공간 곳곳에 이름표를 붙이면 글을 익히는 데 도움이 되고, 여덟 조각으로 나눈 피자가 든 피자 상자, 청진기, 고무줄 같은 소품들을 통해 셈, 정리, 대응, 상호관계 개념을 접할 수 있다. 마찬가지로 사진실은 시각예술과 상관이 있지만 화학, 물리학, 수학, 읽기와 연결시킬 수도 있다.

중요한 것은 이 공간에서 자극되고 발달되는 기술, 흥미, 재능, 지성의 범위를 넓히는 것이다. 빈약하고 테스트하기 쉬운 인지 영역으로 범위를 좁히고 그걸 지성이라고 부르는 대신, 공간이 이렇게 말하길 바란다. "지성은 넓고 열려 있고 만쩍인다. 어떤 종류의 지성이든 이곳에 깃들 수 있고 이곳에서 도전받을 수 있다."

내 교실에는 책이 많다. 아주아주, 아주 많다. 나는 아이들이 정보, 즐거움, 모험, 지식, 재미, 지혜, 식견, 성장 등등 다양한 목적으로 광범위한 읽을거리를 읽기 바란다. 아이들이 책에서 자기 자신의 모습을 보고 동시에 다양함으로 눈부시게 빛나는 세상을 보기를 바란다. 현명하고 선하게 행동하는 사람, 문제를 해결하고 장애를 극복하고 서로를 돕는 사람들을 다양하게 접하길 바란다.

또 교실에는 늘 사전, 백과사전, 연감, 세계지도, 그리고 특이한 고전 참고도서(《아프리카의 새》,《캐츠킬 지역 민요》,《그레이 해부학》,《통조림 백과》,《낚시꾼의 미끼 거는 법 가이드》 등)를 다양하게 구비해놓은 연구 공간을 마련한다. 이 공간에서 반복적으로 들려오는 목소리는 이런 것이다. "찾아보라."

또 작업을 확장해주거나 작업에 도움이 될 만한 물건으로 가득 찬 찬장이 있다. 천, 실과 바늘, 온갖 재활용품(단추, 플라스틱 조각, 고무관 등), 잡지, 신문, 카메라, 녹음기, 컴퓨터 용지, 털실, 나무, 찰흙, 판지 등. 컴퓨터 한 대, 도자기 물레, 조그만 베틀, 실크스크린 틀도 있다. 모든 물건이 날마다 쓰이지는 않지만, 하루하루가 지나고 해가 바뀌어도 아무것도 버리지는 않는다. 반복되는 또 다른 문구. "이 안에 뭔가 쓸 만한 것이 있는지 찾아보자."

내 교실에는 항상 돌보아야 할 식물이 있다. 조그만 모종을 키우기도 하고 크게 자라난 나무도 있다. 또 돌볼 동물도 있다. 물고기, 생쥐, 거북이, 토끼 등. 동식물은 교실에 돌봄과 책임의 분위기를 조성해준다. 또 주의 깊은 관찰과 기록으로 이어질 수 있는 생각과 질문의 원천이 된다. 이런 것들이 학습 환경의 일부가 되면 무수히 많은 유용한 방향으로 학급을 이끌어갈 수 있다.

유치원에서 고등학교까지, 내 교실에서는 요리를 자주 한다. 요리를 교실의 일감이자 책임으로 삼아 너덧 명의 아이들이 날마다 요리를 한다. 처음에는 불 없이 "찬요리"를 했다. 과일 샐러드, 땅콩버터 반죽, 코코넛볼, 셀러리 보트 등의 요리를 많이 했다. 나중에는 딱 맞는 뚜껑이 있는 종이 상자, 은박지, 옷걸이, 전구와 소켓 등을 이용해 오븐을 만드는 법을 알게 되었다. 오븐을 만드는 과정도 재미있다. 그리고 여러 날이 걸린다. 이렇게 만든 오븐으로 시리얼 바, 파이, 간단한 빵 등을 구울 수 있었다. 핫플레이트, 오븐 토스터, 전자레인지를 갖게 되었을 때에는 요리를 해서 특별 프로젝트 기금을 모았고 특별한 행사를 축하하기 위한 요리도 했다. 우리는 세계적 수준의 요리사가 되었다. 나는 아이들이 케이크와 파이, 빵을 굽고, 로티(남아시아와 서인도제도 등에서 먹는 무발효 빵-옮긴이), 토르티야, 푸타네스카 파스타, 피자, 두부 요리 등 일품요리 하나쯤은 하는 법을 익히고 졸업하기를 바란다. 많은 아이들이 요리를 좋아하고, 요리를 통해 아이들의 지식과 기술을 활용하거나 지식을 넓힐 수도 있다. 교사가 요리할 시공간을 마련해주면 여기에서 읽기, 수학, 과학, 역사, 문화, 지도 그리기 등도 발전시켜나갈 수 있다.

교실은 학생들에게 살아 있는 그 무엇이다

학습과 교육의 목적에 대한 핵심적인 믿음 몇 가지를 한데 모아놓으면 더욱 적합한 교실 환경을 꾸미는 데 도움이 된다. 예를 들면 이런 것이다.

- 나는 사람이 지식을 창조하고 구성하며, 학습은 열의와 동의를 기본으로 하는 적극적 과정이라고 생각한다. 학습에는 사물과 생각 사이의 신체적, 정신적 상호작용이 포함되며 발견과 놀라움의 순간도 종종 있다.
- 사람의 발달은 복잡하고 상호적이며, 신체적, 정서적, 사회적, 지적 성장을 분리하는 것은 좋지 않다고 생각한다. 우리는 모두 총체적 인간이다. 인지는 정서와 연결되어 있고 정신은 영적, 문화적, 심리적 존재 안에 깃든다.
- 사람은 도전을 받을 뿐 아니라 돌봄도 받을 때, 탐구하고 실험하고 위험을 무릅쓸 수 있어야 할 때, 가장 잘 배울 수 있다고 생각한다. 우리는 자기 자신과 다른 사람들에 대해 좋은 감정을 가질

때, 주변 환경과 주위 사람들을 믿을 때, 안전할 때에 배운다.
- 정보가 경험과 더 큰 개인적 맥락에 통합될 때 배움에 힘이 생긴다. 무작위적이고 서로 연결되지 않은 정보의 조각은 지식을 향해 나아가는 든든한 토대가 되지 못한다.
- 문화는 우리가 세상을 이해하는 틀이다. 모든 문화는 역동적이고 상호침투적이며, 전체 문화와 우리 문화 내의 다양성을 둘 다 탐구하는 것은 모든 나이대의 아이들에게 풍부한 지적 모험이 된다.
- 아이들은 늘 배우므로, 모든 아이들에게 무언가 가치 있는 것을 성취할 수 있는 다양한 기회를 주어야 한다. 성공을 경험할 기회의 범위가 매우 넓어야 한다.
- 학교는 문을 열고, 세상을 열고, 모두에게 충만하고 풍요로운 삶의 기회를 열어주는 것을 목적으로 삼아야 한다고 생각한다. 학교는 학생들이 시대와 장소가 요구하는 중요한 기초지식을 접할 수 있게 해야 하고, 미래를 만들어나갈 힘을 얻는 정신을 발달시키도록 도와야 한다. 민주사회에서, 학교는 적극적 시민정신과 민주적 생활 방식을 교육할 특별한 책임을 갖는다.
- 학교생활은 그 자체로 하나의 삶이지 이후 삶을 준비하는 단계로 생각해서는 안 된다. 학교에서의 삶을 아이들은 물론이고 어른도 충만히 누려야 한다. 다시 말하자면 민주사회에서는 학교생활이 (권위적, 독재적, 관료적, 봉건적 원칙이 아니라) 민주적 원칙을 구현해야 한다.
- 교사는 학생들에게 기술, 능력, 힘을 기를 기회를 만들어주어야 한다. 교사들은 어떤 지식과 경험이 가장 가치가 있는가, 이런 지식과 경험에 접근하는 최상의 방법은 무엇인가 하는 질문을 스스로

던져보아야 한다. 교사는 학생들을 배움의 길로 강하게 끌어들여야 하고, 그 뒤에는 이 거대한 여행의 길잡이이자 멘토가 되어야 한다.

이런 믿음, 핵심 가치 혹은 기본 원칙은 수백 수천 가지 방식으로 실현할 수 있다. 커다란 생각이나 가치와 교실 안의 구체적인 실천 사이에 고정된 일대일 대응은 없다. 나는 큰 문제를 만지작거리고 조절하고 고민한 다음에 세부적인 면들을 조금씩 손보았지만, 완전히 만족한 적은 없다. 환경은 학생들처럼 살아 있는 그 무엇이다. 날마다, 시간마다 바뀌고, 예측할 수 없고 낯설고 이상한 것이 될 수 있다. 학기 초에 내 교실에 와보면 어떤 광경을 보게 될 테지만, 몇 달 뒤에 다시 와보면 또 다른 공간으로 느껴질 것이다. 교실이라는 실험실은 서른 명 정도의 사람들이 계속 실험을 해나가는 공간이다. 계속 부수고 다시 만들어진다. 늘 성장과 개선의 여지가 있다.

"학습에는 발견과 놀라움이 있다"라는 사실에 주목한다고 해서 그것만으로 어떻게 해야 할지 알 수는 없다. 여기에서 행동의 청사진을 얻을 수는 없다. 생각하고 탐구하고 상상해보고, 결국 여러 가능성 가운데 한 가지 행동을 선택해야 한다. 그러나 이 여행을 하는 동안 이런 신념이 유용한 준거점이자 내 선택을 뚜렷이 보게 하는 렌즈가 되어준다. 교실의 자료나 활동이나 일상 가운데 일부는, 체계화하고 미리 정해놓거나 1차원적이 되지 않게 해야 한다는 것을 의식하게 해준다. 교실의 일부는 열려 있고 예측하지 못한 것을 중심으로 마련해놓아, 학생과 교사 모두에게서 놀라움과 경탄을 불러일으킬 수 있어야 한다.

온전한 인간성의 실현을 돕는 교실

훌륭한 선생님인 마라 새폰-셰빈은 학교를 구성하는 하나의 중심 목적은 돌봄과 공감의 공동체를 만드는 것이 되어야 한다고 주장한다.[28] 새폰-셰빈은 학생을 총체적 인간으로서, 교사를 도덕적 행위자로서 존중하는 교실을 만들고자 한다. 교육자의 1차적 의무는 각 학생이 온전한 인간성을 실현하도록 돕는 것이라고 한다. 이 의무에는 직접 가르침도 포함되겠지만, 구체적 사실이나 정보를 전달하는 것을 훨씬 넘어서는 일이다. 우리 교실에 들어오는 다양한 학생들의 의욕을 북돋고 길러주는 환경을 조성하는 것, 우리가 소중하고 가치 있다고 생각하는 것들을 구현하는 공간을 만들어가는 것도 포함된다. 또한 협업, 적극적 참여, 의사 결정, 도덕적 숙고의 기회를 구조화하는 것도 들어간다.

우리는 공통된 시각, 같은 목적을 지니고 함께 노력하고 같은 것에 헌신하며 자아를 실현하는 공동체를 갈망하면서도, 제도 안에 그냥 안착하고 마는 일이 많다. 다시 말해 우리는 대체 가능한 부속이 되어 위계질서, 경쟁, 관리 체계 등을 특징으로 하는 비인격화된 장소에 속해 있을 때가 많다. 우리는 이런 곳에서 사무원이나 관료 역할밖에는 하지 못할 때가 많고, 목적성과 능동성은 위축된다.

이는 현대의 삶의 보편적 문제이기는 하지만 특히 교사들에게는 냉혹하고 혹독한 영향을 미친다. 교육은, 제대로 이루어지려면 통찰과 헌신을 토대로 해야 한다. 학습이 의미가 있으려면, 상상, 도전, 의지, 창의에 기대야 한다. 이런 요소들을 빼버리면 교육은 기계적이고 무력해지며, 학습은 모이를 쪼는 비둘기나 미로 안에서 달리는 생쥐와 같은 꼴이 되고 만다.

새폰-셰빈은 교사는 대장도 아니고 하찮은 존재도 아니며, 강의하는 사람도 아니고 아무것도 안 하는 사람도 아니라고 한다. 교사는 안전, 신뢰, 진리, 믿음의 영역을 만들어준다. 자기 앞에 있는 사람, 곧 신체, 정신, 감정, 영혼을 지닌 총체적 인간에게 초점을 맞추고, 교육을 시험 점수나 통제의 관점에서 바라보기를 거부한다. 교사는 아이들이 총체적 인간으로서 저마다 기술, 관심사, 경험, 이상을 가지고 단체 공간에 들어오게 하며, 그것을 자기 스스로 구성하고 재구성하도록 이끈다. 교사는 또 교실 안에서 확고한 존재를 갖는다. 교사가 열정을 갖는 분야(노래, 퀼트, 하이킹, 춤 등)도 교실에서 뚜렷이 드러날 것이다. 이제 준비가 되었고 드라마가 시작될 수 있다. 다음 단계는 아는 것과 아직 알지 못하는 것 사이에 다리를 놓는 일이다.

제4장

다리 놓기

아이의 정신을 예술로 확장하라,
아이의 질문을 예술로 불붙이라…….
어린 발, 정신, 영혼에 예술로 활기를 불어넣으라…….
— 하키 마두부티

교사는 탐험가다. 세상과 학생들의 삶을 탐험하면서 여러 생각 방식에 낚싯줄을 던진다. 교육은 다리 놓기일 때가 많다. 아이들의 지식, 경험, 비결, 흥미를 가지고 한쪽 기슭에서 시작해, 더 넓은 지평과 더 깊은 지식의 세계로 나아간다.

제이드가 열두 살이 되어 아동기에서 성인기로 나아가는 성장의 떨림을 느끼기 시작했을 무렵이다. 제이드는 자기 친구 베어의 유대교 성인식에 참석했다. "정말 멋있어요." 제이드가 이야기했다. "베어가 사람들 앞에서 첼로 연주를 하고 언설을 했어요. 그 다음에 사람들이 개의 삶, 지금까지 무얼 했는지, 앞으로 뭘 할지에 대해 이야기했어요." 제이드는 통과의례에 사람들이 관심과 생각을 쏟는 모습에 감동을 받았고, 베어가 이제 어른, 새로운 책임과 자유를 지닌 사람이 되었다는 선언에 깊은 인상을 받았다. "의식이 진행되는 동안 베어가 몸을 꼿꼿이 펴고 한 뼘 자라는 게 눈에 보였다니까요." 제이드가 말했다. "다 끝나고 나니까 다른 사람처럼 보였어요."

제이드는 자기도 어떤 의식을 치르기로 결심했다. 어떤 의례적인 방식으로 자신의 성장을 기념하고 싶었다. 제이드는 엄마 버나딘을 멘토이자 길잡이이자 길동무로 삼았다. 두 사람은 특별하고 제이드에게 어울리면서도 성장이라는 더 보편적인 주제와 연결되는 무언가를 만들기 위해 같이 연구하기 시작했다. 엄청난 과업이었지만 두 사람 다 열의를 갖고 열심히 몰두했다.

집에서 시작된 대화가 여러 달 동안 계속되면서 친척들, 친구들, 직장 동료들, 지인들까지 함께 이야기하게 되었다. 이런 여러 질문들을 중심으로 대화가 이어졌다. 어른이 된다는 것은 무슨 뜻인가? 무엇이 달라지나? 신체적 변화는 어떻고, 감정적·심리적 격변은 또 어떠한가? 어떤 변화는 지속적이고 측정 가능하고, 어떤 변화는 질적인 변화인가? 어른은 아이와 생각을 다르게 하는가, 언제나 그런가? 어떻게 알 수 있나? 사람이 어떤 방향으로 바뀌겠다고 선택할 수 있는가? 어떤 변화나 조정은 거부할 수도 있나? 성장에서 이미 결정된 부분은 어디까지인가? 우리의 모습 가운데 얼마만큼은 유전적·생물학적으로 결정되고, 또 얼마만큼은 사회적·문화적으로 결정되나? 왜 청소년기를 질풍노도의 시기라고 하나? 반드시 그래야 하나?

대화가 이어지고 자라고 깊어짐에 따라, 점점 더 복잡하고 골치 아프고 재미있어졌다. 계속 새로운 질문이 돋아났다. 어떤 문화에서는 열세 살이 되면 성인으로 취급하는데, 왜 우리 문화에서는 그러지 않는가? "다 자란" 것과 "어른"이 되는 것의 차이는 무엇인가? 왜 운전면허는 열여섯 살이 되어야 딸 수 있고 투표는 열여덟이 되어야 할 수 있고 맥주는 스물한 살이 되어야 마실 수 있나? 누가 이런 것들을 결정하나? 어른이 되는 것과 관련해 이런 것들이 무엇을 뜻하는가?

까다롭고 힘든 질문 하나가 신문 지면에서 나왔다. 버나딘과 제이드는 악명 높은 센트럴파크 강간 사건 재판 기사를 〈뉴욕타임스〉에서 읽고 이야기를 나눴다. 그래서 우리 문화에서 "남성성"이라는 문제도 이야기하게 되었다. 또 집단 폭력, 인종, 성, 섹스의 문제도 나왔다. 책임과 권리의 문제도. 재판 과정을 따라가며 대화에 몰두하면서 무리 안에서 하는 윤리적 선택의 어려움을 탐구했다. 무리 안에서 개인은 더 강해지는가, 아니면 존재가 더 희미해지는가? 사람은 혼자 있을 때와 여럿이 있을 때 왜 행동이 달라지는가? 청소년들은 왜 특히 무리에 강한 영향을 받는가? 아니면 반드시 그렇지는 않다고 할 수 있는가? 무리가 내가 옳지 않다고 생각하는 일을 하도록 만들 수 있나? 어떻게?

이런 질문과 계속되는 대화와 함께 좀 더 틀을 갖춘 탐구도 있었다. 버나딘이 제이드와 동생들, 친구들에게 책을 몇 권 읽어줬다. 찰스 디킨스의 《데이비드 코퍼필드》, 《두 도시 이야기》, 루이자 메이 올컷의 《작은 아씨들》, 《작은 도련님들》, 《조의 아이들》 같은 고전, 또 《맬컴 엑스》, 《안네 프랑크의 일기》, 앤 무디의 《미시시피에서 어른이 되다》 같은 자서전, 그리고 마거릿 미드의 《사모아의 청소년》이나 히에메요스츠 스톰의 《일곱 개의 화살》 같은 민족지학 연구서, 또 여기에 더해 온갖 소설과 단편을 읽었다. 제임스 밴스 미셜의 《청무지 생활》, 스디븐 크레인의 《붉은 무공 훈장》, 자메이카 킨케이드의 《애니 존》, 스콧 모마데이의 《비 내리는 산으로 가는 길》, 프랭크 워터스의 《사슴을 죽인 남자》, 우치다 요시코의 《토파즈로 가는 길》, 포리스트 카터의 《작은 나무의 교육(한국어판 제목은 《내 영혼이 따뜻했던 날들》—옮긴이)》 등.

제이드와 함께 다들 읽기에 몰두했고, 이 책들은 대화를 깊이 있게 하고 대화의 토대가 되어주고 또 다른 시간과 공간, 새롭고 들어본 적이 없는 세상으로 확장하게 해주었다. 이 탐구의 동력이 된 직접적인 질문, 어떻게 성인이 되었음을 표현할 것인가라는 질문에 초점을 맞추어 책을 읽었다.

제이드는 책 읽기, 대화, 그리고 사람들의 관심을 엄청나게 즐겼다. 모든 이야기를 깊게 받아들였고 자기 목적에 접합시킬 수 있는 정보는 어떤 것에든 관심을 가졌다. 그리고 마리 산도스가 두 번째 길잡이가 되어주었다. 산도스는 수 인디언의 문화를 제이드에게 생생하게 보여주었다. 《이들이 수족이었다》, 《줄스 노인》 같은 책과 특히 《크레이지 호스》가 그랬다. 제이드는 크레이지 호스가 어떻게 살았고 무엇을 이루었는지, 특히 어떻게 그가 "오글라라 인디언의 이상한 남자"가 되었는지, 그가 어떻게 성인이 되고 자기 부족의 지도자가 되었는지에 대한 이야기를 읽고 또 읽었다. 제이드는 크레이지 호스에게 홀딱 빠져서 자기에게 딱 맞는 의식을 만들어내는 데 영감을 받았다.

열세 번째 생일이 되기 몇 달 전에 제이드는 스스로에게 내주는 과제를 적었다.

앞으로 네 달 동안 세 가지 물건을 만들어보고 싶다. 가능한 한 최대로 영혼과 정신이 깃들게 만들 것이다. 이 세 가지 물건에 내 삶의 이야기를 넣으려고 한다. 이것들이 나의 치료제가 될 것이다. 세 가지는 이런 것들이다.

1. 의식용 사슴가죽 방패. 가장 큰 프로젝트이고 여기에 가장 많은 시간을 들일 것이다. 단순하지만 아름답게 만들 생각이다. 너무 장식을 많이 하면 본질이 덮여버린다.

2. 정신적 추구 의식을 치르는 동안 입을 사슴가죽 조끼나 웃옷. 이것도 방패처럼 아름다운 단순성을 추구한다.

3. 쿠 스틱(북미 인디언 전사들의 막대기로, 이걸로 적을 치는 것이 용기의 징표가 되었다-옮긴이). 살인에 쓰는 무기가 아니라 나의 투쟁과 승리를 상징하는 부적이 될 것이다.

이 세 가지 물건을 만드는 작업도 힘든 여정이었다. 의식용 방패 작업은 제이드가 완벽한 나뭇가지를 발견하면서 시작되었다. 제이드는 버나딘과 같이 나뭇가지를 욕조에 담가두었다가 아주 천천히 조금씩 구부려 둥그런 모양으로 만들었다. 가죽용품 가게에서 밝은색 사슴가죽을 사서 틀에 맞게 잡아당긴 다음, 접히거나 구겨진 데 없이 팽팽하게 틀에 꿰매었다. 마지막으로 방패 앞면에 하얀색 버펄로 해골을 그리고 오른쪽에 붉은 줄 세 개를 그었다. "이건 피와 삶을 무의미하게 낭비하는 것을 상징해요." 제이드가 말했다.

제이드는 방패틀에 주워 모은 매와 칠면조 깃털을 붙이고 "내 삶의 상징들"을 그렸다. 원시적인 그림체로 엄마 배 속의 수정, 성장, 아동기, 성인기, 죽음을 그렸는데, 다른 두 물건에도 모두 이 상징들을 그렸다. 제이드는 의식에 쓸 시도 몇 편 모았고, 두 편은 직접 썼다.

1.
과거의 유한한 그림자를
돌아보지 마라.
대신
몸을 세우고 자랑스럽게
한없이 뻗은
미래 속으로 걸으라.

2.
희생
시위가 당겨졌고
활이 내 팔 속으로 녹아들고

목표물은 내 눈에 녹아든다.

나와 그것이 하나가 되다.

화살을 놓고

바람이 그것을 받는다.

어루만지더니

곰에게 건넨다.

곰은 나에게 고기를 주고

나는 먹는다.

그 죽음 덕에

내 삶은 지속된다.

그러고 나서 축문을 썼다.

소년

소년이 남자가 되면 자기 자신, 친구, 가족, 그리고 세상 전체를 안전하고 평온하게 할 책임을 받아들인다. 나 자신뿐 아니라 세상에도 큰 변화의 시기이므로, 앞으로의 나날이 무엇을 가져올지를 생각한다. 웃음과 눈물, 그리고 삶과 사랑. 나는 앞으로 나아가기가 두렵지만, 이것 또한 어른이 되는 것의 일부이다. 자질도 있고 잘못도 있는 삶을 마주하고, 잘못을 몰아내고 모든 인간과 짐승에게 더 나은 삶을 만들고, 나 자신의 잘못을 넘어서고 내 자질을 기른다. 내가 사라지고 난 뒤에도 내 삶이 다른 사람의 삶을 더 낫게 만들고 세상을 좀 더 나은 곳으로 만들었기를 바라는 희망을 품고서.

제이드는 파티 같은 것은 하고 싶지 않다고 했고, 대신 크레이지 호스가 그랬던 것처럼, 가죽옷을 입고 막대기와 방패를 들고 혼자 조용한 곳에 가서 금식하며 영적 환영을 찾고 싶어 했다. 우리는 바닷가에서 모래 언덕이 이어진 곳을 찾아냈고, 생일날 제이드는 우리가 지켜보는 가운데 혼자 사막으로 걸어갔다. 몇 시간 뒤에 돌아와서는 자기가 본 환영에 대해 말해주었는데, 제이드가 읽은 책과 제이드가 선택한 방향에 영향을 받은 것이었다. 제이드는 자기가 본 환영을 글로 남겨두었다.

처음에는 텅 빈 바닷가가 펼쳐져 있었는데, 불이 나타났고 불에서 어떤 남자가 걸어 나왔다. 키가 크고 마르고 곰발톱 목걸이와 천을 두른 남자였다. 모래밭 위로 버펄로가 걸어왔다. 시커먼 뿔을 빼면 온통 흰색이었다. 남자는 활을 꺼내 버펄로를 쐈다. 화살이 비껴나가는가 싶었는데 버펄로가 몸을 돌려 화살을 맞았다. 남자는 고기를 먹었고, 갑자기 그 짐승이 알던 것과 사람이 아는 것을 모두 알게 되었다. 남자는 자기 부족이 사는 곳으로 돌아가 마을을 돌았고 사람들이 그를 보았다. 대부분의 사람들은 그가 가는 곳으로 가고 싶었기 때문에 그를 따라 걸었다. 몇몇 사람들은 두려워서 그를 따르지 않았다. 그래서 그들은 그곳에 다다르지 못했고, 또 앞서 달려간 사람 몇몇은 너무 빨리 지쳤기 때문에 그곳에 다다르지 못했다.

마침내 사람들은 남자를 따라 버펄로가 죽은 모래밭에 다다랐다. 남자는 노래를 불러주기 시작했고, 짐승들이 지닌 모든 지식이 무지개처럼 남자에게서 흘러나와 사람들에게 들어가 그들도 모든 것을 알게 되었다. 그래도 남자는 자기가 버펄로를 죽인 것이 슬펐기 때문에 반짝이는 금속을 치켜들었고, 모든 사람들이 함께 노래를 부르기 시작했다. 무지개가 이들에게서 뻗어 나와 금속으로 흘러들어갔고, 갑자기 버펄로가 나타났다. 남자는 행복했으나 버펄로를 살리느라 너무 소진이 되었기 때문에 바다로 걸어 들어가 바다 바닥에 드러누웠다. 그곳에 누워 있는 동안 남자는 빠르게 나이가 들었지만 나쁜 것은 아니었다. 약해진 것이 아니라 현명해졌기 때문이다. 남자는 막 죽으려는 순간, 사람들이 버펄로를 죽이고 짐승들의 지식을 다시 찾으려 하는 것을 보았다. 그래서 남자는 마지막 숨을 모아 마지막으로 다시 노래를 불렀고, 다시 지식이 그의 입에서 쏟아져 나와 사람들에게 흘러갔다. 그리고 사람들은 버펄로를 죽이면 안 된다는 것을 알게 되었다. 그걸 보고 남자는 자기가 목적을 이루었음을 알았고, 마침내 죽음을 맞았다.

우리는 제이드를 안아주고 축하했다. 이제 제이드는 어른이 되었다—거의. 제이드는 이제 금식을 깨고 가장 좋아하는 음식으로 저녁을 먹었다. 저녁 메뉴도 제이드가 물려받은 유산을 드러내도록 골랐다. 우리는 선물을 풀어보았고, 제이드의 할아버지, 할머니, 삼촌, 숙모, 친구들이 제이드가 성인이 된 것을 축하하며 보낸 글을 같이 읽었다. 버나딘은 이렇게 썼다.

황금 화살

열세 살이 된 제이드에게
화살처럼 곧고 길고 강직하다.
너는 성인으로 자라난다.
내가 꿈꾸었던 것처럼, 그냥 사람이 아닌 "남자"로,

네 존재로 낡은 틀에 도전하지만

네 자신에 중심을 잡고 편안하다.

쏟아지는 햇살과 함께

너는 우리 품에 안겼다. 황금의 아이,

잘 웃고, 궁금해하고,

세상에 활짝 깨어 있다가는 쓰러져

네가 발 디딘 곳에서 깊이 잠이 들었다.

너도 네 의미를 만들기를 좋아하지.

책과 상상에서 영감을 얻어,

당당하며 동시에 단호하게

창의적이면서도 전통에 걸맞게

별과 낯선 것들에서 의식을 만들어낸다.

너를 보면 돌아오는 생일들,

3학년 원탁의 기사,

레드호크의 양배추 결혼식, 새면 벼랑에서 돌아오는 길,

아침식사 때와 목욕 때 글을 읽은 것,

리글리 야구장 홈플레이트에서 돌아보던 것,

품에 안기기를 좋아하는 모습이 떠오른다.

네 영광이 반짝이가루 같은 빛을 던지면,

우리는 날마다 이 해가 최고의 해가 되기를 바라게 되고,

어린 네 모습이 사라지는 달콤 씁쓸한 감정이

네가 어떤 모습이 되어가는가 하는 신비로 더욱 달콤해지는구나.

우리는 너만의 독특한 방식을 소중히 여긴단다.

나는 이렇게 썼다.

너를 보면 눈이 부시다. 네 타고난 재능, 꾸준한 성장, 독특한 시각과 해석, 통찰과 비범한 지혜에. 이제 젊은이가 되었으니, 돌아보고 네가 너 자신을 어떻게 만들어왔는지 반추해보고 다음에 어디로 갈지 의식적인 선택을 할 때구나.

열 살 때 너는 벌써 삶의 신비를 집어내었어. 지난 10년이 눈 깜짝할 사이에 지나갔다고 말하고는 앞으로 10년이 끝없이 뻗어 있는 것처럼 여겨진다고 했지. 열세 살이 된 지금은 다르게 느껴지는지? 삶은 그런 속임수를 쓰곤 하니 신중하고 세심한 선택을 하는 게 중요하단다.

선택은 평생의 일이다. 네가 선택하는 과업은 큰 것이리라고 믿는다. 네 지성, 에너지, 선의를 오랜 기간 동안 담을 것이니까. 너는 큰 계획에서 네 자리를 찾을 거야.

나는 가끔 특이한 방식으로 질문 해보기를 좋아한단다. 이따금 내가 죽기 전에 반드시 해야 할 세 가지는 무엇일까 하는 질문을 던져봐. 그리고 어떻게 그걸 해야 할지 생각해보지. 아니면 내 묘비명이 어떤 것이 되기를 바라냐 하는 질문을 해. 네게도 묻고 싶구나. 죽기 전에 무엇을 해야 할까? 네 삶에 대해 너는 사람들이 뭐라고 말하길 바라니? 지금은 무어라고 말할 것이고, 몇 년 뒤에는 무어라고 할까? 가족들은 무어라고 말할지, 동생들은, 친구들은 무어라고 말할까? 예를 들어 엘레나와 타이는, 네 선생님인 베어와 BJ와 이프렘은, 스티브나 존이나 리사는, 아니면 좀 먼 사이인 코레타, 줄리, 허브는? 이런 질문들을 던져보면 뭔가 급박감이 느껴질 거야. 적당히 관습에 따라 살며 사회에는 관심을 두지 않고 그냥 살아가는 것은 쉬운 일이다. 삶에 관심을 기울이고, 깨어 있고, 무심하거나 때로 적대적이고 사악하기도 한 세계 속에서 도덕적이며 정당하게, 배려하며 살기를 선택하는 것은 훨씬 어려운 일이다.

13년 전 우리가 만났을 때, 마치 첫눈에 반한 것 같았다. 너한테 많은 것을 가르쳐야겠다고 생각했는데, 처음부터 네가 날 가르쳤지. 이것도 삶의 역설 가운데 하나인 것 같구나. 넌 나에게 조건 없는 사랑을 가르쳤어. 붙잡았다가 놓아주는 기술을 가르쳤다. 용기와 창의성도 가르쳤지. 다음에는 또 무얼 가르쳐주겠니?

이런 과정 전체가 제이드와 우리 모두에게 미친 영향은 놀라웠다. 우리는 10대 청소년이 되는 것에 대한 긍정적인 시각, 청소년기는 인생에서 놀랍고도 도전적인 시기라는 생각을 만들어낸 것이다. 널리 받아들여신 일반적인 생각과 반내되는 것이나. 우리 문화에서는 "청소년기"를 좋게 말해도 문제적 시기라고 한다. 청소년들은 골칫거리다. 막 청소년이 되려 하는 아이들도 이런 일반적 시각을 잘 알아서, 자기가 어떻게 되어가는가 무슨 일이 일어날까에 대해 걱정하고 고민한다.

대중문화에서 보여주는 상은 주로 "나는 10대 때 늑대인간이었다"는 식이라서, 현실도 그것에서 크게 벗어나지 않는다. 말 잘 듣고 다정하던 어린아이가 갑자기 동물적 충동에 따라 움직이는 으르렁대는 짐승으로 변신한다. 호르몬의 충동을 억제하지 못하는 괴물이 된다. 매끈하고 부드럽던 자리에 털이 돋기 시작하는 것이(털이 아주 중요하다) 공포가 시작되었다는 신체적 신호다. 10대 아이는 자기혐오에 사로잡히고 그게 분노로 바뀌니, 다들 알아서 피하는 게 좋다. 좋게 봐야 골칫거리고 때로는 위험하기까지 하다.

이런 뿌리 깊은 "상식"에는 한 가지 문제가 있는데, 그게 사실이 아니라는 점이다. 상식은 종교적·정치적 이데올로기보다도 더 교조적이고 쉽게 사라지지 않곤 한다. 10대들에 대한 보편적 상식도 그런 경우다. 우리 모두가 프로레슬링 팬이 되어서, 야수 같은 사람들이 서로 눈알을 뽑을 듯이 덤비는 장면에 환호하고 야유를 보내고 신음소리를 내곤 하는 꼴이다. 하지만 경기나 관중들의 반응이나 다 가짜다. 아동기에서 성인기로의 전환이 마냥 즐겁고 별것 아니라는 말은 아니다. 다만 이 특별한 전환기를 바라보는 다른 방법이 있고, 다른 사람이 만들어낸 B급 영화 줄거리를 그대로 따를 필요는 없다는 말이다. 우리는 우리만의 대본을 쓰려고 애써볼 수 있다.

제이드와 버나딘이 한 일이 그런 것이다. 두 사람이 쓴 대본은 긍정적이고, 장점에서부터 만들어나간 것이었다. 버나딘은 관습에 도전해 무언가 새로운 것을 만들어내려 했고, 그래서 여러 질문들을 계속 던졌다. 청소년들은 어떠한가? 무엇을 필요로 하고 어떤 과제를 갖는가? 이 기간을 잘 보내려면 무엇이 필요한가? 이 단계에서 어떤 종류의 경험이 도움이 될까?

버나딘은 제이드나 또래 친구들한테서 자기 생각과 다른 사람의 생각에 대해 진지하게 고민해볼 능력이 새로이 생겨나는 것을 볼 수 있었다. 또 추상적 추론을 이어나갈 수 있는 능력도 보였다. 또한 강한 호기심과 이상주의도 보였다. 이게 다리를 놓을 만한 강점이었다. 물론 가족을 넘어 더 넓은 또래 집단으로 동질화의 기반을 넓히려고 하고, 사회와 "무리"에 관심을 쏟으면서, 아이들이 강렬한 감정적, 사회적 격동을 겪는 것도 볼 수 있었다. 10년 전 이 아이들이 아기에서 어린 아이로 성장할 때와 마찬가지로 새로운 정체감을 갖기 시작했고, 세상을 바라보고 세상에 참여하는 방식도 새롭게 열리고 있었다. 10년 전과 마찬가지로, 혼란도 있고 슬픔도 있었다. 모든 일에는 빛과 그림자가 있기 마련이니까. 이제 커다랗고 혼란스러운 육체를 지니게 되었으니, 이 아이들 삶 속의 어른들은 전에 그랬던 것처럼 붙잡아주어야 할 때에는 잡아주고 자유롭게 날아갈 수 있는 능력이 생기면 어떻게 놓아줄지를 알아내야 한다.

제이드는 아주 열심히 몰두해서 성인식을 치러냈다. 다른 일에는 이렇게 열정을 쏟은 적이 없는데, 이 일이 그렇게 특별하게 여겨진 까닭은 무엇이었을까? 무엇에 마음이 끌려 매달렸을까? 그저 청소년기의 자기중심성이었을까, 아니면 그 이상의 의미가 있을까?

그런데 당연한 일이라고 여겨졌다. 제이드가 이 일에 끌리고 푹 빠진 것은, 제이드가 아주 중요하게 생각하는 것, 곧 자기 자신과 자기가 겪고 있는 변화를 주제로 했기 때문이었다. 자기가 만들고 있는 다리이기도 하고, 자기가 떠올린 아이디어이기도 했다. 물론 독창적인 아이디어는 아니었다. 친구의 유대교 성인식에서 자극을 받았고, 결국 어느 정도 평범한 의식이 되었다. 하지만 자기가 의식을 시작했고, 각본을 집필했고, 자기만의 개성을 담았고, 사방에 손때를 묻혔다. 그것은 오롯이 제이드의 것이었다. 그뿐만 아니라 진행이 되면서 원이 점점 더 커져서 가족과 친구들이 함께 참여하게 되었다. 더 많은 사람들이 참여하면서 관계자이자 관객들도 점점 늘어났다. 누구나 그렇지만 특히 아이들은 지켜보는 사람이 있으면 자기 프로젝트를 더욱 화급하고 중대한 문제로 받아들인다. 내가 어떻게 보일까? 어떻게 할까? 내가 발이 걸려 넘어질까? 사람들이 멋지다고 생각할까? 관객이 강력하게 동기를 부여한다.

이러한 노력이 가치 있다는 것도 명백하다. 이 프로젝트는 아이의 에너지를 생산적인 방향으로 모은다. 자기 취향을 드러내고, 지성, 기술, 관심사를 자기 자신과 다른 사람들에게 뚜렷이 보여주었다. 장점을 드러내면서 약점도 일부 드러났지만, 더 크고 중요한 무언가를 위해 풀어나갔다. 그것들로 인해 더 큰 그림이 가려지는 일은 없었다.

주변에서는 아이의 노력을 지지해주고 더 나아가도록 부추겼다. 내내 자극하고 길러주었다. 놓아주어야 할 순간에, 아동기를 떠나야 할 순간에 엄마와 아들 사이에 친밀한 교감이 있었으며, 흥분과 슬픔의 감정이 동시에 있었다. 버나딘은 같이 쓰고 같이 배워나갔고 자기가 사랑하고 존중하는 학생과 함께 발견을 이루었다. 버나딘이 모든 것을 다 알아서 고스란히 아이에게 전달한 것이 아니었다. 아이와 함께 같은 길을 걸으며, 자기 지식과 경험을 이용해 질문을 던지고 가능한 방향을 제시하고 도전하고 이끌었을 뿐이다. 버나딘은 아동기에서 성인기로 나아가는 사람은 바로 제이드라는 것을 알았다. 버나딘은 의식적으로 이 프로젝트를 물 위로 끌어올리고 읽기, 쓰기, 수학, 과학, 또 심리학, 지도 그리기, 역사, 문화 연구를 끌어들였다. 그렇지만 적당할 때 아이에게 주도권을 넘기려고 신경을 썼다.

이 작은 프로젝트는 바람직한 교육에 담겨 있는 가치들을 축소해 보여준다. 사랑, 헌신, 윤리적 행동의 중요성. 그리고 학생을 온전한 인간으로 보이게 만드는 것의 중대성. 깊이 생각할 수 있도록 안전하면서도 도전적인 환경을 만들어주는 것의 가치. 집단 통제를 교육이라고 보거나 교직을 사무직으로 여기는 등, 일반적으로 구조화된 교육에 담긴 위험과 어려움도 보여준다. 또 중대한 다음 단계로 우리를 나아가게 해준다. 바로 아는 것과 아직 모르는 것 사이에 다리를 놓을 교사의 책임이다.

'나' 교육과정

훌륭한 교육은 아이에 대한 지식을 토대로 이루어진다. 이러한 지식을 수집하는 확실한 한 가지 방법은 "나"라는 교육과정을 일과에 넣는 것이다. 제이드의 프로젝트는 열두 살짜리 아이의 "나" 교육과정의 한 예라고 할 수 있다.

열두 살 아이들을 맡은 교사가 학년 초에, 학생들 모두 한 해 중 어느 시점에 완전히 자기 스스로 계획한 성인식을 치를 기회가 있을 것이라고 선언한다면 아이들이 얼마나 흥분할지 한번 상상해보라. 의식에서는 특별한 음식을 특별하고 의식적인 방식으로 먹을 수도 있고, 공동체를 위한 특별한 과제를 수행할 수도 있고, 어른들이나 가족의 죽사를 들을 수도 있다. 어느 경우든 수업시간에 따로 시간을 내어 이 프로젝트 작업을 하고, 모든 아이들이 의식을 치를 시간을 따로 마련해놓는다. 봄에는 학교 전체와 학부모를 한자리에 모아놓고, 아이들이 성인기에 들어가는 자신의 생각과 감정을 담아 적은 시나 글을 낭송하는 특별 모임을 갖는다.

교실 한구석에 통과의례를 주제로 한 책과 기사를 모아놓은 서가를 만들 수 있고, 교사가 글 몇 편을 읽어줄 수 있다. 줄루족에서는 모든 사내아이들이 사자를 죽이고 할례를 받아야 남자가 된다고 하는 일사 디산의 놀라운 글, 알렉스 헤일리가 생생하게 전달한 쿤타킨테의 성인식, 아이작 바셰비스 싱어가 들려주는 나치 점령기에 비밀스레 거행된 감동적인 유대교 성인식 이야기 등. 아니면 아이들의 조부모나 부모를 가끔씩 학교로 초대해 이분들의 회상을 들을 수도 있다. 기독교 견진성사, 멕시코에서 치렀던 첫 번째 영성체, 마을 전체가 함께했던 사교계 데뷔 파티 등의 이야기를 들을 수도 있다. 한 해 내내 준비한다는 분위기, 특별한 날을 향해 나아가는 기분을 느낄 수 있고, 마침내 많은 사람들을 앞에 두고 모이는 날이 온다.

아주 다양한 활용이 가능하다. 내가 아는 6학년 선생님은 매년 학생들을 졸업시켜 중학교로 보내기 전에 학생들에게 졸업식에 사용할 의자를 설계해서 만들라고 한다. 이 학교에서는 졸업생이 무대에 앉기 때문에, 무대 위에 아이들이 만든 의자를 눈에 잘 뜨이게 전시할 수 있다. 교사는 학생들에게 의자 디자인에 대해 조사하고 연구하고, 또 자기 의자가 무엇을 "말하게" 하고 싶은지 깊이 생각해보라고 한다. 문화적, 개인적 진술일 수도 있고 사회적 논평일 수도 있고, 뭐든 가능하다. 잡지와 신문에 실린 의자 사진이 교실 벽면을 가득 메운다. 매년 졸업식에 나오는 의자의 다양함과 창의성이 놀라울 지경이다. 화려한 문장(紋章)을 그려 넣은 커다란 떡갈나무 의자, 타이노족의 왕좌, 하수도관으로 만든 우아하고 포스트모던한 삼발이 의자, 흔들의자, 학교 모양 의자, 교회 신도석 등.

"나"교육과정은 어느 것이나 다양하고 개방적이다. 이 과정을 통해 학생들은 서로를 바라보게 되고, 교사는 학생을 바라볼 수 있게 된다. 정해진 종착점은 없다. 과제를 내주고 시간과 핵심만 정해주고 나면, 교사도 학생도 자유롭게 실험하고 질문하고 가능성을 검토하며 눈앞의 작업에 정신없이 푹 빠질 수 있다. 작업 자체가 가치 있는 것이 되므로 학생들은 누가 잘하고 못하고를 생각하지 않고 자유롭게 참여할 수 있다. 교사는 그 과정을 통해 각 학생들에 대해 중요한 식견을 갖게 된다. 성인식이든 의자든, 무얼 출발점으로 삼든 간에 교사는 그것을 통해 아이의 생각에 접근할 수 있다. 교사는 이런 고민을 하게 된다.

다음에는 어디로 갈 것인가? 어떻게 아이와 같이 이 작업을 바라볼까? 작업을 "좋다"거나 "나쁘다"고 판단하지 않고, 어딘가에서부터 어딘가로 가는 이정표로 바라보는 게 중요하다.

저학년에서는 "나" 교육과정이 다른 형태를 띨 수 있다. 내가 유치원 아이들을 가르칠 때에는 벽 하나를 아이들 사진과 가족사진, 가족에 대한 그림과 이야기로 전부 채웠다. "이 주의 아이"라는 특별한 공간이 있어서, 아이들의 작품과 작업을 돌아가며 닷새 동안 눈에 잘 뜨이게 전시해놓는다. 특정한 아이의 취향과 바람에 맞춰진 시간과 공간이 있다. 이것 역시 아이들 각각에 환한 빛을 쪼여서 더 잘 보이게 만들기 위한 것이다. 이 프로젝트에는 뭔가 특별하다는 느낌, 기대와 열망의 분위기가 있다. 뭔가 개인적으로 중요한 것을 지어내고 만들어낼 기회인 것이다.

2학년 아이들을 가르칠 때에는 〈우리에 대한 모든 것〉이라는 소식지를 달마다 만들어서 학교 전체에 돌렸다. 소식지에는 시, 단편, 인터뷰, 그림, 설문조사 결과를 담은 도표(좋아하는 과자, 신발, 청바지, 라디오 방송 등), 크로스워드 퍼즐 등이 실려 있다. 내가 아는 어떤 선생님은 비슷한 프로젝트로 "라디오 방송국"이라는 것을 했는데, 해마다 방송 발표일을 정해 다른 반 아이들을 초대한다. 어린아이들을 가르친 어떤 선생님은 고학년 반과 짝을 지어서 구전 역사 프로젝트를 진행했다. 큰 아이들이 어린아이들을 인터뷰해서 "개인사"를 녹취한 다음에, 그걸 모아 자서전 묶음으로 만들어 공개했다.

다리 놓기 149

문화적 다리 놓기

다리를 만들려면 누군가가 첫 번째 널판을 놓아야 한다. 학교는 아이들이 첫 번째, 두 번째 널판은 물론 모든 널판을 다 스스로 놓아야 한다는 개념을 중심으로 구조화되어 있기 마련이다. 그렇지만 어린아이들에게는 좌절을 안겨주는 일일 수 있다. 내가 보기에는 교사가 설계자이자 건설업자가 되어 다리 쌓기를 시작해야 한다. 첫 번째 널판을 어디에 놓을지 알려면 교사가 먼저 아이를 알아야 한다. 또 세상을 알아야 하고, 다리가 어디를 향해 가는가에 대한 폭넓은 시각을 지녀야 하며, 교사와 학생이 함께 그곳에 다다를 수 있다는 자신감을 가져야 한다. 또 다리가 만들어지는 동안 아이와 교감을 유지해야 한다. 버나딘과 제이드가 그랬던 것처럼.

문화는 아이를 들여다보는 중요한 창이자 다리의 설계도를 그릴 때 반드시 고려해야 할 항목이므로, 교사는 문화 연구를 평생 게을리하면 안 된다. 이 일은 끝이 없고 큰 만족을 안겨줄 수 있는 과제다. 교사는 스스로를 탐험가, 연구자, 민족지학자로 생각할 수 있다. 작업장은 아이들 자신, 아이들의 가족과 이웃, 그리고 더 큰 공동체를 아우르는 더 넓은 영역으로 확장될 수 있다.

문화라는 건 명절이나 잡동사니 유물 같은 것만을 가리키는 게 아닙니다. 문화에는 한 민족이 쓰는 구체적 사물뿐 아니라 특징도 들어간다. 음식, 미술, 의복, 음악, 공예뿐 아니라, 사람들이 만들어내는 전통과 관습도 모두 들어간다. 의식, 놀이, 운동경기, 언어, 습관, 생활방식 등. 그뿐만 아니라 더 깊고 미묘한 층위에서 문화는 사람들의 신념과 가치, 세상을 바라보는 가치관까지도 형성한다. 여기에는 종교와 철학,

공유하는 세계관, 육아, 연애, 결혼, 관계 등에 대한 태도도 들어갈 수 있다. 문화는 모든 것을 포괄한다.

그러니 문화에서 "무엇", 곧 사물들만 본다면 빼먹게 되는 부분이 많을 것이다. "어떻게"와 "왜"에는 다가가지 못하게 된다. 문화를 호기심의 대상으로 보거나, 어떤 특정한 사람들만 향유하는 진기한 무엇으로 보면 한계가 있다. 길버트 라일은 이렇게 간략하게 표현했다. 인간은 중요한 거미줄을 짜면서 평생을 보내는데, 이 거미줄이 바로 문화라는 것이다. 다시 말해 문화는 인간의 생물학적 특성을 넘어서는 모든 것을 포괄한다. 문화를 탐구하는 것은 무언가 거대하고 복잡하고 놀라운 것으로 나아가는 다리를 쌓기 시작하는 일이다. 제이드의 성인식이 자기 자신과 우리를 위해 열어 보인 것이 바로 그것이다.

문화는 사물도 아니고 현미경으로 들여다보는 죽은 벌레 같은 것도 아니다. 문화는 손에 잡히지 않고 살아 있고 역동적이며 유동적이고 계속 변화한다. 컴퓨터가 여러분 부모님이 물려받은 문화적 유산에는 들어 있지 않더라도 여러분 자녀들의 문화에서는 틀림없이 일부를 차지할 것이다. 그뿐만 아니라 같은 문화 집단 안에도 다양성과 차이가 있다. 나는 쌀과 콩을 주식으로 살지만 그런다고 내가 멕시코인이 되지는 않는다. 내가 아는 멕시코계 미국인 친구들 중에 쌀이나 콩은 거의 안 먹는 이들도 있다. 결국 모든 문화는 서로 다른 사람들이 상호작용하고 충돌하고 결합하고 관계 맺고 주고받으며 이루어지는 것이다. "순수한" 아프리카 문화, 미국 문화, 사모아 문화 같은 것은 존재하지 않는다. 최근에 필리핀 우림 지역에서 고립되어 살고 있던 소수민족이 발견되었는데, 그게 그렇게 흥미를 끈 까닭은 극히 드문 경우이기 때문이었다. 물론 이들이 발견된 뒤에는 엄청난 상호작용이 이루어졌고,

교류를 통해 빠르고 급격한 문화적 변화가 이루어졌다.

여러분 자신에 대해 잠시 생각해보라. 가족, 친구, 이웃들. 집에 있는 모든 물건들, 옷가지, 가구, 조리 도구, 책, 라디오, 텔레비전, 컴퓨터—모두 문화적 산물이다. 무얼 먹고 싶은지, 대화를 할 때 상대방과 어느 정도의 거리를 유지하는지, 아이나 어른들에게 어떻게 말을 거는 게 옳다고 생각하는지—이런 것들도 모두 문화의 일부다. 그리고 그 아래 깊은 곳에는 신념, 너무나 자명해서 두 번 생각해볼 필요도 없는 당연한 것들이 있다.

우리는 가장 깊은 단계에서부터 표면적인 것들을 향해 문화를 경험하기 때문에 우리 자신의 문화는 대체로 눈에 들어오지 않는다. 심층 구조가 모든 것의 근원이며, 문화적 경험의 다른 층위에 엄청난 힘을 행사하고 의미를 부여한다. 그렇지만 우리가 다른 문화를 볼 때는 표면을 먼저 보고 더 깊은 의미의 샘으로 파고들지 못할 때가 많다. 그렇게 해서 단절이 일어나고 다른 문화와 사람들을 제대로 못 보곤 한다.

어떤 문화에서는 상식인 것이 다른 사람에게는 낯선 행동일 수 있다. 문화적 충돌이 부조화를 일으키는 게 재미있을 수도 있지만 때로는 비극적일 수도 있다. 예를 들어 교사는 "교실에서 질문을 던졌을 때 바로 솔직한 대답이 나와야 한다"는 생각을 가지고 있는데 아이는 "말대꾸하지 말고 누가 말을 걸기 전에는 말하지 말라"고 교육을 받고 자랐을 수 있다. 여기에서 온갖 오해가 자랄 수 있다. 자신의 문화적 상식에 갇혀 있는 교사가 아이가 겸손하게 말없이 있는 것을 둔해서 그렇다고 잘못 이해한다. 아이들은 자기 문화의 거미줄에 묶여 있어 교사가 무얼 원하는지 이해하지 못한다. 문화적 간극 때문에 서로를 이해하지 못하는 것이다. 교사가 이해하고 간극을 넘는 다리를 놓으려면 노력을 쏟아야 한다.

　문화적 다리 놓기는 아이들의 삶 바탕에 있는 현실에 예민하게 반응하면서 시작된다. 아이들이 학교로 가지고 오는 것, 곧 아이들의 언어, 생각, 가치를 그대로 사랑하고 소중히 여기며 지켜준다. 이게 다리의 토대가 되고, 여기에서부터 밧줄을 치고 다리 놓기 공사를 진행할 수 있다. 교육의 개념적 초석이 되는 것이다. 이게 제이드의 프로젝트의 토대이기도 했다. 교사와 아이 사이에, 가정과 학교 사이에 유대가 있으면 다리는 버틸 것이다.

　교사들은 가르치면서 자기들이 가르침을 받기도 하리라는 것을 알아야 한다. 아이들이 발달하도록 도우면서 스스로도 변화하고 성장한다. 교사가 자기 가르침에 희망을 품고 낙관적인 태도를 유지할 수 있으려면 행동을 취해야 한다. 기다리는 것만으로는 희망을 기필 수 없다. 물론 알 수 없는 것에 뛰어들고 귀를 기울이는 것도 필요하고, 어른의 수준에서 위험을 무릅쓰는 것도 필요하다. 부모들에게서 재료와 생각을 얻어내고 빌려야 할 수도 있다. 레코드, 테이프, 책, 잡지, 게임, 요리법 등등. 나는 부모들에게 과학과 수학 시간에 쓸 흔한 식물이나 과일을 보내달라고 부탁하곤 했다. 부모가 이야기를 들려주는 것이나 노래를 부르는 것이나 나와 잡담을 나누는 것을 테이프에 녹음하기도 했다. 부모들에게 주기적으로 사진을 보내달라고 했고, 우리 교실을 조그만 문화 박물관으로 만들 때에는 "문화적 유물"을 보내달라고 했다. 박물관을 꾸미면 교실 안이 신기하면서도 낯익은 물건들로 가득 찬다. 성서, 십자가, 삽, 막자와 막자사발, 도미노 등.

　부모들은 육아에 대해 중요한 정보를 줄 수 있다. 어떤 집안에서는 아이가 침묵을 통해 존경을 표해야 한다고 생각할 수도 있고, 어떤 집

안에서는 아이들이 어른과 눈을 마주치고 즉각적으로 반응을 표하기를 바랄 수도 있다. 어떤 사람들은 여자들도 직장을 갖고 가사는 분담하는 게 중요하다고 생각하고, 어떤 사람들은 여자가 식사를 마련하고 가정을 지키는 게 문화적으로 적절하다고 느낄 수도 있다. 이런 정보는 모두 교사에게 중요한 정보다. 우리가 지니고 있는 문화적 확신이나 우월감을 연구의 대상으로 삼아 특정 실천 뒤에 있는 유래와 의미를 탐구해볼 수 있다.

내가 처음 유치원에서 가르치기 시작했을 때, 어떤 아버지가 나를 찾아와서는 자기 아들이 욕을 하거나 버릇없는 행동을 하면 때려도 된다고 말했다. 나는 깜짝 놀랐고, 이 아버지가 아이를 기르는 법을 잘 모르는 사람이거나 아니면 자기 아이를 별로 소중하게 여기지 않는 냉혹한 사람이 분명하다고 생각했다. 그런데 시간이 지나면서 아버지를 잘 알게 되었고, 두 가지 생각 모두 잘못되었다는 것을 알게 되었다. 아버지는 아들을 엄청나게 사랑했고, 자기 경험에 근거해서, 욕설이나 버릇없는 행동 등의 몇몇 잘못된 행동들은 "남자애들이 다 그렇지" 하는 식으로 사소하게 치부되기도 하지만, 그 아이가 흑인이고 남자아이일 경우에는 심각한 문제 행동으로 해석될 가능성이 높다고 느꼈던 것이다. 이 아버지는 우리의 사회적 현실과 권력관계를 고려할 때, 자기 아들이 살아남기 위해서는 어떤 행동 규준을 따르는 것이 반드시 필요하다고 느꼈다. 아이를 때린다는 해결책에 완전히 동의할 수는 없었지만 그 안에 내재한 문제는 분명히 알 수 있었다. 이해의 지평을 넓혀야 하는 것은 그 아버지가 아니라 나 자신이었던 것이다.

교사는 아이들과 함께 우리가 속해 있는 공동체를 탐구해볼 수 있다. 견학, 인터뷰, 지도 그리기, 비교, 단서를 쫓아가기, 공동체 생활의 복잡성 탐구하기 등을 할 수 있다. 구술 역사를 받아 적거나 라틴아메리카, 유럽, 아시아, 아프리카 등으로 선을 연결해본다. 교사들이 외국어를 배워본다. 학생들한테서 배울 수도 있다. 다른 언어를 배우다 보면 몇몇 학생들에게는 일상적 의사소통이 얼마나 힘든 일인지 느낄 수도 있고, 모든 아이들에 대한 존중감을 표시하는 방법도 된다.

교사는 물론 "다른 곳에" 존재하는 현상으로서 문화를 연구한다. 다른 문화에 대해 읽고 학생들과 가족과 함께 문화에 대한 대화를 이어나갈 수 있는 방법을 개발해야 한다. 그렇지만 학생들과 함께 문화를 "여기에" 존재하는 무언가로도 연구할 수 있다. 교실의 삶에 영향을 미치는 커다란 문화적 쟁점을 비판적으로 검토해볼 수 있는 것이다.

예를 들면, 대부분의 학교에서 크리스마스를 기념한다. 그런데 여러 해 전부터 공립학교에서 지배적인 특정 종교 집단의 명절을 축하하는 데 그렇게 많은 시간과 노력을 들이는 게 적절하냐 하는 의문이 제기되어왔다. 학교가 크리스마스 무렵에 방학을 하니 실질적으로 누구나 크리스마스의 위력을 절감할 테지만 그래도 의문은 남는다. 크리스마스가 그냥 아이들의 일반적 명절이 된 마당에 그것에 딴죽을 거는 것은 현대의 스크루지 같은 행동이라는 반응이 나오기도 한다. 내가 교직 생활을 시작한 지 얼마 안 되었을 때, 유대인 부모들은 빛의 축제라고도 하는 하누카(유대력의 9월 25일(대략 12월 초)에 시작해서 8일 동안 진행되는 유대인의 연례 축제—옮긴이)에 대해 일러주었고 교실에 하누카를 기념하는 자리도 만들라고 권했다. 부모들이 유대교 촛대 메노라, 양초, 드레이델이라고 하는 팽이 모양의 장난감과 아이작 바셰비스 싱어가 쓴 《빛의 힘》이라는 멋진 책을 가져다주었다. 그래서 12월이 가까워올 때 나는 크리스마스와 하누카에 대해 이야기하고 촛불을 밝히며 양말을 꿰매어 만들고, 열심히 뒤져서 우리가 찾아가 만나볼 수 있는 흑인 산타클로스를 찾아냈다.

그다음 해에는 콴자에 대한 글을 읽었다. 콴자는 1966년 UCLA 흑인학 교수 마울라나 론 카렝가 박사가 창시한 아프리카계 미국인들의 비종교적인 문화 축제다. 콴자는 12월 26일에서 1월 1일까지 계속되는데, 이때는 촛불 밝히기, 미술 전시, 음악 공연을 하고, 다 같이 모여서 식사를 하며, 하루에 한 가지씩, 일곱 가지 원칙에 대해 토론을 한다. 우모자(화합), 쿠지차굴리아(자기결정), 우지마(협동과 책임), 우자마(협동조합 경제), 니아(목적), 쿰바(창의성), 이마니(믿음) 등이다. 이제 우리는 교실에서 크리스마스와 하누카와 같이 콴자도 기념한다. 양초를 만드는 법도 익혀서, 흰색, 검은색, 붉은색, 초록색 등 여러 색깔로 만든다. 유대교 촛대 옆에 '키나라'라는 "우리의 뿌리, 조상, 대륙의 아프리카인을 상징하는" 촛대도 놓는다.

곧 영국 전통 신앙에 동지를 기념하는 행사가 있다는 것도 알게 되었고, 몇몇 라틴아메리카 국가에서 주현절(동방박사 세 사람이 아기 예수를 방문한 날, 1월 6일-옮긴이)을 "삼왕의 축일"이라고 기념한다는 것도 알게 되었다. 최근에는 라마단의 금식이 더해졌다. 이제 노래, 춤, 읽기, 공부, 선물 주고받기, 문구 암송하기, 촛불 밝히기 등 내용이 아주 다양해졌다. 우리 자신과 다른 사람에 대해 공부하는 과정이다. "명절 신드롬", 곧 문화를 호기심의 대상으로 치부하거나 형식적 제스처로 취급하는 것을 피하려고 노력했고, 문화 연구에 깊이 있게 지속적으로 몰두하도록 애썼다. 문화라는 주제는 건더기 많은 죽처럼 모두 나눠 먹고도 더 먹을 것이 있었다. 그래도 여전히 질문은 남았다. 이렇게 덧붙여진 것들이 결국 크리스마스의 아류는 아닌가? 유대교 전통에서 하누카나 이집트 탈출을 기념하는 유월절 축제가 상대적으로 얼마나 중요한가? 왜 축일을 기념하는 건가? 여러 종교와 성향을 지닌 사회에서 이런 다양성을 어떻게 표출해야 하는가? 특정 종교에 헌신하지 않는 사람이 다른 사람들의 깊은 신앙을 이해해서 얻을 수 있는 것은 무엇인가?

문화를 가까이 "여기"에서부터 연구하는 또 다른 쉬운 방법으로 언어 연구가 있다. 학교나 이웃에서 쓰는 언어를 연구할 수도 있고, 만약 모든 사람들이 "같은" 언어를 쓴다면 슬랭이나 낙서, 언어의 역동적 성질을 탐구해볼 수도 있다. 어떤 반에서는 생긴 지 10년이 안 된 용어나 뜻의 목록을 만들었다. 다른 반에서는 흑인 영어의 "표준 시험"을 만들어서 다른 학생들에게 실시해보았다.

올바른 뜻을 고르시오.

1. We straight.

    a. 우리는 떠난다.

    b. 우리는 더 낫게 행동한다.

    c. 우리 사이의 일이 모두 정리되었다.

2. He been fix that car.

    a. 그가 오래전에 그 차를 고쳤다.

    b. 그가 그 차를 고쳐왔다.

    c. 그가 그 차를 고치고 있다.

3. They be hitting on peoples.

    a. 그들은 때리는 사람들이다.

    b. 그들은 늘 사람을 괴롭힌다.

c. 그들은 때리는 사람들이었다.

준 조던은 대학에서 "흑인 영어의 기술"이라는 수업을 가르치면서 놀라운 과정을 관찰해 기록했다.[29] 익숙하지만 공식적으로 폄하되는 언어 체계의 용례, 규칙, 구조를 연구하는 수업이었다. 수업시간에는 그동안 배웠던 것을 떨쳐버리고 자의식을 넘어서는 과정, 많은 창의성이 동원되었고, 마침내 삶과 죽음, 언어의 정치성과 극적으로 마주하는 경험을 하게 되었다. 학기 중에 한 학생의 형이 경찰에 의해 죽는 일이 벌어진 것이다. 학생들은 어떻게 반응할 것인지, 그들의 분노, 슬픔, 정체성을 어떻게 표현할 것인지 하는 문제에 골몰했다. 누구의 언어를 사용할 것인가? 어떻게 온전히 의미를 담을 수 있을 것인가? 성장과 변화와 놀라움의 순간이 있었고, 목소리의 발견, 자아의 확장이 있었다.

조던은 영어는 이스라엘, 우간다, 짐바브웨, 말레이시아 등 서른세 개가 넘는 나라에서 "편리성 때문에 사용하는 토종이 아닌 공용어"[30]임을 지적한다. 또 총인구가 3억 3374만 6,000명인 다섯 개 나라에서 영어가 모국어이다. 조던이 말하고자 하는 바는 "'영어'라고 불리는 언어"는 특정 장소 특정 계급의 소유물이 아니니 "표준 영어"라는 개념은 의심스럽고 "이상하고 근거가 없다"는 것이다. 예를 들어 말레이시아 사람들이 말하는 "표준"은 짐바브웨의 "표준"과 같지 않으므로, "여러 형태의 영어가 자연스럽고 통제 불가능한 지속적 발전 과정을 겪고 있다"[31]는 것이다.

교실에서 문화를 연구하는 마지막 예로, 가장 질긴 문화적 산물을 다루는 것을 들 수 있겠다. 바로 문화적 고정관념이다. 고정관념은 고정된 인쇄용 형판 같은 것이다. 문화적 고정관념도 형판처럼 고정되어 변하지 않으며, 게다가 부정적 의미를 담고 있는 지나치게 단순화된 믿음이다. 우리 사회에서 우리는 온갖 종류의 고정관념을 시각매체나 글을 통해서 맞닥뜨린다. 게으른 멕시코인, 의욕 없는 흑인, 속을 알 수 없는 중국인, 야만적인 인디언, 탐욕스러운 유대인 등. 언어에도 이런 표현이 가득하다. "gypped"라고 하는 말은 집시에서 나온 것인데 '속았다'는 뜻이다. "인디언 기부자"라는 말은 사기꾼을 가리킨다. "노랗다"고 하는 것은 동양인에 빗대어 "겁쟁이다"라고 하는 뜻이 된다. 가장 뿌리 깊은 것은 "검다"는 말과 관련된 표현들이다. 흑마술, 검푸르다(멍이 들었다), 검은 공(가입을 거부당하다), 검은 편지(협박), 암시장, 암전, 검은 심장(사악하다), 검은 날(재앙이 일어난 날), 검은 분위기(우울하고 불길한 분위기) 등등 검다는 말이 나쁜 뜻과 연결되는 일이 허다하다.

문화적 고정관념을 연구하는 방법은 다양하게 있다. 공정함과 포함이라는 주제로 토론하고, 아이들과 편견에 반대하는 캠페인을 벌이는 방법도 있다. 아주 어린 아이들조차도 어떤 책이나 글에서 부당하거나 다른 사람의 감정을 해칠 수 있는 부분을 찾아낼 수 있다. 교과서를 조사해서 다양한 형태로 자료를 수집할 수 있다. 백인 중산층 문화에서 나온 예는 몇 차례이고 다른 문화에서 나온 예는 몇 차례인가? 남자 인물과 비교해보았을 때 여자 인물이 의미 있는 직업에 종사하는 것으로 나온 경우가 몇 번이나 있나? 흑인, 백인, 라틴계, 다른 인종의 인물이 어떤 빈도로 나타나나? 이런 식으로 말이다. 여기에서는 특정 텍스트를 비판하거나 검증하는 게 목표가 아니라, 아이들이 자기가 배우는 것과 자기 세계에 대해 적극적이고 비판적으로 생각할 수 있도록 하는 게 중요하다.

고정관념을 드러내는 작업을 시작하는 좋은 지점으로, 학생들이 지니고 있는 지식에서 시작하는 방법이 있다. 예를 들어, 많은 토론을 거친 뒤에 대학생들에게 자기가 속한다고 생각하는 문화적 그룹을 적어도 세 개는 생각해서 적어보라고 한다. 목록에는 이런 것들이 들어갈 수 있다. 이탈리아인, 유대인, 멕시코인, 그리스인, 아프리카계 미국인, 가톨릭, 침례교, 여성, 동성애자, 북부 출신, 운동선수, 공부벌레, 래퍼, 헤비메탈광, 멋쟁이, 금발, 컴퓨터광 등등. 그다음에 이런 그룹들에 대해 다른 사람들이 갖는 고정관념을 적어보라고 한다. 그러니까 자기 자신의 고정관념이나 다른 사람에게 들은 고정관념을 밝히는 연습이 아니라, 자기 자신이나 자기가 속한 그룹에 대해 다른 사람들이 어떻게 말하곤 하는지에 대해 아는 바를 묘사하는 것이다. 이런 문제를 드러내고 문제의 역사와 그로 인한 괴로움, 자신의 인식을 이야기하다 보면, 문화 연구를 통해 중요한 것을 알게 된다. 내가 가르친 수업시간에도 빛나는 순간들이 종종 있었다.

이렇게 고정관념을 연구하는 것은 교사가 학생들에게 결론을 전달해주기 위해서가 아니다. 낡은 통설을 새로운 것으로 대체하자는 것도 아니다. 교사는 길잡이가 될 수 있지만, 무엇보다도 같이 탐구하는 사람이 되어야 한다. 그런 태도를 버린다면 학생들이 진짜 놀라움을 느끼고 발견을 해내는 순간에 적절히 반응하지 못하게 된다. 그뿐만 아니라 이런 종류의 연구에서는 신뢰와 안전함이 반드시 필요하다. 학생들이 증거를 직접 찾아낸다면 거기에 의미가 있다. 그렇지만 이런 문제에 대해 어떤 특정한 방식으로 생각하라고 지시를 받았다면 전혀 다른 의미를 느끼게 된다.

그리고 이런 이야기가 이어지는 동안에 깊이 있는 배움의 기회가 생기기도 한다. 한 예로, 6학년 학생 둘이 말다툼으로 시작해 엎치락뒤치락하게 되었다. 한 아이가 다른 아이를 "폴락(폴란드인을 경멸해 부르는 말)"이라고 부르자 그 아이는 "깜둥이"라는 말로 응수했다. 나중에 이 싸움을 목격한 한 아이가 "폴락"과 "깜둥이" 중에 어떤 것이 더 나쁜 말이냐고 물었다. 그리고 각 단어의 역사적 무게에 대한 토론이 이어졌다. 예를 들어 독일인이 유대인이나 이탈리아인을 비하하는 말을 하거나 혹은 이스라엘인이 독일인이나 팔레스타인인을 비하하는 말을 했을 때, 각각의 상대적인 무게감에 대해 이야기했다. 또 왜 아프리카계 미국인들이 자기들끼리 이따금 그런 비하하는 말을 애칭 삼아 쓰곤 하는지에 대해서도 이야기했고, 어떤 단어를 끌어와서 의미를 뒤집어서 쓰는 경우나 억압이 내면화되는 경우에 대해서도 이야기했다. 모든 문제들이 깨끗이 결론지어질 수는 없지만, 문화적 고정관념을 바라보는 더 큰 맥락 속에서 일어난 뜻하지 않은 사건이 인식과 성장의 기회를 주었던 경우다.

프로젝트 수업

제이드의 성인식 프로젝트처럼, 매주 아이들이 관심을 갖는 프로젝트에 일정 시간을 할애하면 다리 만들기에 도움이 된다. 교사가 프로젝트를 제안할 수도 있고, 아이들이 시작할 수도 있고, 양쪽의 관심사가 합쳐져서 나올 수도 있다. 학생의 취미, 수집물, 관심사에서 나올 수도 있고, 교사의 질문이나 열의에서 촉발될 수도 있다. 양쪽을 절충할 수도 있다. 한 반 전체가 같이할 수도 있고, 아니면 작은 그룹으로 나눌 수도 있고, 혼자 작업하는 시간이 될 수도 있다. 그렇지만 잘 돌아가게 하려면 교실 생활의 일부로 짜넣어야 한다. "금요일 오전은 프로젝트 시간", 이런 식으로 일상의 리듬의 일부가 되어야 한다.

프로젝트는 어디에서든 시작될 수 있다. 내가 아는 시카고 초등학교의 어떤 선생님은 자기가 받은 스팸메일 한 통에 흥미가 동했다. 이런저런 잡지에 정기구독을 신청하면 묘목 열 그루를 공짜로 준다는 내용이었다. 선생님은 반 아이들과 이 제안에 대해 이야기를 나누었고 아이들은 기대감에 부풀었다. 곧 나무 프로젝트가 발동되었다. 묘목들이 도착하기 전까지 반 아이들은 나무를 심을 장소를 물색하고 나무의 생태를 연구하며 교장 선생님과 공원관리국 등과 계획을 논의했다. 곧 나뭇잎 콜라주와 그림, 나무심기 행사, 조이스 캐리의 시, 아이들이 지은 시, 〈나막신 나무〉라는 영화 등등이 이어졌다.

스케이트보드를 타던 호세라는 아이를 기억하는지? 특히 힘겹던 이 아이가 무엇에 관심이나 흥미를 느끼는지 알아내는 데 여러 달이 걸렸다. 학교 밖에서 호세가 스케이트보드 실력으로 동네 아이들의 경탄을 자아내는 모습을 보고 난 뒤에, 스케이트보드 잡지 정기구독을 신청하고, 교실에서 보드 디자인 대회를 열고, 호세를 중심으로 하는 스케이트보드 수리점을 열게 되었다. 곧 호세는 잡지 편집자에게 편지를 보내고 스케이트보드, 롤러스케이트, 서핑, 스키 사이의 연관성에 대해 연구를 하게 되었다.

나는 이제 어디에나 무언가 배울 게 있다는 오래된 속담은 믿지 않는다. 대신 지금은, 밀도 있는 관계만 이루어진다면 어디에서나 무엇이든지 배울 수 있다고 생각한다. 다만 더 깊이 파고들고, 더 멀리 쫓아가고, 더 신중히 더 조심스레 찾아야 한다. 세상에 대한 지식은 통째로 우리에게 제시된다. 교사는 그것이 이끄는 대로 어디든 따라갈 길을 찾아야 한다.

권력의 문화

리자 델핏은 교육에서 해묵은 논쟁, "기술"과 "과정" 사이의 논쟁은 사실상 무의미하고 잘못된 논쟁이라고 주장한다. 델핏은 좋은 교사는 온갖 교육적 전략을 동원해야 하고 어떤 것이 "효과가 있는지" 주의를 기울여야 한다고 생각한다. 델핏은 "기술" 대 "과정"이라는 논쟁이 벌어지는 것은 사실 "권력의 문화"를 인식하고 인정하는 게 불편하고 어렵기 때문이라고 한다.

권력의 문화란 구체적 참여 규정을 지닌 권력이 교실에서 행사된다는 의미이다. 이런 권력은 더 큰 사회에서의 권력관계를 반영한다. 예를 들자면, 권력의 문화는 어느 정도는 자기를 내세우고 어느 정도는 삼갈 것을 요구한다. 곧 언제 무엇을 할 것인가를 안다는 것은, 교사가 규정해놓지만 실제로는 이해하지 못하고 아이들을 이해시키지도 못하는 미묘한 지식 가운데 하나일 수 있다. 이와 비슷하게 권력의 문화는 특정 상황에서 특정한 형태의 언어를 사용할 것을 요구한다. 아이들에게 언제, 왜 "표준" 영어를 구사해야 하는지를 가르치는 것은 아프리카계 미국인 아이들에게는 기초가 되는 가르침이 된다. 곧 이런 뜻을 지닌 것이다. "네가 권력의 문화에 아직 참여하고 있지 않다면, 네가 그 권력을 쉽게 획득하게 하기 위해 이 문화의 규칙을 너에게 일러주는 것이다."[32] 델핏은 또 "권력을 지닌 사람들은 권력의 존재를 잘 인식하

다리 놓기 163

지 못하고 인정하고자 하지도 않는다. 권력이 작은 사람이 그 존재를 가장 뼈저리게 인식한다"[33]고 한다.

델핏은 아이들이 온전히 참여할 수 있으려면 규칙과 관례를 가르쳐주어야 하며, 그런 것을 가르칠 수 있으려면 교사가 아이와 같은 문화를 지닌 다른 어른들을 열심히 찾아 의견을 구해야 한다고 믿는다. 문화를 넘어 소통하는 것, 새로운 시각과 존재 방식을 보고 귀를 기울이고 마음을 열게 하는 다리 놓기 활동이 필요하다고 한다. "우리는 우리 눈을 통해 보고 귀를 통해 듣는 게 아니라, 우리 신념을 통해 보고 듣는다." 델핏이 말한다. "신념을 밀어두는 것은 잠시 동안 자기 자신이 아닌 존재가 되는 것이니 쉬운 일이 아니다. 심지어 고통스럽기조차 하다. 나 자신을 완전히 뒤집고, 자기 자신에 대한 인식을 버리고, 다른 사람의 분노의 시선 아래 벌거벗겨진 자기 자신을 보는 일이기 때문이다. 쉽지 않지만 다른 사람이 된다는 것이 어떤 일인지 알기 위한 유일한 방법이며 대화를 시작하는 유일한 방법이다."[34]

델핏은 사람은 누구나 자기 삶에 대해 가장 잘 알기 때문에, 문제를 가진 사람이 해결책도 지니고 있을 때가 많음을 일깨워준다. 또 우리가 가르치는 학생들과 가족들과의 연대를 향해 나아가야 하고, 우월감이나 가르치려는 태도는 버려야 한다고 조언한다. 사람의 행동에 깃든 내력과 연유를 연구하고, 진정한 의미의 탐험가이자 민족지학자가 되라고 한다. 그러다 보면 다문화주의는 (인류학적 문제가 아니라) 정치적 문제이며 교사들에게는 민주주의의 문제이기도 함이 명백해진다. 우리가 만드는 다리는 우리가 감히 상상했던 것보다도 더 튼튼하고 아름답고 더 멀리 뻗어나갈 수 있다.

제5장

교육과정에서 벗어나기

나는 시간, 상황, 역사가 만들어낸 산물이지만,
분명히 그것 이상이다. 누구나 다 그렇다.
— 제임스 볼드윈

교육과정은 정보, 주제, 과목만으로 이루어진 것이 아니다. 교육과정은 어떤 지식과 경험이 가장 가치가 있는지를 결정하는 문제를 두고 계속 고민하는 과정이다. 사람과 상황에 따라 이 문제는 독특한 색조와 다른 의미를 띠게 된다.

교사가 된 지 얼마 되지 않았을 때에는 교육과정에 대해 고민을 많이 했다. 그게 뭔지 검토하고, 그게 무엇이 될 수 있는지 무엇이 되어야 하는지 생각했다. 또 교과서를 열심히 들여다보았다. 교과서에는 헤아릴 수 없이 많은 한계가 있었다. 재미가 없고, 상황과 동떨어져 있고, 따분하고 오만하고 딱딱한 문체로 쓰였고, 누구의 심기도 건드리지 않고 가장 많이 팔릴 수 있게 하는 것을 목표로 학자들이 만들어낸 것이었다. 그 결과물은 상점에서 틀어주는 배경음악 같은 것이 되었다. 가끔은 편하게 들을 수 있지만 짜증 나는 소음일 때도 많은, 귀에 쏙 들어오지만 내용은 없는 음악 말이다. 그 밑바닥에서 사회학 연구와 문학작품이 백인의 우월성을 반영하고 은근히 촉진한다. 아프리카계 미국인의 그림이나 사진은 없고, 제3세계 문학작품은 빠져 있다. 곳곳에서 우월성을 드러내고 우쭐한 태도로 현 상태를 자랑한다.

교육과정에 들어 있는 모든 것―교재, 수업자료, 단원, 학습 계획, 지침 등이 모두 마찬가지다. 패스트푸드처럼 느껴지기도 한다. 쉽게 접할 수 있고 약간 중독성이 있으며 배는 부르게 하지만 만족스럽지 않다. 손에서 놓자마자 곧 허기를 느끼게 된다. 교육과정과 지식이나 이해 사이의 관계는 맥도널드와 영양의 관계와 같다. 약하고 간접적이고 잠정적이긴 하나 연관관계가 있기는 하다. 그렇지만 너무 많이 섭취하면 해롭다.

그래서 그때, 나는 더 나은 교과서를 찾는 것을 목표로 삼았다. 기름기 많은 햄버거에서 지방과 설탕은 빼내고, 비타민과 섬유질을 집어넣는 식으로. 아주 성과가 없었다고는 할 수 없다. 예를 들면 내 멘토였던 BJ 리처즈와 드니즈 프린스와 함께 나는 책에서 인종주의를 분석해내고 대안을 찾는 손쉬운 방법을 개발했다. 편견에 저항하는 도서 목록을 만들었고, 아이들 책 가운데 좋은 작품을 골라 훌륭한 서가를 만들었다. 우리가 모은 책 가운데에는 아프리카계 미국인, 미국 원주민, 라틴계 미국인, 아시아 작가들의 작품이 있었다. 문화적, 개인적으로 아이들의 모습을 보여주는 책, 아이들에게 낯설고 다른 문화와 상황을 보여주고 생각을 넓혀주는 책. 남자뿐 아니라 여자들도 성취를 하고, 온갖 종류의 사람들이 문제를 해결하고 장애를 극복하며 공익을 위해 사고하고 행동하는 책들을 찾아냈다. 또 다양한 경험에 대해 이야기하는 책을 찾았다. 앞이 보이지 않는 아이가 지구에서 가장 좋아하는 장소를 이야기하는 책, 인디언 아이가 농장에서 염소를 돌보는 이야기, 다운증후군이 있는 아이를 친구로 둔 아이, 현대 대도시에 온 아프리카 아이, 형무소에 있는 아버지를 면회 가는 아이 등. 우리는 편견에 저항하고 다양성을 담고 있으며 많은 사람을 포괄하는 작품들로 이루어진 서가를 꾸몄다.

이건 시작에 불과했다. 교육과정의 모든 면을 탐구하고 샅샅이 검토했다. 아이들을 끌어당기고, 자극하고, 격려하고, 활기를 불어넣고, 오랜 기간 동안 진지하고 깊이 있게 생각하도록 부추기는 교육과정을 개발하는 것이 목표였다. 우리는 모든 아이들에게 용기, 희망, 사랑을 가지고 살 수 있는 삶, 혹은 존 홀트가 표현하듯 "할 가치가 있는 삶"[35]의 기회를 열어주는 교육과정을 원했다.

이런 방법에 근본적 결함이 있다는 사실을 발견하기까지는 꽤 시간이 걸렸다. 앞으로 나아가고자 하는 내 작은 발걸음이, 뒤로 물러가는 커다란 걸음 속에서 이루어지고 있다는 것을 깨닫고 그 까닭을 알기까지 시간이 걸렸다. 더 나은 교육과정을 찾으려는 노력이 헛된 것이었다거나 이런 탐구와 검토가 무의미하다는 뜻은 아니다. 사실 이런 과정을 통해 내가 더 낫고 깨어 있는 교사가 될 수 있었고, 교육과정을 붙들고 씨름한 덕에 내 교실에 활기와 목적성이 생겼다고 본다. 그렇지만 부족함이 있었고 그것에 관심을 기울여야 했다.

예를 들면 교육과정 안에서 교사의 역할이라는 문제가 있다. 좋은 교육과정을 찾으려는 노력이 긍정적 영향을 미친 것은 분명하지만, 연구를 끝내고 그걸 알아내었다고 생각하는 순간, 나는 뒤로 밀려가고 교사로서 죽음을 맞게 되곤 했다. 다시 말해 가치 있는 것, 모든 것에 활력과 동력을 불어넣은 것은 그것을 찾아가는 과정 자체였지, 교육과정의 완성, 종착점이 아니었던 것이다. 그뿐만 아니라 내가 이렇게 해서 어떤 통찰을 얻었다고 할지라도, 그걸 타성에 젖은 교사들에게 그대로 전달할 수는 없었다. 다른 교사가 이런 작업에 흥미를 느끼게 되었다면 자기만의 방법과 상황에 맞게 재창조하고 추구할 것이다. 그러지 않는다면 그건 교사들에게 늘 쏟아지는 수백만 가지의 좋은 아이디어 가운데 하나에 불과할 것이다. 무감한 교사의 교실에 인간미와 활력을 불어넣는, "모든 교사에게 맞는" 교육과정은 있을 수 없다. 그런 걸 찾으려고 애쓴다는 건 무의미한 일이다.

마찬가지로 교육과정에서 학생의 자리라는 문제가 있다. 내가 교육과정을 가지고 씨름할 때에는 학생들도 동료 여행자이자 공모자로 같이 끌어들였다. 아이들도 나처럼 문제를 짚어내고 대안을 찾아내는 데 관심을 갖게 되었다. 그러니까 비판적으로 교육과정을 검토하는 것이 우리의 교육과정이 된 셈이다. "더 나은" 교육과정을 수동적인 아이들에게 내려주고 통째로 삼키라고 하는 건 또 전혀 다른 이야기다. 그러면 아이들은 이전과 마찬가지로 무관심이나 적대감을 보일 것이다. 새로 만든 교육과정이 대체하려고 하는, 따분하고 실정에 맞지 않는 원래 교육과정도 사실 애초에는 신중하게 고민해서 흥미롭게 새로이 만들어진 것이다. 이거나 저거나 실패하는 것은 우선순위나 유행이 바뀌어서가 아니라 뭔가 기본이 잘못되었기 때문이다.

기본적으로 잘못된 점은 교육과정을 "사물"로 생각한다는 것이다. 누군가가 가지고 있고 누군가가 필요로 하는 것으로 본다. 지식, 사고, 판단, 지혜는 어떤 전문가, 정책입안자, 학자의 소유물이고, 이 사람들이 그것들을 미리 결정하고 쉽게 소비될 수 있도록 포장하는 것이라고 생각한다. 존 홀트는 교육과정과 교육의 기본 모델이 "잘못되었고 실현 불가능할 뿐 아니라, 도덕적으로 옳지 않다"라고 한다. "다른 많은 사람들이 알고 생각해야 하는 것을 결정할 권리가 몇몇 사람에게 있다"[36]는 생각에 기초하고 있기 때문이다. 존 홀트는 이것은 본질적으로 비민주적이며 치명적인 결함이 있는 교육방법이라고 한다. 지식은 무한하고 앎은 상호주관적이며 다차원적이기 때문에 사고를 확정하여 가두려는 시도는 본질적으로 배움을 죽이는 일이 된다. 교사는 드러내고, 제시하고, 격려하고, 부추길 수는 있지만, 지시를 해서는 안 된다.

교육과정을 만드는 더 희망적인 방법들이 있다. 그러려면 장벽을 넘고 기존 개념을 풀어헤치고 포장을 벗겨내야 한다. 교육과정은 학교에서 이루어지는 모든 일이라고 생각할 수 있다. 학습 자료를 모아 전달하는 것이나 상품을 잘 포장하는 것에 그치는 것이 아니라, 계획된 것뿐 아니라 의도하지 않았던 결과, 직접적인 메시지뿐 아니라 감춰진 의미들, 학교생활의 모든 경험이 모두 교육과정에 들어갈 수 있다. 또 학교 담장 안에서뿐 아니라 그 너머에서 이루어지는 모든 것으로도 볼 수 있다. 학교는 외부와 많은 영향을 주고받는 곳이고, 학교는 '학교 밖 교육과정'이라고 하는 더 넓은 사회의 맥락에 놓인다.[37] 아니면 이런 간단한 질문으로 교육과정을 고민할 수도 있다. 어떤 지식과 경험이 가장 가치가 있는가?

교육과정에 관한 근본적인 질문, 어떤 지식과 경험이 가장 가치가 있느냐는 질문은 역동적인 응답을 요구한다. 어떤 대답을 하든 잠정적이고 임시적일 수밖에 없다는 뜻이다. 어떤 면에서는 부족하고 어떤 면에서는 불확실한 것, 수천 가지의 보기 중에서 하나를 선택한 것쯤으로 생각해야 한다. 그뿐만 아니라 해마다, 달마다, 가능하다면 날마다 바꾸어야 한다. 우리 아들 말릭이 걸음마를 익힐 때, 말릭에게 가장 중요한 경험은 걷기였다. 말릭이 센트럴파크에서 몇 시간이고 돌아다닐 때 계속 뒤를 졸졸 따라다녔던 일이 생각난다. 이리저리, 왔다 갔다, 엎어지고 다시 일어나고, 이 놀라운 성취 하나에 완전히 집중하고 있었다. 지금이라면 말릭에게 이런 "교육과정"이 무의미하겠지만, 내 친구 데이빗에게는 현재 가장 중요한 경험이기도 하다. 데이빗은 산악사고를 당해 큰 부상을 입었고, 말릭이 그랬던 것처럼 걷기 위해 열심히 연습하고 노력하고 있다.

마찬가지로 말릭이 막 읽기를 익힐 때에는 좋은 재료, 기회, 자극, 격려에 힘입어 신 나는 읽기의 세계로 들어섰다. 그때 우리는 같이 책을 많이 읽었고, 파닉스도 조금 하며, 단어 공부도 하고, 글도 많이 써보았다. 말릭은 지금 물고기가 물에서 헤엄치듯 글을 읽는다. 글로 둘러싸여 글을 호흡한다. 읽는 것을 별로 의식하지도 않고 자기가 가려는 곳으로 보내줄 매체로 생각한다. 요즘 말릭을 위해 파닉스와 단어 공부를 중심으로 한 교육과정을 만들어준다면 효과도 없고 어리석은 일이 될 것이다. 그렇지만 말릭의 친구 밥에게는 적당하고 필요한 일이다. 여러 이유로 읽기를 힘들어했지만 지금은 읽기를 시작할 의지도 있고 준비도 되어 있는 아이다.

그런 식이다. 어린 시절에 배웠던 것, 그리고 지금 자신에 대해 생각해보라. 지식, 경험, 필요가 겹쳐지는 지점을 생각해보라. 삶에는 늘 배워야 할 것이 있고 그다음 도전과 목표가 있다. 학교의 성적제도와 분리해서 학습을 생각해본다면, 어떤 현상을 이해하거나 어떤 기술을 습득하는 것이 가장 중요했던 순간들이 떠오를 것이다. 5학년 교육과정은 6학년을 준비하도록 해주는 것일지 모르지만, 이때 많은 아이들이 다른 가치 있는 지식이나 경험에 열정을 쏟기 마련이다. 춤추는 법 배우기나 모형비행기 만들기, 좋아하는 작가 작품 읽기, 옷 잘입기, 돈 벌기 등.

지금도 알아야 할 것들이 있다. 나는 얼마 전에 자전거 수리법을 배웠는데, 내가 자전거 타는 것에 푹 빠져 있어 필요했기 때문이다. 내 친구인 머리는 알츠하이머병 전문가다. 아내가 그 병에 걸렸기 때문이다. 에이즈가 유행한 탓에 많은 사람들이 생물학, 면역학, 종양학 등에 대해 알고 싶은 것 이상으로 배워야 했다. 내가 아는 사람들 대부분이 컴퓨터 다루는 법을 익혔는데, 컴퓨터가 생활에서 중요한 위치를 차지하게 되었기 때문이다. 내가 아는 사람들 거의 다 저마다 올해의 교육과정과 학습 목표를 가지고 있다. 크리스와 레슬리는 에스파냐어를 배우고 있고, 앤은 알레르기와 대체의학에 대한 책을 읽는다. 엘리는 거북이 사육장을 만들고 있고 브렌다는 글쓰기를 연습한다. 지넷은 시민권 획득 시험공부를 하고, 카키는 홀링 클랜시 홀링의 초판본을 수집한다. 무한히 확장하는 우주에서 가장 가치 있는 지식과 경험은 매우 다양하다.

그래서 교실에서의 삶은 믿을 수 없이 복잡하며 끝없이 매혹적이다. 초등학교건 고등학교건, 교사들은 교육과정에 관한 기본적 질문을 계속해서 던져보아야 한다. 늘 그렇듯이 해답을 찾는 과정에서 가장 든든한 조력자는 학생이다. 어떤 지식과 경험이 가장 가치가 있는가? 여러 다른 상황에서 학생들에게 이런 질문을 던질 방법을 찾으면 탄탄하게 교육과정을 만들어나갈 수 있다. 또 이런 질문을 계속 던지다 보면 학생들이 수동성에서 벗어나 창의적으로 참여하고, 무관심에서 적극성으로 돌아서고 목적을 잃고 떠돌던 아이들이 살 가치가 있는 삶의 범위와 다양함을 숙고해볼 수 있게 한다는 장점도 있다. 각 아이를 며칠에 걸쳐 인터뷰할 수도 있다. 유치원에서 무얼 배우고 싶니? 아니면, 교육과정에 관한 기본 질문을 판지 위에 굵은 글씨로 써서 벽에 붙여놓고 틈틈이 돌아볼 수도 있다. 어떻게 하든, 이 질문을 이해하고 받아들였다면, 학생들이 자기 생각에 대해 스스로 생각해보고 지식, 기술, 능력으로 나아가는 여행에서 의식적인 선택을 내릴 수 있게 하는 유용한 틀을 만들어낸 셈이다.

뭘 배우든 상관없다거나 교사의 역할이 없다는 뜻은 아니다. 오히려 교사는 역동적이고 유연성 있는 교실을 만들고, 날마다 부추기고 보여주어야 할 더 큰 책임을 갖게 된다. 어쨌든 아이들에게는 자기 열정과 목표를 선택하고 정하고 추구하고, 교실의 일부를 스스로 만들어나갈 기회가 필요하다. 교사와 학생의 상호작용에서, 직접적 관심사와 더 큰 목적이 만나는 지점에서 살아 있는 교육과정이 만들어진다.

가치 있는 지식과 경험이 무엇인가 하는 질문을 경시하거나 무시하면 답은 다른 문을 통해 들어오기 마련이다. 다시 말해, 이 질문은 "나랑 상관없다", "내 일이 아니다", "그냥 이론일 뿐이다"라고 치부해버리면, 이 질문에 대한 답을 그것에 직접 영향을 받는 사람이 아닌 다른 사람한테서 받아야 한다. 학교, 교실, 일과, 시간표, 학습 단위, 학습 목표 등등이 무엇이 가치 있는가라는 질문에 대한 답이 되어버린다. 아마 그래서 그토록 많은 아이들이 학교가 쓸모가 없다고 생각하는지도 모르겠다. 학교는 조용히 앉아 있거나 지겨울 때까지 반복적 과제를 하는 게 가장 가치 있는 경험이고, 조각난 정보가 가장 가치 있는 지식인 곳으로 여겨진다.

교사들에게는 또 다른 과제가 있다. 무엇이 가치 있는가라는 질문을 의식하는 것과 상관이 있는 과제다. 이 질문을 교육의 기본 질문과 연관 지어야 한다. 이 가치 있는 경험과 지식에 아이들이 접근하도록 하는 환경을 어떻게 조성할 것인가? 어떤 활동, 자료, 자원이 이런 지식과 경험을 선택할 기회를 아이들에게 줄까? 이 질문에 대한 답도 마찬가지로 역동적이고 복잡하다. 언제나 누구에게나 맞는 공식이나 방법은 없다. 교실 안에서 만날 수 있는 다양한 학습 유형, 접근 방식, 지능 등에 모두 맞는 학습 계획이나 단위는 있을 수 없다. 이것 역시 교사의 몫이다. 교사는 자기 자원, 지성, 기술, 경험을 총동원하여 방법을 찾아야 한다. 마치 교육을 새로이 발명하는 것과 마찬가지다. 교사가 자신 있고 현명하다면 학생들의 자원을 이끌어내어 잠재된 힘을 실현시킬 수 있다.

나의 교육과정

어떤 교육과정도 만족스럽지는 않다는 것을 깨달았을 때(참고할 만한 가치가 있는 훌륭한 자료를 많이 담고 있을 수는 있지만), 교육과정을 더 나은 포장을 찾는 문제가 아니라 살아 있는 도전으로 보고 집중해야 한다는 것을 알게 되었을 때, 나는 교실에서 교육과정을 구체화하는 데 쓸 틀을 만들기 시작했다. 교육과정을 적극적으로 고민하고 싶었다. 외부에서 주어지는 지침이나 요구사항에 반응만 하고 싶지는 않았다. 그뿐만 아니라, 내 교실이 "잘 통제가 되느냐", 진도를 맞추고 있느냐 말고, 뭔가 좀 더 실질적인 기준에 따라 내 교육활동을 가늠하고 싶었다. 너무 많은 교사들이 더 큰 목표를 포기하고는 교직을 그만두거나, 아니면 절대 되고 싶지 않았던 모습의 교사가 되어버리는 것을 보았다. 나는 내 교육활동의 준거점이 될 뭔가 더 큰 것을 원했다.

내가 교육과정을 고민할 때 쓰는 이런 기준 하나하나가 언제 어디에서 만들어졌는지는 확실하지 않다. 앞으로 또 변할지도 모르겠다. 그렇지만 이러한 질문들을 가지고 고민하다 보면 가르치는 일에 도움이 된다.

- **발견과 놀라움의 기회가 있는가?** 나는 학생들이 스스로 지식을 만들어나가고 힘과 활력을 느끼며 세상과 자기 지적 능력에 대한 기대

를 높여가는지에 관심을 갖는다. 우리는 모두 동기와 자존감 때문에 걱정한다. 그렇지만 발견과 진정한 성취에서 나오는 동기와 자존감에 비하면, 마이클 조던이 나오는 "학교에 머무르라"는 공익광고 포스터는 우습게 여겨진다. 나는 무엇보다도 교육과정이 발견의 기회를 제공할 수 있기를 바란다.

• **학생들이 적극적으로 1차 자료를 접하고 직접 자료를 다루는가?** 나는 아이들이 세상을 탐구해서 거기에서 의미를 찾고 이해하기를 바란다. 미리 소화된 자료를 섭취하는 건 재미가 없고, 자기가 연구하는 것에 다가가고 만져보고 냄새를 맡기를 바란다. 교과서에서 몇 쪽에 걸쳐 언급된 노예제도는 정제되어 매끈한 내용뿐이니 더 생생한 자료를 원한다면 노예들의 기록, 실제 노예 매매 계산서, 의회의 토론 등을 찾아본다.

• **생산적인 일이 이루어지는가?** 학교에서 하는 "학업"은 대부분 진정한 의미의 일이 아니다. 단지 시간을 보내기 위해서 하는, 의미 없는 일일 때가 많다. 아이들은 모두 하루가 빨리 끝나고, 학기가 끝나고, 학년이 끝나기만을 기다린다. 학교생활도 결국 의미 없는 직업생활을 위한 준비 단계일지 모르겠다. 직장 일도 끝나기만을 기다리면서, 시간이 계속 흘러가며 우리 삶이 끝나가는 것을 홀로 절박하게 경험하게 되니 말이다. 이런 것보다는 나나 학생들 모두에게 의미 있고 모두를 끌어들이는 일에 나는 관심이 있다. 일의 존엄함, 일을 통해 스스로를 입증하고자 하는 사람의 욕구에 관심이 있다. 나는 우리가 교실에서 하는 일 가운데 일부는(학교 상점이나 인쇄실 운영, 텃밭 가꾸기 등) 학교에도 좋은 일이기를 바란다. 또 일부는(생태학 프로젝트나 지역사회 자원봉사 프로젝트 등) 우리 이웃에

도움이 되기를 바란다. 또 내가 가르치는 일이 학생들의 눈에도 보여 그게 헛일이 아니라는 것을 학생들이 알기를 바란다. 또 내가 나 자신의 질문을 좇고 있음을 학생들이 보고 자기들의 질문을 해결해가는 과정에서 나를 길동무로 여기길 바란다.

- **학업이 학생의 질문과 흥미와 연관이 있는가?** 학교가 학생들이 자기 관심사를 파고들게 부추기고 창의적으로 이끄는 공간이 되어야 한다고 생각한다. 학교에서 일어나는 일은 사실 대부분 "내가 이게 네 몸에 좋다는 걸 아니까 너는 이 약을 먹어야 한다"는 식이다. 나는 내 교실이 학생들을 밀어내지 않기를 바라고, 아이들을 따라 내 목표를 설정하고 싶다.

- **학생들이 교실, 학교, 더 큰 공동체 안의 문제를 의식하는가?** 나라고 답을 모두 아는 것은 아니다. 선생이나 환경과의 같은 큰 문제의 해법을 모를 뿐 아니라, 두 자리 이상의 나눗셈을 어떻게 제이미에게 설명해야 도움이 될지, 팻이 화가 났을 때 다른 사람을 때리는 것을 막으려면 어떻게 해야 하는지, 이런 문제들의 답도 모른다. 내가 할 수 있는 일은 문제가 표면에 떠오르게 하고, 쟁점을 잡아 토론을 하고, 제이미의 친구들이 제이미를 도와줄 수 있는 상황을 만들고, 팻에 대한 내 걱정을 아이들에게 제기하는 것 정도다. 친구들 사이의 가르침, 소모임, 둘러앉아 이야기하는 시간 등을 통해 진짜 문제를 같이 공유하고 진짜 해결책을 찾으려 애쓸 수 있다. 우리의 교실은 아이들이 다양한 사고를 연습하는 곳이 될 수 있다. 쉬운 것은 아무것도 없다.

- **교실에서 과제를 최대한 멀리까지 추구하는가?** 나는 종종 우리가 한 발 더 나아가고, 질문을 하나 더 던지고, 도움이 되는 사람을 한 사

람 더 끌어들이고, 여행을 한 번 더 가고, 한 가지 활동을 더 생각해낼 수는 없나 고민한다. 아이들이 학교에서 경험하는 것 가운데 지식 안으로 뛰어들지 못하고 겉핥기만 하는 게 너무 많지 않은지 걱정이다. 어떤 선생님들은 "간단하게 만들라"고 하지만, 나는 내가 할 일이 복잡한 상태를 유지하는 것이라고 생각한다. 그러기 위해서 "적을수록 더 좋을" 때가 많다는 것을 인식해야 한다. 다시 말해서, 무수히 많은 내용을 다루는 것이 어떤 것 하나를 깊이, 충분히, 진지하게 잘 파고드는 것만 못할 수 있다는 뜻이다.

이게 전부는 아닐 것이다. 더 큰 목적과 목표를 돌아보아야 한다. 우리가 어떻게 해나가는지를 평가할 방법도 찾아야 한다. 그렇지만 나한테는 이게 기본이고 시작이다. 이 질문들을 벽에 붙여놓으면 더 많이 생각하고 더 집중할 수 있다.

한 걸음 더 나아가보자. 교사들이 이런 기본 원칙을 교육활동의 기준으로 삼으면, 여러 어려움으로부터 자유로워지면서 동시에 다양한 도전을 마주하게 된다. 새로운 도전이라면, 의무 교육지침에는 어떻게 대응할 것인가, 깔끔하게 정리된 지시사항을 참고하지 않으면 제대로 되어가고 있는지 어떻게 알 수 있나, 동료 교사들이나 학교에 이런 교육방법도 정당하고 가치가 있다는 것을 어떻게 보여줄 것인가, 학생들의 발전을 어떻게 파악할 것인가 하는 것들이다. 그렇지만 오래된 걱정 하나는 덜 것이다. 교육과정을 통합하는 것이 어렵지 않게 된다. 교육과정을 분리를 하지 않았으니 말이다. 그뿐만 아니라 구체적 기술, 시험 성적, 교실 통제 등에서 관심을 덜 수 있다. 이제 학습에 더욱 직접적으로 관련이 있는 문제들을 마주할 수 있으니 다행스러운 일이다.

어디에서든 시작할 수 있다. 내가 아는 노련한 선생님인 앨리스 제퍼슨은 학년이 시작될 때마다 자기가 전혀 모르는 주제를 학생들과 함께 깊이 연구할 주제로 정한다. "어렵지 않아요." 앨리스가 웃으며 말한다. "내가 전혀 모르는 게 아주 많으니까요." 앨리스는 이런 특별 연구가 자기 자신을 교사로서 살아 있게 만든다고 말한다. 지적으로 몰두하고, 호기심과 흥미를 갖고, 늘 배우게 만든다는 것이다.

어떤 해에 앨리스는 "고래"를 선택했고, 다른 해에는 "퀼트"를 택했고, 또 어떤 해에는 "종이"를 골랐다. 학년 초에 아이들에게 자기가 정한 주제에 대한 특별 연구가 진행될 것이라고 선언한다. 책상 하나를 이 연구에 관한 "관심 책상"으로 지정해서, 학생들이 스스로 발견한 것을 여기로 가져오게 한다. 또 이와 관련된 책과 자료를 모으는 책꽂이를 하나 정하고, 이 주제와 관련된 프로젝트를 하는 시간을 일과 안에 배치한다. "재미있는 일은, 내가 '펭귄'을 고른 해에《내셔널 지오그래픽》과《레인저 릭》둘 다 펭귄을 커버스토리로 다뤘고, 내가 '강철'을 고른 해에는《뉴요커》와《스미스소니언》에서 강철 제조를 특집기사로 다뤘어요. 뭘 고르든지 간에 아이들이 흥미를 느끼고, 그러다 보니 어디를 보아도 그 주제에 관한 것을 찾을 수 있는 것 같아요." 앨리스가 말한다.

그럴 만도 하다. 앨리스가 고른 특별 주제는 크고 접하기 쉬운 주제였다. 앨리스 말고도 많은 사람들이 흥미를 느끼는 주제인 것이다. 또 앨리스가 이 주제에 열정을 갖는다는 게 확연하기 때문에 학생들도 같이 열의를 느끼게 된다. 앨리스는 '나는 네가 모르는 것을 안다'는 자세를 버리고 집단 연구의 분위기를 조성했다. 이 새로운 자세 덕분에 학생들은 강력하고 새로운 방식으로 배워나갈 수 있다.

내가 아는 다른 선생님 존 세니델라는 학년 시작 전에 "핵심 연구"를 계획한다. 핵심 연구란 읽기, 지도 그리기, 쓰기, 미술, 과학, 수학, 역사 등을 통해 세계를 탐구하는 방식이다. 핵심을 통해 이것과 관련된 개념들(생존, 공동체, 연속성, 의미 추구, 가치, 변화 등)을 계속 확장되는 맥락에서 검토하고, 또다시 검토할 수 있다. 어떤 해에는 핵심이 "환경 탐사"였고 다른 해에는 "원주민"이었고 또 다른 해에는 "정의"였다. 존은 자기가 고안한 핵심 연구에 많은 노력을 기울여 1차 자료를 찾고, 활동 아이디어를 생각해내고, 문학작품과 인류학적·과학적 자료를 연결하고, 이 모든 것을 엮어 정교하고 복잡한 기획을 했다.

준비 작업을 얼마나 열심히 하든 간에 아이들이 참여하기 시작하면 핵심 연구는 늘 자라나고 변하곤 했다. 가장 극적인 변화가 일어났던 해는 "이민"을 핵심 연구 주제로 삼았을 때다. 존은 며칠 동안 뉴욕 시 뒷골목을 탐험하는 것을 계획에 집어넣었다. 문화와 민족의 교차가 일어나는 곳이라고 생각했기 때문이다. 그것이 지도 그리기, 인터뷰, 글쓰기, 연구 조사 등으로 이어질 수 있으리라고 생각했다. 또 허드슨 강을 발견한 항해가 헨리 허드슨, 노예제, 유럽 이민의 물결, 푸에르토리코 등에 대한 글을 읽기로 했다.

아이들은 뒷골목 탐험을 즐거워했다. 그런데 한 아이가 계속 서쪽을 보면서 물었다. "강 보러 가도 돼요?" 다른 아이들도 서쪽을 바라보았고, 곧 강에 대한 호기심이 급증했다. 그래서 여행 기록책에 그림 그리기를 다 마치고 난 뒤에 강가에 가서 간식을 먹기로 했다. 강가에 있는 동안 한 아이가 말했다. "저거 봐, 강이 위쪽으로 흘러." 다른 아이가 말했다. "아냐, 남쪽으로 흘러야 돼. 아래쪽으로." 아이들은 선생님이 대답해주기를 바랐지만 선생님도 확실히 몰랐다. 그래서 어떻게 하면 알 수 있을지 이야기했다.

이게 강에 대한 핵심 연구의 출발이었다. 이 연구는 몇 달에 걸쳐 진행되었고, 물의 흐름을 가지고 실험도 하고, 나뭇가지를 물에 띄워보는 실험을 하러 도시 북쪽에 있는 자연저수지에 견학을 가기도 하고, 강가에서 발견되는 자연지형을 만들어보기도 하고, 자연과학자들을 인터뷰하고, 강가에서 전교생이 다 같이 보물찾기를 하는 행사를 벌이기도 하는 등 많은 활동이 펼쳐졌다. 반 아이들은 다시 헨리 허드슨에게로 관심을 돌렸고 허드슨 강이 감조하천, 곧 조수의 영향을 받는 하천임을 스스로 알아냈다. 허드슨 강은 남쪽으로 흐를 수도 있고 북쪽으로 흐를 수도 있었다. 아이들은 조수가 강을 북쪽으로 밀지 못하기 시작하는 정확한 지점을 찾아갔다. 신 나는 일이었다.

위스콘신 수 밀워키에 있는 공립학교 라 에스쿠엘라 프래트니에서는, 학생들을 포함한 학교 전체가 함께, 한 해 동안 모든 학년 모든 반 학생들의 길잡이가 될 중심 주제를 만들어낸다. 1990~1991년의 주제는 다음과 같았다.

우리는 우리 자신과 세계를 존중한다.
    a. 모든 살아 있는 것은 욕구가 있다.
    b. 나는 중요한 사람이다.
    c. 우리는 모두 문화적 유산을 물려받았다.
    d. 우리는 평화롭게 살아야 한다.

우리는 의사소통할 때 메시지를 보낸다.
    a. 의사소통은 양방향이다.

b. 우리는 여러 언어, 여러 방식으로 의사소통한다.

   c. 만화, 책, 잡지, 텔레비전에는 고정관념이 들어 있다.

   d. 텔레비전은 건강에 나쁘다.

우리는 지구에 변화를 가져올 수 있다.

   a. 우리는 과거에 의해 만들어졌고, 미래를 만든다.

   b. 아프리카계 미국인이 미국에 큰 기여를 했다.

   c. 우리는 여성의 기여를 높이 산다.

   d. 모든 국적의 사람들이 정의와 평등을 위해 노력해왔다.

   e. 우리는 편견과 인종주의를 극복해야 한다.

우리는 세계의 이야기를 나눈다.

   a. 우리 가족의 이야기는 중요하다.

   b. 우리는 이야기를 통해 다른 사람에 대해 배운다.

   c. 우리는 모두 이야기꾼이자 행위자가 될 수 있다.[38]

프래트니 학교의 주제는 아주 큰 것이라 다양한 활용이 무한히 가능하고 각 반, 교사, 학생들이 저마다 주도적으로 이끌어나갈 수 있지만, 그래도 많은 상호작용이 일어나고 그룹끼리 서로 배울 수 있도록 구심점이 되어준다. 그리고 이스트처럼 부풀리는 효과도 지니고 있다. "우리는 평화롭게 살아야 한다"에 따라 1학년 어떤 반에서는 갈등 해결의 지침을 만들었고 6학년 어떤 반에서는 군비 예산을 조사했다. "우리는 이야기를 통해 다른 사람에 대해 배운다"가 유치원 교실에서는 세계 여러 나라의 옛날이야기를 읽는 것이었고 5학년 교실에서는 위스콘신에 사는 미국 원주민을 인터뷰하는 활동이 되었다. 중심이 되는 주제를 선택할 때의 강점과 이점이 여기에 있다. 주제가 확장되어 모든 사람을 자극하면서, 동시에 에너지를 몰아 한데 집중시킨다.

내 교실에서는 주제가 아이들로부터 나올 때가 많다. 나는 쫓아가려고 애쓰고, 연결을 짓고, 도전적인 질문을 던지고, 다음 단계를 준비한다. 이런 주제 하나가 자연스럽게 가족에 대한 대화로 이어진 적이 있는데, 그때 우리 반 스테파니가 일곱 남매 중 가운데이고 제임스는 외아들이라는 것을 알게 되었다. 마커스는 아버지가 흑인이고 어머니는 백인인 반면, 조이는 어머니가 흑인, 아버지가 백인이었다. 토니의 아버지는 교도소에 있고 션은 어머니가 두 명 있었다. 주제는 "여러 가지 가족"이었다.

때로는 지역사회 행사에서 주제가 노출되기도 한다. 우리 동네에서, 원래 주민들과 새로 이주해온 사람들 사이에서 갈등이 일어나면서 "누구나 이웃이 있어요"라는 주제가 나왔다. 동네 병원이 문을 닫은 뒤 사람들이 들고일어났을 때 우리는 "건강과 의료에 대하여"라는 주제를 택했다.

내가 주제를 제시할 때도 있다. 예를 들어, 나는 뉴욕 시에 살다 보니 사람들이 도시적 경험 때문에 넓은 시야를 잃는 현상에 관심이 있었다. 실제로 심각한 가뭄이 일어나고 있고 수원이 위험스러울 정도로 줄어들었다는 사실을 뉴욕 시민들이 일상적으로 무시하고 물 낭비를 멈추지 않는 게 나한테는 매우 놀라웠다. 사람들은 수도꼭지를 틀면 물이 쏟아져 나오니 아무 문제가 없는 게 분명하다고 생각했다. 사실 누가 시장이나 도지사가 하는 말을 믿나? 과거에 사람들이 해가 뜨고 지는 것을 보면서, 우리가 평평한 땅 위에 살고 있고 불덩이가 우리 주위를 돈다고 믿었을 때와 비슷했다. 어느 날 방과 후에 새러의 어머니와 같이 이야기를 하다가, 워싱턴 주에 있는 세인트헬렌스 화산이 폭발한 일이 화제에 올랐다. 새러 어머니는 이렇게 말했다. "이런 일이 20세기 미국에서 일어나다니 믿을 수가 없어요." 새러 어머니는 화산, 지진, 자연재해는 기술적으로 진보하기 이전 시대에나 저개발 국가에서만 일어나는 것이라고 생각했다. 나는 이듬해에 자연과 생존이라는 주제를 탐구하기 시작했다. "땅 위에 사는 것과 도시에 사는 것"이라고 이름을 붙였다.

이런 주제를 좇으려면 작업이 많이 필요하다. 교사도 단순히 강의식 수업을 할 때보다 훨씬 많은 노력을 기울여야 하고, 학생들은 특히 폭넓은 활동을 해야 한다. "땅 위에 사는 것과 도시에 사는 것"이라는 주제를 탐구할 때, 우리는 공터에 텃밭을 만들고, 교실에서 토끼를 키우고, 단층선을 그리고, 판구조론을 공부하고, 학교 전체가 함께하는 재활용 계획을 수립하고, 수족 인디언의 사냥법과 버펄로 빌(서부 개척시대 유명한 사냥꾼-옮긴이)의 사냥법을 비교했다. 또한 농산물이 도시로 들어오는 거대한 항구로 견학을 갔고, 버려진 건물을 폐쇄하는 캠페인을 주도했고, 도시 주민들을 인터뷰해서 생존을 주제로 한 우리 소식지에 싣고, 동네 문화 지도를 그리고, 은하 여행을 위한 우주선을 만들었다. 우주선 만들기는 아주 재미있었고 우리가 붙들고 씨름하고 있는 중요한 문제를 강조하는 효과가 있었다. 우리 모두는 어디에서 살든 간에 땅, 음식, 공기, 물에 의존한다는 점, 도시 생활은 그 사실을 감출 수 있지만 우리가 지구를 떠나 우주로 가면 이런 의존성이 다른 어느 곳에서보다 더욱 뚜렷해진다는 점이다. 우주로 가려면 말 그대로 지구를 함께 데리고 갈 방법을 찾아야 한다. 우주여행은 도시 생활처럼 천

연자원 낭비 문제를 해결하지 못하기 때문에 우리 문제를 더욱 두드러지게 보여준다.

이 주제는 다양한 발견과 놀라움의 기회를 제공했다. 단층선을 그려보면서 나는 처음으로 어떻게 과학자들이 판운동을 생각해냈는지 깨닫게 되었다. 어떤 아이들은 동물에 대해 많은 것을 알아냈고, 어떤 아이들은 우리 동네의 문화적 다양성에 놀랐다. 적극적으로 배우고, 밖으로 나가 조사하고, 인터뷰하고, 대상을 직접 만져볼 기회가 있었다. 우리가 한 일 가운데 상당 부분이 진짜 활동, 그러니까 뚜렷한 목적을 가진 활동이었다. 예를 들어 우리는 텃밭에서 양상추와 토마토를 길렀고 위험한 건물을 폐쇄하도록 시에 청원을 했다. 이런 활동 전부가 우리가 하는 모든 일에 힘을 주었다. 심지어 교실에서 일상적으로 하는 단조로운 일들에도 새로운 활기가 생기곤 했다. 우리는 학생들의 관심사로 계속해서 돌아갔다. 몇몇 남자아이들이 원했기 때문에 우주선을 만들었으며, 에리얼과 메건의 제안에 따라 재활용 계획을 세웠다.

학교생활 일부를 이런 식으로 조직했을 때 얻는 부수적 이득은 놀라울 정도다. 어린아이들은 지식이 광대하고 무한하다는 인식을 갖게 된다. 궁금한 것, 흡수할 것, 탐구할 것이 항상 더 있다. 이제 학교는 더 이상 단순한 결론과 영양가 없는 먹을 것만 내주는 곳이 아니다. 시간을 그냥 때우는 게 아니라 시간을 소중히 여기고 기대를 품게 된다.

그뿐만 아니라, 학생들이 태초부터 젊은이들이 무언가를 배워오던 방식으로 배우기 시작한다. 더 나이 많고 자신감 있는 사람의 발자취를 따르면서 배우는 방식이다. 뉴욕 시립대학 워크숍센터 창립자이자 훌륭한 선생님인 릴리언 웨버는 이런 방식이 가족 내에서 배우는 전통적인 방식임을 지적한다. 가족 안에서는 부엌이나 작업장에서 하는 일, 육아, 수리, 이야기하기, 신화 들려주기, 성서 읽기 등을 따라 하며 배운다. 가족 안에서 하던 일이 이제 다른 영역으로 흩어지거나 소멸되거나 합리화되어 보이지 않게 됨에 따라, 아이들은 성장과 발달에 필요한 소중한 자원을 잃었다. 학교에서 아이들이 직접 보고 접할 수 있게 하면 다시 발자취를 따르며 배울 수 있다.

마지막으로, 아이들이야말로 활용이 안 되기 쉬운 엄청난 자원이다. 대부분의 학교에서는 날마다 한자리에 모인 수백 명의 에너지를 분출시키기는커녕 더 많은 자원을 들여 아이들을 통제하고 붙들어 매어놓으려 한다. 더 나은 학교, 더 나은 공동체를 만드는 일에 아이들을 끌어들인다면 엄청난 재능, 에너지, 노동의 수원을 여는 셈이다. 아이들의 에너지를 풀어놓는 것은 힘든 일이다. 낭만화하거나 간단한 일인 양 이야기할 생각은 없다. 이 일이 상상했던 것보다 훨씬, 아주 많이 힘들다는 것을 알게 되어 전통적인 방법으로 후퇴한 선생님들도 많다. 그렇지만 불가능하지 않다. 앞에서 설명했던 것 같은 프로젝트는 학생들을 학교와 공동체를 위한 일에 진지하게 참여하게 한다. 쓸모가 있다는 것만큼 아이들을 들뜨게 하는 것도 없을 것이다. 그러니 프로젝트는 활동을 집중시키고 다른 일과 활기차게 연결시키는 중요한 채널이 될 수 있다. 프로젝트는 또 사회적 책임을 배우고 민주사회에서의 삶을 연습하는 강력한 수단이 될 수 있다.

더 큰 목적과 목표 세우기

이런 것들을 전부 염두에 두고, 다른 중요한 문제를 살펴보아야겠다.

학교에서 배우는 오래된 기본 기술이라는 문제다. 이제 학습에 대해 넓은 시각을 가지게 되었으니, 기술 대 과정이라는 소득 없는 논쟁은 피할 수 있을지 모르겠다. 이제 편견이나 걱정 없이 읽기, 쓰기, 산수 같은 중요한 문제를 우리만의 방식으로 풀어나갈 수 있을지 모른다. 개인의 가치나 교사와 학생의 유대감 같은 것을 경시하지 않으면서 기술의 중요성을 인정할 수 있을지 모르겠다. 그럴지도 모른다.

물론, 교실 생활의 일부를 어떤 주제, 핵심 연구, 특별 주제 등을 중심으로 구조화해놓으면, 앞에서 살펴보았듯이 기본 기술은 이미 여기에 다 들어가 있다. 프로젝트를 수행하는 데 읽기, 쓰기, 산수 같은 기본 기술이 필요할 뿐 아니라, 그런 것들을 맥락 속에서 배우게 된다. 그러면 읽기를 특별한 목표가 없는 단순한 기술로 치부하지 않을 수 있다. 읽기는 세상과 언어의 연결고리이며 강력하고 필수적인 도구다. 지리와 역사는 단순히 지도, 이름, 날짜에 그치지 않고, 스스로를 시공간에 위치시키고 침묵을 벗겨내며 관계를 재설정하고 변화의 서사를 발전시키는 방식이 된다. 수학과 과학은 목록, 사실, 반복 연습이 아니라, 우리의 경험과 그 밖의 것들의 패턴, 순서, 연속성과 불연속성을 파고드는 중요한 진입로가 된다. 어떤 경우든 핵심은 상상력에 불을 붙이고, 생각에 삶을 불어넣고, 현대 사회에 온전히 참여하는 데 반드시 필요한 기초지식을 폭넓게 갖추는 것이다.

기술에 대해서 많은 교육자들이 지나치게 단순하게 생각한다. 시스템 전반에 걸쳐 나타나는 학습 목표, 교육과정 지침, 정부 지시 등이 뚜렷한 예다. 이런 것들은 빡빡하고 지시적인 언어로 지적 폐소공포증을 유발한다. 일리노이 주에서 지시하는 사회과 수업 목표와 목적을 예로 들어보자.

학교 교육의 결과로 학생들은 다음과 같은 것을 할 수 있게 된다.
- 대비되는 정치·경제 제도를 이해하고 분석하며, 미국의 정치·경제 제도를 특히 중점적으로 안다.
- 세계, 미국, 일리노이 주의 역사를 형성한 중요 사건, 경향, 인물, 운동을 이해하고 분석한다.
- 사회과학의 기본 개념과 이 개념이 인간 행동 해석에 어떻게 쓰이는지를 안다.
- 세계 지리와 특히 미국 지리에 대해 안다.
- 사회과 수업을 통해 얻은 기술과 지식을 적용해 일상 상황에서 의사 결정을 내린다.[39]

교사 입장에서 볼 때 이런 글에 담긴 확신은 늘 짜증을 유발한다. "학교 교육의 결과로 학생들은 다음과 같은 것을 할 수 있게 된다……"에 나는 "어쩌면, 운이 아주 좋으면"이라는 말을 덧붙이고 싶다. 만약 학교 교육의 결과로 학생들이 사건을 이해하고 분석할 수 있게 되지 않으면, 그러면 어떻게 하나? 깔끔하고 명료하게 말하기만 하면 할 일이 끝난 것이라고 가정하는 듯하다. 학생들이 알지 못하면, 그건 학생들의 잘못이다. 나쁜 점수를 주고 다음으로 넘어가면 된다.

학습 계획안에서는 모든 하부기술이나 사소한 행동에 대해 똑같은 형식을 사용한다. 학교가 아이의 경험의 전부이기라도 한 것처럼 학교 교육에 지나치게 많은 것을 요구한다. 실제로는, 여섯 살 타이는 세계 지리에 대한 방대한 지식을 자랑하는 반면(타이는 지도제작자처럼 사고하고 타이의 아빠는 아마추어 탐험가다), 티미는 열 살이지만 지도를 잘 볼 줄 모른다. 다른 일에 관심이 더 많다. 똑같은 학교 교육의 결과로, 두 아이 다 지루함을 느끼지만, 그래도 한 아이는 지도를 읽고 다른 아이는 로켓을 만든다.

다음 단계는 더 우스꽝스럽다. 아래는 일리노이 주에서 제공한 3학년 말 학습 목표의 24가지 유형이다(앞에서 교육의 결과로 열거한 것 가운데 다섯 번째 것에 대한 학습 목표다).

- 필요를 충족시키기 위한 활동의 예를 제공한다.
- 중요한 목표를 달성하는 데 도움이 되는 두 가지 결과물 가운데 선택한다.
- 모든 행동에는 그에 따르는 결과가 있음을 인식한다.
- 행동에 결과가 있음을 안다.
- 소비자, 생산자, 시민으로서 기능하는 사람들의 예를 각각 든다.
- 다른 사람들과의 관계에 영향을 미치는 요인을 인식한다. 나이, 감정, 유전자 등.
- 긍정적 관계와 부정적 관계를 구분한다.
- 노동자가 재화와 용역을 공급함을 인식한다.
- 모든 형태의 직업은 훈련을 필요로 함을 인식한다.[40]

이런 목표는 교사에게 불가능하지는 않을지 몰라도 막중한 과제를 부여한다. 이런 명령에도 불구하고 잘 가르치고, 여기에 내포된 제약과 제한을 거부하고, 그래도 어떻게든 학생들과 잘해보아야 한다는 과제다. 그걸 이루기 위한 가장 쉬운 방법은 다른 데서 시작하는 것이다. 그러니까 명령이나 지침이 내려오면 그걸 잠시 미뤄두고, 더 큰 목적과 목표를 세운 다음 그것을 구체적인 계획과 실천 단계로 채운다. 그러고 난 다음에 지시사항을 참고하면 주어진 지시사항에 위축되지 않을 수 있다.

"땅 위에 사는 것과 도시에 사는 것"이라는 내 프로젝트를 두고 많은 아이디어를 내고 많이 읽고 생각하고 계획을 세우고 난 다음에, 나는 공식 교육과정 지침을 집어 들고 해결된 항목을 체크해나갔다. 그런데 이때도 그랬고 다른 때에도 거의 언제나 재미있는 사실을 발견할 수 있었다. (추상적이고 거창하게 보였던) 공식 지침이 내가 지닌 더 큰 목적보다 작고 모든 면에서 모자란다는 사실이었다. 일리노이 주에서 정한 언어 학습에 대한 지침을 예로 들어보자.

학교 교육의 결과로, 학생들은 문법에 맞고 명료하며 일관성 있게 다양한 목적의 글을 표준 영어로 쓸 수 있게 된다. 6학년 말에 학생들은 이런 것들을 할 수 있어야 한다.

A1. 공적/사적 글쓰기의 목적을 안다.

A2. 공적/사적 글쓰기의 다양한 형태를 사용한다.

A3. 다양한 독자를 대상으로 쓴다.

B1. 글을 쓸 때 한 가지의 중심 생각이나 사건에 뚜렷이 초점을 맞춘다.

B2. 글을 쓸 때 다른 자료에서 얻은 정보를 사용한다.

C1. 글을 쓸 때 자세한 묘사, 주장에 대한 근거, 문제에 대한 구체적 해결책의 예를 제시한다.

D1. 서사, 설명, 묘사, 설득 형식의 글을 쓴다.

D2. 글을 쓸 때 시간 순서와 비교, 대조를 나타내는 접속어를 쓴다.

E1. 표준 영어의 용법을 이용해 글을 쓴다.

E2. 단어의 철자를 확실히 모를 때 사전을 사용한다.

F1. 어떤 글을 검토해서 철자, 구두점, 문법을 교정한다.

F2. 독자와 목적에 맞게 글을 수정한다.[41]

프로젝트를 할 때 아이들은 글을 많이 쓴다. 일지, 이웃에 보내는 편지, 인터뷰 질문 초안, 청원서, 설문조사서, 항의서, 소식지 등등. 그러니까 공적/사적 글쓰기를 경험했다. 표준 영어를 구사하려고 애쓴다. 그것만이 아니다. 단어의 미묘한 의미를 놓고 토론하고, 대본을 쓰기도 하고, 우주선 부속의 이름을 발명하기도 한다. 놀라운 점은, 이 아이들은 아직 6학년에 올라가지도 않았다는 것이다.

학생들은, 그뿐만 아니라, 지구상에 있는 생물들의 의존성도 인식했다(주에서 제시한 과학과 목표 가운데 하나). 우주선을 만들고 우주여행할 때 무일 가지고 가야 힐지 생각하면서 놀라울 징도로 많은 것을 알게 되었다. 또 유쾌하거나 불쾌한 환경 조건(이것도 주에서 제시한 목표)에 대한 생각이 우리 생활의 일부가 되었고, 학생들이 지속적으로 생각해 보는 주제가 되었다.

핵심은, 주어진 학습 목표를 더 크고 풍부한 것의 일부로 삼을 수도 있고, 아니면 그걸 떼내어 마치 그 자체에 마법이라도 있는 듯이 무대 중심에 올려놓고 설교하듯 가르칠 수도 있다는 것이다. 일주일 동안 사전을 사용하거나 공적/사적 글쓰기를 하면서 보내면 나는 지쳐서 나가떨어질 것이다. 환경에 대해 강의를 하자면, 그거야말로 불쾌함의 실례가 될 것이다. 한편, 인터뷰나 설문조사, 직접 작업을 하다 보니 계속 사전을 보게 되었고, 이 기술이 우리 목적에 반드시 필요한 것이 되었다. 그러니 이 목표도 달성되었다.

위에서 내려오는 지침과 지시의 문제를 대하는 또 다른 방법으로,

그걸 학생들에게 내어주는 방법이 있다. 마찬가지로 어느 정도 노력을 쏟아부어 환경과 목표가 조성된 뒤에, 교사가 아이들을 모아놓고 학구에서 이 교실에 기대하는 바가 무엇인지를 설명한다. 지침서를 복사해서 아이들에게 나누어주며 여러 가지를 논할 수 있다. 지침서의 말투, 암시하는 바, 밑에 깔린 가정 등. 그다음에 아이들에게 어떻게 해야 할지 알 수 있게 도와달라고 한다. 아이들의 지성, 창의성, 거침없는 독창성을 힘든 과제를 해결하는 데 동원하면 그 결과는 눈이 부시다. 한 가지 또 좋은 점은 아이들이 자기네 교육이 일어나는 더 큰 틀을 짐작할 수 있게 된다는 것이다.

읽기와 쓰기, 과학과 수학, 사회과 가르치기

아이들은 거의 예외 없이 다 읽기를 익힌다. 어떤 아이들은 쉽게 힘들이지 않고 익히고, 어떤 아이들은 힘들어하기도 한다. 어린 나이에 빨리 익히는 아이도 있고 시간이 많이 걸리는 아이도 있다. 제이드는 세 살 때 식당 간판에서 "피자"를 읽을 수 있었고 다섯 살에는 쉬운 이야기책을 읽었다. 말릭은 일곱 살이 될 때까지 못 읽다가 어느 순간 갑자기 읽기 시작했다. 체사는 장인(匠人) 스타일로 읽기에 접근해서 통단어와 파닉스를 동시에 붙들고 씨름했다. 아이들이 다 저마다 다르듯 읽기를 익히는 과정도 다 다르다. 많은 아이들이 너덧 살에 읽기를 시작하지만, 일고여덟이 되어도 못 읽는 아이들도 많다. 이것만으로는 지능, 능력, 잠재력에 대해 아무것도 알 수 없다. 일찍 쉽게 읽어서 특별히 좋을 것도 없고, 늦게 힘겹게 읽어서 문제가 될 것도 없다.

어떻게든 아이들은 결국 읽기를 익히는데, 읽기는 정말 눈부신 성취다. 인쇄된 기호에 의미가 담겼다는 것을 알아낸 것이다. 글자가 모이면 늘 같은 것을 나타내며, 단어들을 분석하고 풀면 의미를 발견할 수 있다. 읽기는 복잡하고 정교한 인지 과정이고, 아이들은 자기들이 원리를 깨쳐서 읽기 시작할 때 진정한 기쁨을 느낀다.

그런데 안타깝게도 읽기에서 문제와 장애에만 초점을 맞추거나 읽기를 둘러싸고 열띤 학술 논쟁을 벌이다 보니, 읽기에 대한 상식적인 생각은 가려지고 읽기 학습이 신비화되는 경향이 있다. 지난 수십 년 동안의 연구가 신경학적인 장애를 지닌 아주 적은 수의 아이들이 마주한 문제를 이해하는 데 크게 기여한 것은 사실이다. 그렇지만 불안해 하는 부모들과 교사들이 사방에서 "경미한 신경적 징후"들을 들춰내는 바람에 부정적 영향도 그에 만만치 않다. 심리학자늘이 정서적 문제를 겪는 소수 아이들의 읽기 문제에 대해서도 많은 것을 알아냈지만, 다섯 살 아이가 읽지 못할 때마다 전문가의 도움을 구하는 어른들 때문에 이것 역시 역효과를 내고 있다. 난독증이라는 단어가 학교에서 중요하게 거론되고, 단순히 "읽기를 힘들어한다"는 뜻으로 여기저기에 남발된다. 하지만 누군가가 "난독증이다"라고 말하면 마치 객관적·과학적 판단이나 사형선고처럼 들린다. 실제로는 그 아이가 읽기를 좀 천천히 익히고 있을 뿐일 가능성이 높은데 말이다. 치료교육에 지나친 기대를 걸거나 너무 강조하는 건 누구에게도 도움이 되지 않는다.

해묵은 파닉스 대 비(非)파닉스 논쟁은 이 문제에 실마리보다는 열기만 더해주었다. 읽기 교육에서 파닉스를 지지하는 사람들은 아이들이 원리를 깨치고, 기술을 익히고, 혼자 읽을 수 있게 되기를 바란다. 세부적인 것에서 일반적인 것으로, 글자의 소리에서 글자뭉치, 단어,

문장으로 나아가면 의미를 파악하고 읽는 능력이 생길 것이라고 본다. 한편 "통단어", "언어 경험", "통언어"를 옹호하는 사람들은 일반적인 것에서 세부적인 것으로 나아간다. 언어, 읽기, 쓰기의 힘을 이해하고 나면 글자와 소리의 관계는 자연스럽게 알게 된다고 한다. 이 논쟁이 아직도 치열하고, 각각 많은 증거와 연구를 근거로 무장하고 있지만, 사실 효과적인 교사라면 두 가지 방법 모두, 혹은 또 다른 제3의 방법으로도 성공을 거둔다. 읽기는 폭넓은 경험과 활동을 하는 도중에 여기저기에서 얻는 것이기 때문이다. 교사의 특정 접근법이나 기술은 교실 안팎의 다른 일들과 동떨어져 존재할 수 없다.

이런 논쟁이 무의미하다는 뜻은 아니다. 글쓰기를 할 때 단정한 글씨체를 강조하다 보면 글을 통해 자기를 표현하고자 하는 욕구를 꺾을 수 있듯이, 글자와 소리 조합을 지나치게 강조하다 보면 의미의 힘을 놓칠 수 있다는 말이다. 전문가들 대부분은 언제나 어떤 아이에게나 최선인 한 가지 방법은 없고, 모든 기술을 활용해야 각 아이들에게 가장 좋은 접근 방법을 만들어낼 수 있다고 조언한다. 아무튼 이 논쟁은 수 허벨이 양봉가로서의 자기 경험을 아름답게 들려준 글을 떠올리게 한다.

양봉에 대해서는 많은 의견이 엇갈린다. 저마다 자기 방법만이 옳다고 확신한다. 내가 양봉을 처음 시작했을 때, 강력하게 주장되는 견해가 어찌나 다양하던지 당혹스러웠다. 하지만 2,500제곱킬로미터에 걸친 지역 여기저기에 벌집을 두고 벌을 키워보니 그 까닭이 이해가 간다. (중략) 어떤 지역에는 서리가 일찍 내린다. 봄은 늦게 온다. 강우량도 다르다. 토양과 꽃 피는 식물종도 다르다. 여러 해 동안 경험을 통해, 이런 차이가 있기 때문에 벌도 다른 방법으로 쳐야 한다는 것을 알게 되었다. 벌을 키우는 사람들은 보통 벌집 몇 개만 한곳에 모아놓고 키운다. 그러니 자기한테 효과가 있었던 방법이 왜 다른 사람한테는 맞지 않는지 이해하기 어려워한다. 그렇지만 나는 50킬로미터 거리만 가도 다른 방법으로 벌을 키워야 한다는 것을 알게 되었다. 나는 벌들로부터 배우는 게 정답이라는 사실을 발견했다.[42]

벌들로부터 배운다는 것은 교사들에게는 어떤 공통적 책임이 있다는 뜻이다. 일단 글을 가까이하는 환경을 조성해야 한다(가정이나 주변에서 책, 신문, 잡지, 혹은 책을 읽는 사람을 접하기 힘든 경우에는 특히 중요하다). 또 읽기, 쓰기, 말하기에 시간과 공간을 많이 할애해야 한다. 교사들이 날마다 교실에서 책을 소리 내어 읽고, 이야기를 들려주고, 책을 읽는 모습을 보여서 스스로 본을 보여야 한다. 아이들에게 글을 가까이하는 환경, 읽을 기회, 읽을 이유, 읽고 쓰고 말하는 것을 들어줄 청중이 주어지고, 교사가 다양한 교육기술을 동원할 줄 안다면, 모든 아이들이 읽기를 익힐 수 있다.

수학과 과학은 또 다른 문제들을 교사에게 제시한다. 직접적이고 통합적인 접근법을 옹호하는 사람들은 수학·과학 교육 분야가 바뀌어야 한다고 열렬히 주장하지만, 타성과 두려움 때문에 받아들여지지 않는다. 많은 교사들이 수학과 과학에 자신감이 없는 탓에 "반복 연습"에 의존하곤 한다. 수학공포증을 앓는 교사들이 많은데, 능력 있고 자신 있는 학생들을 길러내려면 반드시 극복해야 한다.

그러기 위한 한 가지 방법은 수학을 고도로 추상화된 연산이 아니라 세계를 기능적, 구체적으로 표현하는 하나의 방식으로 보고 접근하는 것이다. 수학은 패턴과 관계에 관한 것이고, 과학도 마찬가지다. 수학이 패턴과 관계를 추상적 용어로 표현한다는 것은 누구나 아는 당연한 것으로 치부하고, 학생들이 알아듣지 못하고 교사들도 힘들어하는 단계로 너무 쉽사리 건너뛰는 경향이 있다.

우리가 수학에 대해 혼란스러워하는 지점을 진지하게 연구하면, 바로 그게 가르칠 때 중요한 징검돌이 될 수 있다. 추상적 영역에 머무르거나 교사 자신도 뚜렷이 이해하지 못하는 문제지를 나눠주고 끝없는 반복 연습을 시키는 대신에, 우리 스스로 시작으로 돌아가 기하판(geoboard, 일정 간격으로 못을 박은 판으로, 못에 고무줄을 걸어 여러 도형을 만들 수 있다-옮긴이), 수막대, 정육면체 블록, 쌓기 블록, 고무밴드 등을 이용해서 패턴과 관계를 가지고 놀아볼 수 있다. 수와 사물을 조작하고, 세고, 늘어놓고, 재분류하고, 만들고, 비교할 수 있다. 예제와 반복만 붙들고 늘어지지 말고, 세계를 재어보거나 우리의 이야기를 수로 들려주려고 해볼 수 있다. 수학 일지를 쓸 수도 있다. 다시 말해, 우리 자신의 수학 지식을 구체적인 것에서 추상적인 것으로, 가까운 것에서 먼 것으로, 누적에서 분석으로 쌓아나간다. 이렇게 하면 아이들이 수학적 사고를 발전시켜나가는 과정을 더 잘 이해할 수 있을 것이다. 이런 배움의 방향을 이해하면 다른 사람에게 가르치면서 설명할 수도 있게 된다. 여러 자리 수 나눗셈의 규칙을 반복해서 떠들 일은 줄어들고 기하판을 꺼낼 일은 늘어날 것이다.

아이들은 자연스레 우리가 사는 세상에 관심을 가진다. 주변 자연, 숲, 철로 교각, 공원 등을 탐험하고 싶어 한다. "5라는 성질"이라는 추상적 개념을 알기 훨씬 전부터 많고 적은 것, 가깝고 먼 것, 크고 작은 것, 점심 전과 후에 관심을 갖는다. 그러다가 5라는 성질을 가지고 무엇을 할지 흥미를 느낀다. 교사들은 이런 흥미를 쉽게 끌어낼 수 있다. 이 크레용 무더기에서 다섯 개짜리 묶음을 몇 개나 만들 수 있을까? 줄이 얼마나 강할까? 보도의 갈라진 틈이 어떤 패턴을 이루나? 비둘기는 어디에 사나? 의자 아래에 붙인 껌은 왜 떨어지지 않고 붙어 있을까? 프라이팬에 팝콘 옥수수를 넣고 뚜껑을 닫지 않고 튀기면 어떤 패턴을 만들면서 밖으로 떨어질까? 등등.

교육과정에 들어 있는 것 가운데 완전히 중립적인 것은 아무것도 없다. 운동이나 날씨조차도 마찬가지다. 운동이나 날씨는 아이들이 통계를 배우기 시작할 때 단골로 등장하는 예다. 누가 반대하겠는가? 그렇지만 통계 분석 주제로 날씨를 선택한다는 것은 무언가 다른 것을 배제한다는 뜻이다. 예를 들면, 인종별 실업률 통계 연구 같은 것이라거나, 공동체별 교육 예산의 통계적 비교라거나, 소득 수준에 따른 적절한 의료 서비스 접근도 등을 말이다. 통계 공부를 더 큰 문제나 사회적 쟁점을 염두에 두고 하다 보면, 교육과정을 더 확장시킬 수 있을 뿐 아니라 세상과 그 안의 자기 자리를 이해하려고 애쓰는 아이들의 관심과 열의를 불러일으킬 수도 있다.

글을 익히는 데에 어떤 환경, 자세, 접근법이 필요하듯이 수학과 과학을 깨치는 데에도 비슷한 것이 필요하다. 수학적·과학적 환경(그래프, 도표, 시각표, 일과표, 퍼즐, 지도, 저울, 동물, 식물, 셈 도구, 측량 도구), 수와 패턴의 관계를 가지고 공부할 기회, 수학과 과학이 세계를 아는 흥미로우며 강력한 출발점이라는 기대감 등. 특별한 프로젝트를 만들어 낼 수도 있다. 3학년 반에서 다양한 보드게임을 여러 달에 걸쳐 한 뒤에, 각 아이들이 몇 주 동안 자기만의 보드게임을 만들어 다른 반 아이들에게 놀이법을 가르친다. 6학년 아이들이 환경폐기물에 대해 관심을 가지고 살핀 뒤에, 날달걀 두 개의 포장 디자인으로, 재활용이 가능하면서 지붕에서 떨어뜨려도 달걀이 깨지지 않을 포장을 전교생을 대상으로 공모한다. 아이가 도르래의 원리를 깨치려면 직접 만들어볼 수도 있고 책에서 읽어 깨칠 수도 있다. 중요한 것은, 교사가 두 가지 가능성 가운데 선택할 게 아니라 둘 다, 그리고 그 이상도 할 수 있게 한다는 점이다.

사회과는 또 다른 문제를 안겨준다. 사회는 읽기처럼 엄청난 논쟁을 불러일으키거나 수학과 과학처럼 두려움과 혐오를 불러일으키지는 않는다. 사회 교육의 문제는 내용이 확정적이지 않고 유동적이며, 뭐든 여기에 들어갈 수 있고 아무것도 들어가지 않을 수도 있다는 것이다. 그래서 교사들이 사회과를 잡다한 교과로 이용하는 바람에 학생들이 사회과학의 의미를 놓치는 일이 빈번하다.

사회과는 사회학, 심리학, 인류학, 경제학, 정치학, 지리학, 역사학 등 여러 사회과학 분야를 포괄하지만, 한 가지 질문을 중심으로 이어져 있다. 인간이 어떻게 서로, 그리고 환경과 상호작용하는가? 이 질문이야말로 모든 나이대의 아이들이 직접적으로 가까이에 두고 고심하는 문제다. 사회과의 접근 지점은 어디에나 있다. 가족, 이웃, 시사, 집단, 직업, 음식 등.

지도 그리기도 좋은 시작점이고 시간이 지나면서 심화해나갈 수 있는 방법이다. 어린아이들은 도시나 동네 지도를 수집해 지도 그리기의 다양한 목적을 이해할 수 있다. 흔히 보는 도로 지도는 기본이다. 내가 뉴욕 시에서 유치원 아이들을 가르칠 때 우리 반에는 온갖 지도가 다 있었다. 시 위생과에서 만든 쓰레기 수거 경로와 매립지가 나온 지도, 전력회사에서 나온 변전소와 평균 사용량이 나온 지도, 상공회의소에서 만든 소비 패턴을 보여주는 지도, 대중교통과에서 만든 버스와 기차 노선을 나타낸 지도 등. 우리는 공원 지도, 종교 시설 지도, 지역사회 소득 지도, 동네 축제 지도, 인종 지도 등도 모았다.

지도는 인간적·물리적 관계의 어떤 국면을 시각적으로 표현한 것이기 때문에, 아이들한테 관심 갖는 주제에 대해 스스로 지도를 만들어 보게 할 수도 있다. 자연환경 파괴 정도를 보여주는 세계지도, 군비나 복지 예산 지출을 보여주는 지도, 식량 생산과 인구 예상치에 따른 세계지도 등.

어떤 혁신적인 선생님은 6학년 아이들을 모아 "어린이 민족지학자"로 명명하고, 유치원 아이들을 인터뷰해서 삶의 역사와 자전적 이야기를 듣고 기록하게 했다. 이 기록은 책이자 역사이자 문화 연구가 되었다. 아이들은 나중에 동네의 "어르신 인터뷰"로 나아갔고, 단순히 이야기를 전하는 것을 넘어 왜 개인의 이야기가 중요한지를 설명해보고, 이야기를 남기기 위해 다양한 정보원을 활용하려고 애썼다. 어떤 선생님은 3학년 아이들을 데리고 대중교통에 대한 지역사회의 입장을 설문 조사했다. 한편 어떤 선생님은 5학년 학생들과 뉴욕 주식시장에서 1,000달러를 종잣돈으로 가상 투자를 해보게 했다. 이 프로젝트는 기대하지 않은 흥미로운 방향으로 흘러갔다. 한 아이가 코카콜라 회사가 남아프리카공화국 아파르트헤이트 정부에 투자를 했다는 이유로 코카콜라 주식을 사지 않겠다고 말한 것이 계기가 되었다. 곧 아파르트헤이트와 국외 경제 정책, 노동착취 공장, 노동의 역할, 미국 역사 속 아동 노동 등도 같이 연구하게 되었다.

다시 말하지만 지리적·역사적 사고를 부추기는 환경, 대담하면서도 다정한 교사, 넓고 깊게 질문에 파고들 기회가 학생들이 사회학을 알아나갈 수 있게 하는 요소다.

학생의 앎으로부터 시작하는 교육

스토클리 카마이클은 1960년대에 미시시피 주 학생 비폭력 조정 위원회(SNCC)가 조직한 '자유 학교'에서 가르쳤다. 자유 학교는 민권운동에 뿌리를 두고 자라난, 공동체 교육과 참여를 위한 학교다. 스토클리는 흑인 지위 향상 운동의 과격화를 주도한 지도자로 전국적으로 유명해지기 한참 전부터 미시시피 주에서는 자유 학교 교사로 이름을 알린 인물이었다. 스토클리는 수업을 시작할 때 언제나 학생들이 아는 것을 인지하고, 그다음에 학생들이 아직 모르는 것을 발견하고 연결해나가면서 새롭고 놀라운 영역으로 나아가게 했다. 스토클리에게 배우는 것은 신 나는 일이었다. 수업은 도전적이고, 재미있고, 때로 골치 아프고, 늘 활기가 넘쳤다. 어느 날은 스토클리가 칠판에 몇 문장을 양옆으로 나란히 적었다.

I digs wine.	I enjoy drinking wine.
	(나는 와인 마시는 것을 좋아한다.)
The peoples want freedom.	The people want freedom.
	(사람들이 자유를 원한다.)
I want to reddish to vote.	I want to register to vote.
	(투표 등록을 하고 싶다.)[43]

학생들은 스토클리가 쓰는 것을 보면서 깔깔대며 웃었다. 스토클리는 두 묶음의 문장들에 대해 어떻게 생각하느냐고 물었다. 한 학생이 "peoples"가 이상하다고 말했다. 스토클리는 학생들에게 "peoples"가 무엇을 뜻하는지 아는지, 주변에 "peoples"라고 말하는 사람이 있는지 물었다. 학생들은 그 뜻을 모르는 사람은 없을 거고, 자기들을 포함해서 "peoples"라고 말하거나 왼쪽에 있는 문장처럼 말하는 사람을 많이 안다고 대답했다. 그렇지만 그건 "정확한 영어"가 아니라고 한 학생이 말했다. 스토클리는 어떤 것이 정확하고 어떤 것이 아닌지 결정하는 사람은 누구냐고 물었다. 그리고 이런 대화가 이어졌다.

스토클리 칠판 왼쪽에 쓴 것처럼 말하는 사람들이 있다고 했는데, 그 사람들이 어디에 가서도 그렇게 말할 수 있을까? 하버드 대학에 갈 수 있을까?

학생들 네…… 아니요.

스토클리 턴보 씨는 왼쪽에 있는 것처럼 말하지?

학생들 네.

스토클리 턴보 씨가 하버드에 가서 "I want to reddish to vote"라고 말할 수 있겠니?

학생들 네.

스토클리 그러면 턴보 씨가 부끄럽다고 느낄 것 같니?

학생들 네…… 아니요!

젤마 부끄럽다고 생각하면 안 되고, 저라도 그럴 거예요. 그건 옳지 않아요.

스토클리 하버드에서 누군가가 우리 동네에 와서 "I want to register to

교육과정에서 벗어나기 201

vote"라고 말했다면, 부끄러워할까?

젤마 아니요.

스토클리 말하는 방식이 하버드에서는 부끄러운 것이 되고, 시골에서는 그렇지 않을 수가 있는 건가?[44]

곧 점심시간이 되어 수업이 끝났지만, 그 전에 스토클리는 학생들에게 무엇이 사회를 구성하고 사회의 규칙은 누가 만드는지 생각해보라고 당부했다. 학생들은 다수의 사람들이 일종의 "정확하지 않은 영어"를 구사하지만, "정확한 영어"를 구사하는 소수가 일자리, 돈, 특권을 독점한다는 사실을 깨달았다. 아이들은 언어, 문화, 통제, 정치, 권력 등에 대한 중요한 질문을 품고 자리를 떴다. 이 짧은 시간 동안 교실에서 학생들은 최상의 교육을 마주한 것이다. 선생님은 학생들을 존중하고 학생들의 지식, 식견, 인식을 대화의 출발점으로 삼았다. 학생들의 지식은 확장되고 연결되고 비교되어 더 많은 것을 발견하고 알아가는 틀이 되었다. 학생들은 교실에 들어오기 전보다 더 깊이 생각하고 더 큰 힘을 지니고 교실을 나섰다.

제6장

표준 시험과 진짜 평가

날 붙잡을 수 있을 것 같다면, 다시 생각해봐.
내 이야기는 사방으로 흐르지.
다섯 손가락을 쫙 펴고
강바닥에서 솟는 삼각주.
— 에이드리언 리치

평가(evaluation)라는 단어의 어근은 "가치(value)"다. 진정한 평가는 학생들이 무엇을 가치 있게 여기느냐에 대한 이해에서 시작한다. 진정한 평가는 바깥쪽이 아니라 안쪽을 들여다본다. 학생들을 분류하는 것을 피하고 교사의 근본 질문에 가까이 다가가려는 시도다. "내가 아는 것에 비추어 보아, 이 학생을 어떻게 가르쳐야 할까?"

제이드는 3학년 때 처음 표준 시험을 치렀다. 제이드가 우리에게 말하길, 다음 주에는 읽기, 미술, 체육 등 평상시에 하던 것들을 하나도 안 할 거라고 했다. "시험을 볼 거래요." 제이드가 긴장한 말투로 말했다. "시험을 본다"는 게 무슨 뜻이냐고 묻자 제이드는 이렇게 대답했다. "사람들한테 사람들이 궁금해하는 것을 말해주는 것 같아요." 아주 비슷하다. 제이드는 시험이라는 게 견뎌내야 하는 중요한 의식일 뿐 그 이상도 이하도 아니라는 걸 알았다.

나는 그동안 표준 시험을 비판하는 데 많은 노력을 쏟아왔다. 표준 시험은 수백 가지 중대한 면에서 편견을 담고 있고, 인지 영역에서 아주 좁은 부분만을 측정하며, 그것조차도 어설프게 한다. 나는 표준 시험을 전혀 중요하게 생각하지 않는다.

그런데 제이드가 몇 주 뒤에 자기가 "8.6학년 수준"으로 읽을 수 있다는 소식을 가지고 집에 돌아왔을 때 정말 예상하지 못했던 일이 벌어졌다. 가장 먼저 드는 생각이 '정말 잘했다', '우리 아들이 그렇게 똑똑하다는 걸 알아보다니 대단한 시험이다'라는 거였다. 이런 느낌은 얼마 못 가 잊히긴 했지만 덕분에 표준 시험이 우리 모두에게 얼마나 막강한 힘을 행사하는지를 뼈저리게 깨달았다.

내 친구 하나는 노스웨스턴 대학 출신 학자인데, 이 친구도 다른 쪽에서 똑같은 이야기를 들려주었다. 이 친구도 표준 시험 비판자이고 표준 시험이 아이들의 복잡한 성장과 발달을 평가하는 데 얼마나 부적절한지를 입증하는 연구를 많이 했다. 그런데 어느 날 자기 아이가 낮은 시험 성적을 받아 집에 오자, 친구는 지역 전체에서 특수진단사, 읽기와 수학 가정교사, 시험 출제자 등을 동원해 아이의 시험 성적을 높이기 위해 투입했다. "내가 미친 게 아니야." 친구가 말했다. "이 점수는 노동조합원증 같은 거라고. 조합이 타락했고 갱단이 틀어쥐고 있더라도, 어쨌든 조합원증이 없으면 일을 할 수가 없는 거야." 학생과 가족, 교사, 학교 운영자들의 삶에 표준 시험이 미치는 힘은 쉽게 무시할 수 없다.

표준 시험은 나쁜 시험이다

내가 치른 표준 시험 중 가장 최근의 것은 교원 자격 획득을 위한 기본 능력 시험이었다. 정해진 날에 커다란 강당을 응시자들이 가득 메웠다(이곳은 주 전체의 수십 곳 시험장 가운데 한 곳이었다). 저마다 교육학 학사나 석사 학위와 HB연필 한 움큼으로 무장하고 있었다. 감독관이 준수사항을 명료하게 두 번 읽어준 다음에, 빈틈없는 표정으로 순찰을 하면서 우리가 화장실에 갈 때 따라가거나, 연필을 깎아주거나, 우리가 부정행위를 하면 시험지를 빼앗으려고 기다리고 있었다. 엄청난 의식이었다.

아무 생각 없이 답에 체크를 하다가 두 가지 생각이 머리에 떠올랐다. 첫 번째는 이 사람들이 테스트하려는 것이 무엇이건 간에 내가 생각하는 교육과는 무관하다는 것이었다. 만점을 맞을 수도 있고 시험에 낙방할 수도 있지만, 그 결과만 가지고 내가 교사로 성공할지 못할지, 좋은 교사가 될지 형편없는 교사가 될지 알 수는 없는 일이었다. 예를 들면, 소풍 비용을 나누어 각 아이들이 얼마씩을 가지고 와야 하는지 계산하는 문제가 있었고, 네 개의 보기(시카고, 스프링필드, 링컨, 록퍼드) 중에서 일리노이 주의 주도를 고르는 문제가 있었다. 나는 계속해서 '정말 바보 같은 일이야! 어찌나 어리석은지!' 하고 생각했고, 한편으로는 이 경험에 내재한 강력한 숨겨진 메시지 때문에 마음이 불편했다. 이 시험은 교사가 되기 위한 마지막 관문이니, 우리의 준비 과정을 평가하고, 지적 전통을 요약하고, 교직에 헌신하는 평생을 우리에게 가리켜 보여주는 시험인 것이다. 교사들의 자격시험이니, 교사로서 가치가 있다는 것을 입증하기 위해 맞서야 하는 큰 도전이었다. 그런데 그 시험이 단순한 수학, 역사와 사회에 대한 몇몇 사실, 문법과 철자법 약간이라니. 교직이라는 일이 이렇게 어리석고 공허하고 무가치하게 느껴진 적이 없었다. 그렇지만 규정에 따라 이 시험을 통과하기만 하면 나는 가르칠 자격이 있고 준비가 된 사람이 되는 것이었다. 이런 생각을 하니 화가 치밀어 올랐다.

기계적으로 문제를 풀어가는 동안 나를 사로잡은 두 번째 생각은, 이 시험 전체가 내 배경을 확인하는 것에 지나지 않는 게 아닌가 하는 것이었다. 시험의 상당 부분은 네 개의 문장 가운데 옳은 문장을 골라내는 객관식 문항이었다. 정확한 대명사 구사나 명사-동사 일치를 선택하는 식이었다. 이런 네 문장이 나온다.

1. We are going to dinner later.

2. We have going to dinner tomorrow.

3. We be going to dinner this afternoon.

4. We will going to dinner after work.

또는

1. Jim and John fights over the blocks.

2. Jim and John fighting over the blocks.

3. Jim and John fighted over the blocks.

4. Jim and John fought over the blocks.

사실 나는 생각할 것도 없이 답을 고를 수 있었다. 나는 시험에서 확인하려고 하는 정확한 언어를 쓰는 집에서 자랐기 때문에 첫 번째 보기 중에서는 1번을, 두 번째 보기 중에서는 4번을 반사적으로 고를 수 있었다. 그렇지만 만약 내가 다른 언어나 방언을 쓰는 집에서 자랐다면, 이를테면 표준 흑인 영어를 쓰는 집에서 자랐다면 첫 번째 문제를 두고 고민을 했을 것이다. 2번하고 4번은 어색하게 들리지만 3번은 헷갈린다. 3번은 정확한 흑인 영어이기 때문에 관습 영어와 흑인 영어 둘 다를 쓰는 사람한테는 까다로운 문제다. 이런 보기를 일부러 넣었다는 게 믿기지 않았다. 누구를 타깃으로 하는지가 너무나 뚜렷했으니 말이다. 마찬가지로, 두 번째 문제도 불규칙동사를 다년간 경험해보아야 알 수 있는 문제다(체사는 자기가 학교에서 'fighted'했다고 말한 적이 있다. 그때가 영어를 쓰기 시작한 지 10년 정도 되었을 때다). 3번은 동사를 규칙적으로 변화해서 쓴 것이니, 여러모로 능력 있고 똑똑하고 뛰어나지만 모국어가 에스파냐어인 사람을 혼란스럽게 만들 만한 보기이다. 이 문제에서도 3번 보기는 특정한 사람들을 떨어뜨리기 위해 고안된 것처럼 보인다.

이 시험은 바보스럽고, 교직과 시험 응시자 둘 다를 격하시키는 시험이었다. 겉보기에는 무게감 있고 고압적으로 보였지만, 내용은 무의미하고 어떤 면에서는 악의적이었다. 교직을 생각 없고 무력한 일로 만들고, 의도는 그러지 않았을지 몰라도 실질적으로 인종주의적이다. 나는 다른 응시자들이 어떻게 느낄지 궁금했고, 이 시험이 자기 자질과 교사로서의 능력을 실제로 측정할 수 있다고 믿게 될까 봐 걱정이 되었다.

온갖 종류의 표준 시험을 치르는 학생들도 비슷한 경험을 하지 않을까 싶다. 시험은 그 중대성을 강조하는 온갖 의식으로 둘러싸여 있다. 일단 비밀로 겹겹이 싸여 있다. 문제를 내는 사람들이 누구인지, 학생들이 무얼 알아야 하는지를 어떻게 알아내는지 아무도 모른다. 이런 비밀이 신비감을 자아낸다. 그렇지만 시험 자체는 무의미하다. 말릭이 한 주 동안 표준 시험을 치르고 난 뒤에 내가 물은 적이 있다. "시험 치르면서 배운 것이 있니?" 말릭은 답답하다는 듯이 말했다. "아빠, 그건 시험이었잖아요."

어떤 학생들은 별 흥미를 못 느끼고 비판적 태도를 가질 수도 있다. 이게 지능 검사이건 성취도 검사이건 무슨 상관인가, 하면서. 하지만 어떤 아이들은 이 경험을 통해 뭐가 중요한가에 대한 생각이 형성되는 것을 느낄 것이다. 아무튼 간에 표준 시험은 자발성, 기대감, 창의성, 상상력, 개념적 사고, 호기심, 노력, 아이러니, 판단력, 헌신, 뉘앙스, 선의, 윤리적 숙고 등 다른 가치 있는 기질이나 성질은 측정하지 못한다. 이 시험이 가늠하고 헤아리는 것은 독립된 기술, 특정 사실과 기능, 학습이나 교육에서 가장 재미없고 가장 중요하지 않은 면들뿐이다. 그렇지만 이게 이렇게 중요시되니, 이런 게 지식이 분명하다고 생각할 수밖에 없게 된다. 표준 시험이 얼마나 쉽게 우리를, 미로를 통과하는 법을 익히는 생쥐 같은 존재로 만드는지를 생각하면 놀라울 따름이다.

표준 시험의 굴레에서 벗어나려면 그 시험을 둘러싸고 있는 과학적 객관성이라는 허상을 무너뜨릴 필요가 있다. 교사, 부모, 아이들 모두 시험이 정확히 어떻게 만들어지는지 알아야 한다. 누가, 어떤 목적으로 만드는지, 시험을 치르는 사람 가운데 누가 승자가 되고 누가 패자가 되는지 등. 이런 지식이 없다면 우리가 시험 점수를 중요하게 여기는 것은 벌거벗은 임금님의 새 옷에 감탄하는 것과 비슷한 꼴이다. '다들 보인다고 하니, 있는 게 분명하다'라는 생각이다. 과정과 결과물에 대한 구체적인 지식을 갖추면 옷이 안 보인다고 말하는 어린아이가 될 수 있다. 아니면 적어도 우리 교육공동체 안에서 시험에 대해 현명한 결정을 내리는 데 도움이 될 것이다.

표준 시험에는 개선하기 힘든 문제가 잔뜩 있다. 아마 그렇기 때문에 거대 평가회사에서 시험을 계속 판매하려고 무수히 많은 변호사, 홍보 전문가들을 동원하는 것일 거다. 표준 시험에는 문화적 편견이 들어 있다. 곧 능력, 지능, 성취와 상관없이 문화적, 언어적 배경이 다른 사람들의 성취도를 왜곡한다. 얼마 전에 1학년 읽기 시험에서 이런 예를 발견했다. 사람들이 베란다에 앉아 있는 집 그림이 나와 있고, 학생들에게 단어를 하나 골라서 "사람들이 _____에 앉아 있다"라는 문장을 완성하게 했다. 보기는 "베란다", "마당", "거리", "마루"였다. 내가 아는 1학년 아이들 중에서 이 문장을 아주 잘 읽을 수 있지만 "베란다"가 뭔지는 모르는 아이들이 많다. 살면서 한 번도 이런 모양의 베란다에 가본 적이 없고 그것에 대해 이야기하거나 생각해볼 기회가 없었으니 말이다. 크면서 경험이나 혹은 책을 통해 베란다가 무엇인지 알게 되고(마찬가지로 갓길, 사우나, 스시 등도 알게 될 테고), 경험과 지식도 자라날 것이다. 그렇지만 이 시험에서 주장하는 것처럼 이 질문을 통해 읽기 능력에 관한 본질적이고 필수적인 무언가를 확인할 수 있다고 하는 것은 사기다.

다른 문화적 입장을 택해보자. 높다란 직사각형 건물들이 밀집되어 있는 그림이 있고, 아이들에게 이런 문장을 완성해보라고 하자. "많은 사람들이 _____에 산다." 보기는 "나무", "요새", "안쪽", "공영주택(project)"이다. 내가 아는 아이들 대부분이 사기를 가운데 상당수를 포함해 많은 사람들이 공영주택단지에 산다는 것을 알기 때문에, 이 문제에 옳은 답을 할 것이다. 그렇지만 어떤 지역에 사는 아이들 가운데에는 이 문장을 읽을 수는 있지만 "프로젝트(project)"는 건물이 아니라 학교에서 하는 과제 같은 것이라고 생각해서, "요새"가 이상하긴 하지만 그래도 그나마 가장 그럴 듯한 답이라고 찍을 아이들이 꽤 있을 것이다.

시험 성적 통보도 사기다. 교육계에서 가장 흔히 쓰는 숙어 가운데 "학년 수준"이라는 말이 있다. 교과서 필진이 기초 읽기 자료를 선정해 자의적으로 숫자를 붙인다. 그러면 모든 사람들이 이 책들이 특정 학년과 필연적 연관관계가 있는 것처럼 받아들인다. 또 시험 출제자들이 어떤 아이의 성적을 학년 수준에서 한 학년 아래라고(혹은 위라고) 보고 하면, 누구나 충격(혹은 기쁨)을 느낀다. 학년 수준이라는 개념이 학교에서 상식이 되어버렸고, 공식적으로 인정되고 널리 받아들여진다.

그렇지만 그게 뭔지 정확히 이해하는 사람은 드물다. 사실은 이런 거다. 예를 들어 5학년 2학기 초에 한 학생이 읽기 시험에서 학년 수준 점수 5.7을 받았다면, 그것은 어떤 특정한 시험이 치러지던 어떤 특정한 날에 그 아이가 어느 수의 답을 정확히 맞혔다는 뜻인데, 5.7이라는 점수를 받았다면 처음 이 시험이 치러지던 날에 중간값 점수를 받은 아이와 같은 수의 문제를 맞혔다는 뜻이다. 그러니까 작년에 5학년 7번째 달에 치러진 시험 평가에서 5학년 모든 학생들을 점수 순서대로 늘어놓았을 때 한가운데에 있는 학생의 점수라는 말이다. 이 수치는, 5학년 아이들을 대상으로 모의고사를 치른 다음, 점수를 죽 일렬로 늘어놓아 산출한다. 표본 그룹의 중간 점수가 기준이 되고, 거기에서부터 위아래로 학년 수준 점수를 매긴다. 그렇지만 이 예에서 4.2나 6.9라는 숫자와 4학년이나 6학년 학생들은 아무 상관이 없다. 4학년이나 6학년 학생들은 시험을 치르지 않았기 때문이다. 이 시험이 만들어진 과정을 생각해보면 모든 학생들이 자기 학년 수준에 맞는다는 것은 불가능한 일이다. 프로야구 모든 팀의 승률이 5할을 넘는 것이 불가능한 것과 마찬가지다. 학교에서 모든 3학년 학생들이 여러 목적으로 쓰인 다양한 글을 자신감 있게 읽도록 한다는 상식적인 목표를 세운다고 하더라도, 시험의 관점에서 보면 점수별로 일렬로 늘어놓는 게 목표가 되고 만다.

표준 시험이 하는 일은 학생들을 승자와 패자로 나누는 것이다. 비극적인 일은 시험을 치르기도 전에 누가 어느 쪽으로 가게 될지 대략 알 수 있다는 점이다. 어떤 아이가 표준 시험에서 어떤 성적을 낼지를 보여주는 가장 확실한 예측 변수는 부모의 경제적 지위와 학력이다.

돈 많이 들고 시간도 많이 들고 권위주의적인 시험이 우리에게 말해주는 것이 이런 간단한 질문으로도 알아낼 수 있는 것이라면 그 시험의 가치를 다시 생각해보아야 한다. "네 엄마는 돈을 얼마나 버시니? …… 그래, 넌 바닥이구나." 지나친 비약처럼 보일지 모르지만 시험 산업이 우리 학교를 이런 정교한 줄 세우기 기계로 몰고 가고 있는 건 사실이다. 다른 것을 원한다면, 우선순위를 바꾸어야 한다.

표준 시험은 좋은 뜻을 품고 있는 교사들을 잘못된 방향으로 밀고 간다. 교사의 열정과 사고의 고삐를 조이고 아주 제한적인 활동과 경험만을 지시한다. 다음 과제를 제시하기 위해 아이들이 어디에 있는지를 알아내는 중요한 일에는 거의 도움이 되지 않는다. 예를 들어, 어린아이들이 수학과 읽기를 잘하기 위한 든든한 경험적 토대를 가지려면, 블록과 피즐을 가지고 놀고 그림을 그리고 게임도 하며, 다양한 책을 접하고 이야기 들려주는 것을 듣고 일지나 일기를 적어보는 등 많은 기회가 있어야 한다. 문제는 이런 것들이 객관식 시험에서 금세 효과로 나타나지 않고, 나타나더라도 적절하게 제때에 드러나지 않는다는 점이다. 그래서 가장 필요한 것 대신 문제지와 반복 연습으로 이루어진 교육과정이 들어서게 된다.

이런 시험에 약한 아이들에게는 문제가 더욱 확대된다. 이 아이들이 성공하기를 바라는 좋은 의도에서 학교에서 시험 준비만 열렬히 시키다 보면, 다른 상류층 아이들은 이미 누리고 있는 것을 영영 접하지 못할 수 있다. 진짜 책을 읽을 기회, 이야기 내용에 대한 토론, 언어적으로 풍부한 환경, 언어의 힘과 읽기의 기쁨에 대한 이해 등. 다지선다형 문제에 답하는 능력에 집중하다 보면, 읽기는 별로 중요하지 않은 기술로 축소되고 읽기와 힘 사이의 고리는 깨어지고 만다. 시험 점수는 여전히 올라가지 않고, 최상의 교육을 필요로 하는 아이들이 최저의 교육을 받게 되는 셈이다.

나쁜 시험을 치르느니 차라리 시험이 없는 것만 못하다고 생각한다. 표준 시험은 나쁜 시험이다. 아이들을 배움의 세계로 끌어들이는 대신 아이들을 밀어낸다. 시험을 잘 보는 아이들조차도 시험이 자의적이고 공허하다고 느낀다. 시험이 배우고 가르친 것을 의미 있게 다시 환기하지 못하기 때문에, 아이들을 가르치려고 애쓰는 교사들한테는 시험이 무의미하다. 시험이 가르치고 배우는 것과 관련이 있는 맥락에서 나왔다고 하더라도, 그 맥락은 사라지고 없고 학교 교육에 진정한 가치가 없다는 생각만 심어줄 따름이다. 표준 시험에는 이런 경고 문구를 붙여야 한다. "이 자료를 사용하는 것은 지성에 해가 될 수 있으며, 이 시험을 치르는 사람 중 절반은 삶의 기회가 줄어들 수 있습니다."

용감한 교장이나 교육위원들 몇몇이 법적으로 반드시 필요할 때에만 표준 시험을 치르도록 한다. 일리노이 주에서는 3, 6, 8, 11학년만 치르면 된다. 전국의 여러 합리적인 학구에서는 유치원에서 2학년까지 표준 시험을 금지했다. 하지만 그것으로는 부족하다.

교사, 학교, 학구 차원에서 시험 만능주의를 거부할 수 있다. 상부에서 시험을 치를 것을 요구하고, 결과에 책임을 지게 하는 경우라도 마찬가지다. 교사들이 택할 수 있는 한 가지 방법은, 미리 아이들과 함께 아이들에게 가장 잘 맞는 학습 환경, 교육과정, 프로그램을 만들고, 그것에 따라 죽 가르친다. 시험일 몇 주 전에 아이들을 단체로 혹은 개별적으로 만나서 시험에 대해 설명을 해줄 수 있다. 문화적 편견에 대해 터놓고 이야기하고, 시험 결과가 자동적으로 아이들 가운데 절반에게 상처를 줄 수 있음을 설명하며, 이 시험으로 측정하지 못하는 것에 대해 이야기할 수도 있다. 학생들과 같이 과거의 시험 문제를 분석하고 학년 수준 등급이나 "9단계 평가법"을 어떻게 계산하는지 알아보며, 표준 시험을 둘러싼 논쟁을 검토하는 등 작은 프로젝트를 해나갈 수도 있다. 교사는 학생들에게 읽기(우리가 하고 있는 신 나고 가치 있는 작업)가 시험과는 같지 않다는 것을 분명히 설명한다.

간단히 말하자면 교사가 학생들에게 표준 시험의 진실을 알려주는 것이다. 시험이 신성하고 모두가 합의한 절대적인 것인 척하는 것을 그만둔다. 그러면 아이들이 자기 삶과 직접적인 관련이 있지만 자기들은 끼어들 수 없었던 중요한 논쟁에 참여할 수 있다. 그러고 난 다음에, 냉정하고, 확고하고, 솔직하게 시험 응시법을 가르칠 수 있다. 곧 단문 읽기, 정답 고르기, 시험 출제자의 편견을 추론하기 등. 상류층 아이들이 받는 값비싼 벼락치기 시험 준비 수업이 대략 이런 것들이다. 교사가 이런 것을 모든 아이들에게 제공해주어야 그나마 공평하다고 생각한다.

시험에 참여하면서 저항하는 또 다른 방법은, 그걸 어떤 의미 있는 관점으로 끌어오려고 애쓰는 것이다. 가진 도구가 망치 하나뿐이라면 뭐든지 못처럼 다루게 된다. 다양한 도구를 만들어 사용해야 모두를 두들기지 않게 된다. 예를 들어, 학생들과 교사들이 한 학년 동안 만들어낼 다양한 "결과물"을 결정하고, 시험 성적은 그 가운데 하나로 삼는다. 대학 입시 담당관들도 이런 방식에 점점 열린 태도를 보이고 있다. 어쨌든 대학과 무관하게 모든 아이들에게 자기 발전을 기록하고 미래를 계획할 기회를 주어야 한다. 이를테면 자서전, 감동을 받은 예술 작품에 대한 분석문, 개선사항을 제시한 동네 지도, 자작시 한 편, 지역사회 봉사활동 기록, 학생이 현실에서 실천하려고 애쓰는 윤리적 가치에 대한 토론, 학생이 발명한 보드게임, 도전했던 신체적 목표, 작곡한 노래, 현 국제 정세와 국내에 미치는 영향에 대한 고찰, 손수 제작한 목공예품, 미래에 이루고 싶은 것에 대한 계획 등등이 포함된 포트폴리오에 시험 점수를 끼워 넣는다면, 시험 점수의 중요성이 약화된다. 시험 점수가 어떤 학생의 학교생활에 대한 유일한 기록인 듯 떼어놓으면 시험 결과에 터무니없이 큰 의미를 부여하게 된다.

진짜 기준 만들기

표준 시험의 대안을 3P로 생각할 수 있다. 바로 프로젝트(Project), 포트폴리오(Portfolio), 수행(Performance)이다. 진짜 평가, 곧 학생들을 삶의 맥락 속에서 평가하기 위한 시도다. 진짜 평가 전략은 실제 세계의 대리물 역할을 하는 시험을 멀리하고 실제 세계를 중심에 놓아야 한다. 뚝 떼어놓은 문단을 읽는 대신 아이들이 이야기 전체를 읽고 선생님과 이야기하게 한다. 다지선다형 문제가 읽기나 쓰기 기술을 대신하게 하지 말고, 직접 글을 쓰게 한다. 이런 평가 전략은 더 풍부하고, 차이에 더 민감하고, 더 복잡하며, 교사들에게 더 유용하고, 더 현실에 뿌리박고 있고, 더 진실한 평가를 낳는다.

물론 더욱 학생 중심적이고 교사 친화적이기도 하고, 그 가치를 하나하나씩, 교실마다 따로 볼 수 있게 해준다. "전국적이고 표준화된 진정한 시험"을 상상하기는 쉽지 않다. 그렇지만 일선에서 표준 시험에 대한 대안에 관심이 높아지면서 거대 시험 평가원에서 바로 그런 것을 만들어내려고 애쓰고 있다. 하지만 특정 교사, 특정 교실에서 동떨어져 존재하는 시험이라면 진정성이 있을 수가 없고 유용성도 떨어진다. 진정한 평가는 연속적이어야 하고, 역동적인 흥미와 능력의 넓은 영역을 설명하고 포괄해야 한다. 진정한 평가는 학생의 학습에 기여해야 하고, 실제 상황 속에서 교사가 직접 다룰 수 있는 것이다. 이런 깊고 풍부한 맥락에서 분리되고 교사의 손에서 벗어난다면 핵심이 사라지고 만다. 이름만 바꾸고 얼굴만 뜯어고쳤지 낡고 흉포한 표준 시험과 다를 바 없다.

그뿐만 아니라 너무 비싸다. 시험 산업에 교육 예산 수백만 달러가 들어간다. 전국적인 읽기와 수행 중심 시험을 개발하는 데에는 비용이 그 열 배가 든다고 한다. 교육 자원을 이렇게 낭비해야 하나?

마지막으로, 복잡하고 다양한 민주주의 내에서 하나의 국가 표준을 만든다는 것 자체에 내재한 위험이 있다. 아무리 전문 능력을 갖추었고 좋은 의도를 지닌 사람들이라고 하더라도, 소수의 사람들에게 모두를 위한 기준을 정할 권리를 부여하는 것은 전체주의적이다. 국가 기준을 내세우는 전문가들은 자기네 기준이 승리하리라고 가정하는 것이다. 다른 작지만 강력한 집단이 하나의 기준을 확립한다면 이 전문가들도 반발할 것이다. 그러니 가치와 기준에 대한 판단은 부모, 공동체, 아이들, 교사들에게 맡기는 편이 더 현명하고 앞날도 밝다. 서로 다른 공동체끼리 비교를 하기는 어려워질 테지만, 본질적 자유를 지킬 수 있다. 무엇이 가치 있는지 선택할 자유, 자기 자신과 공동체와 아이들을 위해 스스로 기준을 확립할 자유를.

무엇을 평가하고 가치를 매기려면 우리가 가치 있게 생각하는 게 무엇인지를 아는 것부터 시작해야 한다. 그래서 내가 표준 시험 점수를 진지하게 받아들이질 못하는 것이다(그게 삶의 기회를 좁힌다는 문제에 대해서는 매우 진지하게 생각하지만). 나는 어떤 정보를 아는 것이나 기계적 기능을 수행하는 능력은 가치 있다고 여기지 않는다. 우리가 가치 있게 생각하는 것에서 시작하면 시험, 평가, 가치 매기기의 영역에 새로운 진입로가 생긴다.

기준을 내세운다는 것은 실질적으로 이렇게 말하는 것이다. "이게 우리가 가치 있게 생각하는 것이다." 나는 학교가 모든 아이들에게 높은 기준을 내세워야 한다고 생각하고, 이 기준을 모든 아이들이 성취할 수 있고 이해할 수 있어야 한다고 생각한다. 기준을 만드는 것은 모든 학교, 모든 교실에서 해야 할 기본 작업이다. 기준을 만드는 것은 사람들이 핵심 관심사에 주목하도록 한데 모으는 결정적인 방법이기 때문이다. 시간과 노력이 많이 드는 일이지만, 모두 이해하고 받아들이는 기준을 만들 수만 있다면 노력이 전혀 아깝지 않다. 새 학부모나 학생이 공동체 안으로 들어오거나 누가 확립된 기준에 반대할 때에는, 대화가 다시 시작되고 더 깊어질 수 있다. 이전 기준을 옹호할 수도 있고 발전하는 관점에 따라 바꿀 수도 있다. 아이, 부모, 교사들로 이루어진 사려 깊은 교육 공동체를 이루고 싶다면, 기준이 안에서부터 나와야 하며 접근하기 쉽고 합리적이어야 한다. 아이와 교실이 지식의 중심이 되어야 하고 평가는 진행 중인 학업에 도움이 되어야 한다. 이런 기준과 "표준화"는 분명히 구분해야 한다. 외부에서 거르고 처벌하고 통제하려고 하는 과정을 우리는 쉽게 평가로 오해한다.

학년 수준 등급이 유용한 기준이라는 개념을 떨쳐버리려면 교사들이 다른 곳에서 기준을 찾아야 한다. 예를 들면 아이들이 어떤 기준을 가지고 있는지를 조사할 수 있다. 교사에게 무엇을 기대하나, 교사와의 관계에 대해 어떤 기준을 가지고 있나?("선생님은 공평해야 해요." "선생님은 엄격하면서도 친절해야 해요.") 자기 자신과 읽기에 대해서는 어떤 기준을 갖나? 정의에 대해서는 어떤 기준을 갖나?("우리 엄마는 누가 나를 만지면 엉덩이를 걷어차줘야 한다고 해요.") 이런 것들을 알아내면 우리는 더 좋은 교사가 될 수 있다. 모두 중요한 것들이다.

모든 아이들이 세상을 이해하려고 애쓰고 있다는 기준에서 출발하면 유용하다. 이걸 공통 기반으로 삼아, 모든 아이들이 생산적이고 소중하며 (모든 조건이 주어진다면) 모두 최선을 다하려 하고 모두 가치 있는 존재라는 것을 명심하는 것도 도움이 된다. 그러면 교사들의 질문은 이러한 것이 된다. 아이가 무엇을 위해 애쓰고 있는가? 무얼 이해하려 하고 있는가? 아이의 기준은 무엇인가? 아이를 알고, 세상을 이해하려는 아이의 여행을 들여다보고, 아이의 기준을 밝혀낸다면, 성장과 학습을 평가하는 드넓은 공간이 펼쳐진다.

특정 수업이나 과목을 진행할 때에도, "이 시기에 이것을 이런 방식으로 알지 않으면 낙제할 것이다"라는 식의 문구가 나타내는 생각과 우리의 기준을 분리해야 한다. 예를 들어 아이들에게 묘사하는 글, 비평문, 줄거리 요약, 인물평 등을 써보라고 한다면, 이것들 모두 그 안에 기준이 내재해 있다. 이런 기준을 내세우는 것은 더 큰 기준을 내포한다. 비판적으로 읽는 능력, 즐기며 읽는 능력, 여러 매체를 통해 다른 사람과 의사소통하는 능력 등등. 앞서 말한 것과 마찬가지로 학급이나 아이들이 이루려고 하는 넓은 기준은 표준 시험이 요구하는 것과는 아주 딴판이다.

아이의 발전을 기록하는 방법

교사는 각 아이들을 형식 없이 많이 평가해야 하지만, 한편으로는 계속 기록해나가며 파악하기 위한 형식적인 방법도 필요하다. 아이들의 학업, 목적, 노력, 성장, 필요 등을 기록해야 한다. 학급이 클 경우에, 교사들이 해야 할 서류 작업이 너무 많을 때, 시험 성적과 등급, 표준화된 방식이 지배적일 때, 교사들이 함께 작업을 논의할 기회가 정기적으로 마련되지 않는 경우에는 더더욱 그렇다. 이런 불완전한 조건에서는 교사들이 자기만의 진정한 평가를 해내기 위해 더 많은 노력을 쏟아야 한다.

학교 일과에 프로젝트, 수행, 포트폴리오 시간을 집어넣는 것이 출발점이다. 그러면 학생들이 스스로 작업하도록 하면서 학생들이 무엇에 관심을 쏟는지 교사가 볼 수 있다. 정기적 발표, 공연, 제작, 창작 등은 아이들의 작업을 가시적으로 만들고, 교사가 교실의 일상적 리듬 속에서 학업을 평가할 수 있게 한다. 포트폴리오도 기준, 목표, 가치를 뚜렷하게 만드는 방식이다. 예를 들어 교사들을 대상으로 세미나를 할 때 나는 교실의 문제에 대해 정기적으로 토론하고, 다양하고 복잡한 문제를 가지고 작업하고, 여러 분야를 함께 탐험했다. 그래서 결국에는 모든 수강생들이 포트폴리오를 완성할 수 있었다. 여기에는 학습 계획안, 교육자로서의 자서전, 핵심 교육가치 설명, 자기가 고른 작가에게 보내는 편지, 출간된 교사의 자서전 소개, 한 아이의 연구, 교육에 대한 간략한 철학, 자기평가, 학생으로서 소중했던 순간의 회상, 교사로서 실패한 시도에 대한 설명, 직접 고른 아동기의 자서전 소개, 실용 미술, 바로 사용할 수정된 학습 계획안이나 실행안 등이 담겨 있었다. 여기에 모든 것이 다 들어갈 수는 없지만 내가 교육에서 가치 있게 생각하는 특질들이 넉넉히 드러났다.

모든 교사와 학생들에게 언제나 맞는 시스템은 있을 수 없지만, 아이의 발전을 기록해나가려면 생각하고 글을 쓰고 자료를 수집하는 데 많은 시간과 노력을 들여야 하는 것만은 사실이다. 다음과 같은 방법들이 가능하다.

- 학생 작품. 파일 캐비닛이나 선반이나 특별 공간을 마련해서 아이들의 작품을 수집하고 보관한다. 교실은 학생들의 노력과 발전의 보관소이자 박물관이 된다.
- 체크리스트. 간단한 체크리스트를 만들어 하루 중 수시로 간단한 메모를 적을 수 있다. 정기적으로 하는 활동 목록을 만들어놓고 빈 공간에 메모를 한다.
- 녹음기. 일과 중이나 출퇴근길에 녹음기를 이용해서 "메모"를 하는 것이 편하다는 사람들도 있다.
- 일화 기록. 프로젝트 시간이나 쉬는 시간에 시간을 내서 특정한 아이의 행동에 대해 실시간으로 일화를 기록한다. 아이를 성가시게 하지 않고 그림자처럼 따라다녀야 한다. 이런 일화 기록은 활동 중인 아이의 흔적이자 학생 발전의 역사가 된다.
- 주기적 기록. 5분 간격으로 아이가 무엇을 하는지 적어내려간다. 이것도 아이의 선택과 행동을 시간을 두고 추적한 자료가 된다.
- 일지. 일지나 일기는 가르치는 일을 되돌아볼 때 꼭 필요한 벗이다. 일기를 상대로 자기 생각을 이야기하며 대화할 수 있다.
- 관찰. 성찰적 일지와 별도로 주말마다 특정 학생에 대해 글을 쓰는

것을 목표로 삼는다. 이를테면, 다섯 명의 아이들에 대해 생각나는 것은 모두 적는다. 6주가 지나면 반의 모든 아이들에 대해 자료가 생긴다. 어떤 길이 그려진 것이다.

- 파트너/멘토. 다른 교사에게서 친구, 동지, 선배를 찾는다. 아이들과 교육에 대해 이야기하는 정기적 모임을 갖는다.
- 지원 모임. 교사 지원 모임은 도전과 지원을 제공하는 더 큰 장이 된다. 어떤 지원 모임은 가르치면서 발생하는 문제에, 어떤 모임은 교사 지원에, 어떤 모임은 학습에 대한 고민에 초점을 맞춘다.

이런 방법 모두 교사가 자기의 교육행위를 기록해나가고 되돌아가 분석하고, 중요한 자료와 정보를 수집하고 빠뜨린 아이가 없는지 확인하고 성취를 평가할 기회를 제공한다. 이는 각 아이들이 저마다 나아가는 길에 필요한 이정표 역할을 한다.

목표를 향한 다양한 길을 보장해야

허브 지밀리스는 표준화된 성취도 시험에는 문제가 있다고 주장한다. "과장된 중요성, 평가 자료에 부여되는 거짓된 신빙성, 최종적이라는 분위기, 여기에 얽혀 있는 비교와 잘못된 추론"[45] 등이 그런 문제다. 또 여기에서 그치지 않는다.

교육평가로 알게 되는 것의 타당성이 낮기 때문에(타당성이 낮다는 것은 측정이 부정확하다는 것과 측정 자체가 부적절하다는 것, 둘 다를 의미한다) 발생하는 심각한 한계와, 평가 프로그램이 암묵적으로 교사들에게 가하는 압력, 곧 교사들이 자기 반 아이들에게 가장 도움이 된다고 생각하는 것과 맞지 않는 교육 방법과 내용을 택하게 강요하여(더 심하게는 평가 프로그램이 암묵적으로 지시하는 것과 다른 교육과정에 대한 시각 자체를 갖지 못하게 해서) 가르치는 일의 깊이, 일관성, 힘에 손상을 가하는 압력이 표준 시험의 문제다.[46]

지밀리스는 "학교의 영향을 정확하게 평가할 수 없으므로 평가 노력은 학교 환경의 질을 평가하는 쪽으로 기울여야 한다"[47]고 생각한다. 아이들이 노출되어 있는 환경의 특질과 종류를 구체적으로 서술하면 "학교의 영향의 특질을 가늠하는 데" 적합한 근거로 삼을 수 있다.[48]

어느 길을 택하든 우리는 아이가 지식과 힘으로 나아가는 길을 쫓아가는 것이다. 우리 기준과 우리 가치가 더 이해하기 쉽게 잘 정의되어 있을수록 학생의 발전도 더 뚜렷하게 눈에 잘 들어온다. 평가에는 온갖 방법이 있지만 가장 희망찬 접근 방법은 목표를 향한 다양한 길, 다양한 목소리와 선택을 보장하는 것이리라.

제7장

교육의 신비

나는 자유로워지고 싶어 했던 사람으로
기억되고 싶다…….
— 로자 파크스

힘겹고, 복잡하고, 사람마다 다 다르고, 할 때마다 다른 교사의 일은, 본질적으로 지적이고 윤리적인 과업이다. 교직은 직업 중의 직업, 다른 모든 소명들을 앞서 이끄는 소명이다. 극도로 실질적이면서도 초월적인 활동이며, 냉혹할 정도로 사무적이면서도 근본적으로 창의적인 행위다. 가르침은 도전에서 시작하여 늘 신비로움을 간직한다.

가르치는 일은 지극히 개인적이며 친밀한 만남이다. 가르침을 향한 길은 늘 발견과 놀라움, 실망과 성취감을 동반한 복잡한 여정이다. 첫 번째 단계는 교사가 학생들의 학생이 되어, 이 과업의 길동무가 될 동지를 알아가는 과정이다. 두 번째는 배움이 이루어지는 환경, 함께하는 여행이 펼쳐질 따뜻하면서도 도전적인 공간을 창조하는 것이다. 마지막으로, 교사는 이 공간을 메우고, 학생들이 지닌 모든 꿈과 희망, 기술, 경험, 지식을 더 깊이 있고 폭넓은 앎의 방식과 연결하는 정교하고 여러 층으로 된 다리를 만들기 시작해야 한다. 가르치는 일은 방대한 지식, 능력, 기술, 판단력과 이해력을 필요로 한다. 그리고 그 중심에는 사려 깊고 다정한 사람이 있어야 한다.

가르치는 일은 한 번에 배워서 평생 아무 문제 없이 실천할 수 있는 일이 아니다. 친구 사귀는 법을 배워서 사람을 만날 때마다 "우정"이라고 하는 고정된 지시사항들을 따르기만 하면 친구가 되는 게 아닌 것과 마찬가지다. 가르치는 일은 성장과 발전에 달려 있고, 늘 변화하는 역동적 상황 속에서 이루어진다. 훌륭한 선생님은, 젊거나 나이가 많거나 상관없이, 가르치는 일에는 눈부신 식견, 새로운 이해, 아이들과

교육의 신비 227

의 특별한 만남, 지적 퍼즐과 예측하지 못했던 도전을 던져주는 윤리적 난제, 그리고 반복적 일상이 있다고 이야기할 것이다. 교사들은 깨어 있어야 하고, 이런 것들 전부에 참여해야 한다.

이제 다시 출발점으로 돌아왔다고 할 수도 있을 것이다. 가르치는 일에는 정신없이 다양한 활동과 경험, 헤아릴 수 없이 많은 행동과 반응들, 무수히 많은 지식과 기술이 관련된다는 것이 더욱 뚜렷해졌을 것이다. 그래서 교사들에게 유창하게 지침을 내리고, 어떻게 가르칠지 간략하게 요약하고, 교실에서 즉각적 성공을 가져다준다는 "요술봉"을 내어주고, 가르치는 일을 깔끔한 제안들로 정리해 길들여버리는 학자들이나 정책입안자들을 보면 놀라울 따름이다. 그 사람들이 모든 걸 아는 것처럼 구는 것을 보면 나도 가르치는 일이 뭔지 한 가지만이라도 알고 싶다는 생각이 든다. 사실 뛰어난 교사가 되기 위해서는 여러 중요한 기술과 경험이 필요하다. 교육대학에서 거의 입에 올리지 않고 학교에서는 절대 이야기하지 않는 기술이지만, 이런 것들이 뛰어난 가르침의 전복적 핵심이다.

유명한 러시아 연출가이자 "메소드 연기"의 창시자인 스타니슬랍스키는 위대한 연기에 방해가 되는 세 가지 널리 퍼진 믿음이 있다고 주장한다.[49] 첫 번째는 연기가 숙련을 통해 습득할 수 있는 기법과 기술로 이루어져 있다는 믿음이다. 다시 말해 대사를 말하고, 무대 위에 정해진 지점으로 움직이고, 특정한 몸짓을 하는 게 연기라는 생각이다. 스타니슬랍스키는 이런 것은 기계적 연기라며 경시한다. 대사를 암기하고 무대에서 돌아다닐 수 있는 사람은 많지만, 위대한 배우는 청중을 끌어들이고 청중과 상호작용하고, 그 관계에서 에너지와 리듬, 느낌을 끌어낸다. 연기는 역동적이다.

두 번째 장애물은 연기가 외적인 것이라는 생각이다. 곧 분노를 느껴보지 않았어도 화난 연기를 할 수 있고, 상실이나 고통을 느껴보지 않았어도 실연한 연인 역할을 할 수 있다는 것이다. 스타니슬랍스키는 연기자가 연기를 하려면 자기 내면으로 들어가 자기 지식이나 경험의 특정한 국면을 끌어낼 수 있어야 한다고 한다. 연기자는 자서전 작가가 되어, 어떤 면에서 자기 자신을 연기하고, 어딘가에서 진정성을 찾아내 그것을 씨앗으로 삼아야 한다. 그래야만 단순한 희화화를 벗어나 살아 있는 사람의 복잡성을 그려내는 법을 익힐 수 있다.

위대한 연기의 마지막 장애물은 연기자가 자기 역할을 완전하고 완벽하게 익힐 수 있고, 그래야 한다는 생각이다. 예를 들어 어떤 배우가 맥베스 부인 역할을 알게 되었고 그것을 "자기 것"이라고 받아들이는 경우다. 스타니슬랍스키는 배우가 자기가 어떤 인물을 마스터했다고 생각하는 순간 사후경직이 시작된다고 말한다. 완성되었다는 생각은 그 인물과 만나는 경험 하나하나의 독특함을 부인하여 연기의 역동적이고 창의적인 핵심을 무너뜨린다. 어떤 역이든 날마다 순간마다 해마다 새롭게 익혀야 한다. 결코 완성되는 법이 없다. 본질적으로 위대한 연기는 늘 더 나은 연기를 찾고 늘 새로이 시작하는 것이다.

스타니슬랍스키의 말은 교사들에게도 잘 맞는다. 훌륭한 교육을 하려면 자기의 자전적 삶을 진지하게 돌아보아야 한다. 나는 누구인가? 어떻게 나의 생각과 관점을 갖게 되었는가? 어떤 힘이 나를 만들었는가? 열 살 때 나는 어떠했는가? 나는 나 자신을 어떤 존재로 만들었는가? 어디를 향해 가고 있는가? 훌륭한 교사가 되려면 이런 질문을 맞닥뜨리는 게 반드시 필요하다. 교사들은 누구를 가르치든 결국 자기 스스로를 가르치기 때문이다. 교사들은 온갖 다양한 지식을 끌어모아야 하지만 그중에서도 자기 자신에 대한 지식이 가장 중요하다(그런데 가장 관심을 못 받고 있기도 하다). 이런 점에서 릴케가 젊은 시인에게 보내는 조언도 딱 들어맞는다.

> 당신은 바깥쪽만을 쳐다보는데 그것이야말로 지금 해서는 안 되는 일입니다. (중략) 한 가지 길밖에 없습니다. 자기 내면으로 들어가세요. 글을 쓰게(혹은 가르치게) 만드는 이유를 찾고, 그게 가슴속 가장 깊은 곳에 뿌리를 뻗고 있는지 알아보세요.[50]

훌륭한 교육은 또 교육이 기법과 개별적 방법만으로 이루어져 있다는 생각을 극복해야 한다. 적절한 학습 계획을 세우고 교실에서 질서와 정숙을 유지하며 수학이나 읽기 수업을 잘 전달하지만, 형편없는 교사인 사람들이 있다. 뛰어난 교사는 아이들을 끌어들이고 상호작용하며 아이들로부터 에너지와 방향성을 얻어내고 아이들에게 계속 나아갈 동기를 부여할 방법을 찾는다. 이런 교육은 아주 어렵고도 진지한 작업이다.

또 훌륭한 교육은 연기나 글쓰기와 마찬가지로 늘 그다음 한마디, 그다음 몸짓, 그다음 만남을 좇아간다. 결코 완결되거나 요약될 수 없다. 발전을 평가하고 기록해나가는 것은 앞으로 올 것을 위해 하는 일이다. 훌륭한 교육은 무언가 새로운 것, 독특한 것, 역동적인 것에 대한 급진적 개방성을 요구한다. 언제나 "이제 다시 간다"는 자세를 가져야 한다.

훌륭한 교사가 되기 위해서는 틈을 메우는 법을 익혀야 한다. 지금 있는 것과 될 수 있는 것 사이의, 잘 가늠도 안 되고 때로 어마어마하게 느껴지는 틈을 말한다. 틈의 한쪽에는 냉엄한 현실이 있다. 너무 많은 아이들, 부족한 시간, 부족한 자원, 그리고 교육을 반복 학습에 지나지 않는 것으로 보는 엄혹한 현실이 있다. 다른 한쪽에는 교직을 모든 학생들을 변화시키고 힘과 지식을 주고 깨닫게 하고 열정을 불어넣는 소명으로 보는 교사의 이상이 있다. 이 틈을 메운다는 것은 극심한 모순을 인식하고 그 안에서 살면서, 안락함이나 편리함을 위해 포기하지 않는다는 뜻이다. 이상, 희망, 원칙을 버리고 냉정한 현실 안에서만 살면 방향성과 지표를 잃고 곧 길을 잃게 된다. 이상 안에서만 살며 세상의 진흙탕에 한 발을 두지 않고 머릿속에서만 산다면 금세 소진하여 교직을 떠나게 되기 십상이다. 이 틈에서 일한다는 것은 더 힘든 길을 택하는 것이지만, 더 진정하고 희망차고 새로운 것을 향한 길을 선택하는 것이다. 교실에서의 삶과 학생들의 삶을 토대로 하되, 동시에 그 이상을 실천하기 위한 공간의 틈바구니를 찾는 일이다.

민주사회의 교육

교육정책과 정치뿐 아니라 교실의 일상에서도 이 틈이 보인다. 민주사회의 교육은 (적어도 이론적으로는) 특히 소중하면서도 깨어지기 쉬운 이상을 향해 나아가고 거기에서 힘을 얻는다는 점에서 권위주의 체제, 독재정, 군주제 아래의 교육과 다르다. 모든 인간은 무한하고 막대한 가치를 지니고, 저마다 독특한 지적·정서적·육체적·정신적·도덕적·창의적 힘을 지니며, 모두 자유롭게, 동등한 존엄성과 권리를 지니고 태어났고, 상식과 양심을 지녔으며, 연대의 공동체, 형제자매애를 누리고, 인정과 존중을 받을 자격이 있다. 이런 핵심 가치가 교육의 본질이자 민주사회 교육의 고유한 특성이므로 학교와 교실에서 명시적으로나 암시적으로나 표현되어야 한다. 교육은 모든 사람의 동등성, 접근성, 인간성 존중과 밀접하게 연결되어 있다.

이런 이상 안에서 가르치면, 학생들이 세계를 스스로 정의하고 온전한 인간성을 실현하는 데 장애물이 되는 것을 간파하고 아는 것을 토대로 행동할 용기를 기르도록 이끌게 된다. 이런 교육은 놀랍고도 신기한 일이다. 학생들이 더 넓고 함께하는 세계 속으로 나아가는 자기들의 길을 만들어가면서, 늘 문이 열리고 마음이 열리곤 한다.

우리가 학교 교육이라고 부르는 것은 의미 있는 의사 결정을 봉쇄하고 기회를 차단하곤 한다. 많은 부분이 권위주의 체제의 특징인 복종과 순응을 기본으로 삼는다. 인기 없는 것은 배제하고 일반적이지 않은 것은 기피하며 불쾌한 것은 은폐한다. 회의, 도전, 문제 제기, 의심이 발붙일 수 없다. 많은 교사들이 교육이 무언가 초월적이고 강력한 일이기를 염원하지만, 교직을 "명예가 추가된 사무직"으로 격하시키는 상황에 갇히곤 한다. 교사가 할 일을, 주어진 지혜와 이미 입맛에 맞게 길들여졌고 때로 옳지 않은 정보로 이루어진 교육과정을 전달하는 역할로만 보는 이런 관점은 결국 재앙을 불러오기 마련이다.

교육은 투쟁의 장이자 희망의 장이다. 세계를 새로이 보며 우리가 만들어온 것에 의문을 제기하고 어떤 것이 가치 있는 지식이고 경험인가를 고민하도록 부추기기 때문에 투쟁의 장이다. 또 우리는 미래, 앞날, 새로운 것의 도래를 향해 손짓하기 때문에 희망의 장이기도 하다. 교육은 우리가 어떻게 우리 삶에 참여하고 삶을 넓히며 변화시킬 것인가를 묻는 장이며, 우리가 우리 꿈을 마주하고 좋은 삶이란 무엇인가에 대한 생각을 추구하고, 세계를 이해하고 파악하고 가능하면 변화시키려고 노력하는 자리다. 교육은 근본적이고 영원한 인간의 질문이 때로는 절제된 형태로 때로는 격렬하게, 충돌하고 갈등을 일으키는 장이다. 어떤 것이 공정하고 공평한가, 인간이라는 것은 어떤 의미를 갖나, 다른 사람들에게 나는 어떤 의무를 갖나, 등의 문제다. 교사는 권위에 저항하고 질문을 확장하고 새로운 질문을 제기해야 한다. 우리의 소명은 상식이라는 이름으로 사람들을 현혹시키고 무감하게 만드는 현대의 굴레로부터 스스로를, 그리고 다른 사람들을 자유롭게 만들기 위해 노력하는 일이다.

우리에게 익숙한 교육은 캐리커처에 지나지 않을 때가 많다. 온전한 인간의 발달과 밀접한 관계가 없다. 예를 들면, 왜 교육이 오직 유치원부터 고등학교, 혹은 유치원부터 대학교까지 이루어지는 것이라고 생각할까? 왜 교육은 생애 초반기에만 하는 걸까? 왜 살면서 더 이상 교육이 필요하지 않다고 생각하는 순간이 오는 걸까? 왜 교사와 학생 사이에 위계관계가 있을까? 학년과 학년 등급이 왜 있는 걸까? 왜 출석 확인을 할까? 지각하지 않는 게 왜 그렇게 중요할까? 교육과 생산은 뭐가 다를까?

민주사회의 학교는 지식노동과 육체노동의 분리, 머리와 손, 머리와 가슴, 머리와 머리의 분리, 창의적인 것과 기능적인 것의 구분 등, 인간 활동을 지나치게 단순화하여 왜곡하는 것에 저항하고, 인간 존재의 통합성을 바탕으로 삼아야 할 것이다. 차이를 인정하고 상호의존성을 의식하는 통합성이다. 사람들은 다르다. 능력도 필요도 다 다르다. 그러면서 동시에 우리는 모두 연결되어 있다. 그런데 우리는 이런 고도의 다양성을 잘 인식하지 못하고 뿌리 깊은 연관성을 받아들이지 못하곤 한다. 인간을 온전히 인식하고 총체성과 연대성을 바탕으로 하는 지식이야말로 우리에게 절실하게 필요한 것이다. 민주적 학교의 목표는 모든 사람들의 지성, 창의성, 적극성, 노력을 불러일으키는 것이다.

민주주의는 학생들이 스스로 생각하고 증거와 논리에 근거해 판단하며 스스로 정신을 발전시켜나갈 것을 요구한다. 민주적 교실에서는 교사가 학생들에게 본질적 질문을 던지도록 부추긴다. 나는 누구인가? 내가 어떻게 여기에 왔고 어디로 가는가? 나의 선택은 무엇인가? 어떻게 나아갈 것인가? 그리고 그 대답들이 어느 쪽을 향해 가든 끝까지 좇게끔 해야 한다. 복종을 거부하고 자발성, 용기, 상상력, 창의성 등을 드높인다. 교사는 이런 자질을 직접 보여주고 길러주고 지켜준다.

우리는 학생들이 진지한 질문을 던져보게 한다. 증거가 무엇인가? 어떻게 아는가? 누구의 시각은 존중되고 누구의 시각은 경시되는가? 대안, 연관성, 저항, 유형, 원인은 무엇인가? 세상이 어느 쪽으로 가는가? 왜? 무슨 상관이 있는가?

가르치는 일은 공통의 믿음에서 힘을 받는다. 나는 학생을 볼 때 한 명 한 명의 온전한 인간성을 생각한다. 어떻게든 이해하고 존중해야 하는 희망과 꿈, 기대와 필요, 경험과 의도를 본다. 소비자가 아니라 시민들을 만나고, 결함들을 보는 게 아니라 의미를 만들어내는 길들여지지 않은 열정의 불꽃을 본다. 이것이 민주사회 교사들의 출발점이다.

민주사회의 교육은 모든 것에 도전하고 새로운 틀을 부여해야 한다. 질문하는 교육과정, 실천하고 만드는 교육과정, 세상에 대해서가 아니라 세상으로부터 배우는 교육과정이 있어야 한다. 교사는 교실 안에 조사하고 실험하고 발명하고 놀 공간을 만들어야 한다. 학생들은 공감, 열린 마음, 대화, 기록의 가치를 경험한다. 교실은 매순간 전시장으로 무대로 작업실로 실험실로 도서관으로 공연장으로 바뀐다.

생각하고 지식이 있고 적극적이며 도덕적인 시민, 사회에서 마땅히 누려야 할 자리를 누리고, 서로와 공동체, 지구에 대한 민주적 책임을 수행할 수 있는 시민을 준비시키는 일도 교사가 해야 할 일이다. 살아 있는 민주사회의 학생은 자기통제의 가치를 배워야 한다. 다른 사람을 돌보고, 광대한 다양성을 당연시하고, 개인의 온전한 발전이 모든 사람들의 발전의 기본 조건임을 인식하고, 참여, 자유로운 사고와 발언, 시민의 자유, 사회적 평등을 중시한다. 민주적 참여의 근간인 독립적 사고와 비판적 분석은 늘 다른 영역으로부터 도전을 받는다. 참여민주주의를 위해서는 그것을 지키고 실천하기 위해 늘 깨어 있고 행동해야 한다.

시민 교육, 참여, 민주주의 교육의 핵심에는 이러한 내용들이 들어가야 한다. 모든 인간은 독특하고 막대한 가치를 지니며 저마다의 생각을 가지고 있다. 우리는 모두 만들어지고 있는 역동적 역사의 바다 속에서 불확실한 뭍을 향해 헤엄쳐 가는 발전 과정의 존재들이다. 다른 사람들과 함께 할 수도 있고 자유의지로 스스로 판단을 내려 행동할 수도 있는 존재들이다. 신중한 행동은 인류의 계몽과 해방을 가져온다. 역사는 늘 만들어지는 중이며 우리는 모두 미완의 존재다. 어떤 것도 결정되지 않았고 우리는 불완전한 의식과 제한적 능력을 지니고 무지 속에서 행동하고 있으니, 모든 게 우리에게 달린 일이다. 그래서 지상에서 우리가 누리는 순간은 희망에 가득 찬 것이며(매우 불안정한 희망이기는 하지만), 따라서 더욱 긴급한 중대성을 지닌다.

교육자, 학생, 시민들은 민주주의에 걸맞은 교육을 추구해야 한다. 돈도 많이 들고 사이비과학적 관리 체계인 표준 시험으로 학생들을 승자와 패자로 가르는 것도 그만두어야 한다. 학교에 필요한 자원도 공급해주지 않으면서 결과가 좋지 않다며 교사나 교원 노조를 비난하는 일도 그만두어야 한다. "야만적 불평등"과 급속히 축적되는 "교육 부채"(역사적으로 차별받고 재정부족을 겪어온 공동체의 척박한 상황)도 청산해야 한다. 민주사회의 모든 아이들은 경제적 사정과 상관없이 자원이 풍부한 교실을 누릴 수 있어야 하며, 다정하고 사려 깊고 자질 있고 넉넉하게 보상받는 교사를 만날 수 있어야 한다.

사물의 뿌리에 가닿으려고 하는 교육, 빤한 것을 넘어서는 교육의 기회는 어디에나 있다. 고상한 것이나 일상적인 것이나 실질적으로 모든 것이 진지한 탐구의 대상이 될 수 있고, 민주주의와 자유의 교육과정을 실천할 기회를 제공한다. 예를 들어, 아칸소 주에서는(아칸소 전임 주지사 허커비는 엄청난 체중 감량에 성공한 인물이고 비만방지 전국 운동의 지도자다) 학생기록부에 각 학생의 체질량지수(BMI)를 반드시 넣게 되어 있다. 비만은 중대한 공공 보건 문제이고 심각성이 계속 커지고 있는 것은 사실이다. 미국에서 비만은 첫손에 꼽히는 치명적 질병이며, 비만 때문에 오늘날 아이들이 역사상 처음으로 이전 세대보다 수명이 짧아지리라고 한다. 그렇다고 해서 BMI를 표기하면 학생들과 학부모들이 문제의 심각성을 더 많이 인지하리라고 단순하게 생각할 게 아니라, 적극적으로 검토하고 살펴볼 기회로 삼아야 한다.

역사적 맥락에 놓기 위해서, 이렇게 물을 수 있다.

- 미국이나 다른 곳의 역사를 살펴볼 때, 비만이 건강상의 문제로 어떻게 존재해왔는가? "섭식 장애"로 간주되었나? 만약 그렇다면 다른 섭식 장애와는 어떻게 다른가? 이 문제의 유전적 경향

은 어느 정도이며, 습관이나 교육, 혹은 질 좋은 식품을 접할 기회 부족은 어느 정도 영향을 미치나?
- 학교가 사회 전체의 문제를 푸는 데 참여한 역사는 어떠한가? 알코올과 약물 남용 계도 프로그램이나 자살 방지, 금욕 장려 프로그램 등을 의무화했을 때 결과는 어떠했나?

사회적 맥락을 확대하기 위해, 더 나아가 이런 질문을 던질 수 있다.
- 체질량지수 첨부 의무는 누가 결정하는가? 학부모, 학생, 교사, 더 큰 공동체에서 폭넓은 참여와 대화가 이루어졌는가?
- 어떤 산업이 비만 때문에 타격을 입고, 어떤 산업이 이득을 보는가? 지방과 설탕과 비만의 관계는 어떠한가? 예를 들어, 제당 산업에 영향을 미치는 공공 경제 정책은 어떤 것인가?
- 비만과 소득, 계층, 인종, 성별 사이에 상관관계가 있는가? 어떤 상관관계가 있나?
- 소득이나 재산과 상관없이 모든 사람이 운동 시설을 이용할 수 있는가? 공원은 고르게 분포하고 있나?
- 소득 수준과 상관없이 과일과 채소를 균등하게 섭취할 수 있나?

우리 삶을 직접 탐구해보기 위해서 더 많은 질문을 던질 수 있다.
- 쉬는 시간과 체육에 배당되는 시간은 몇 시간인가?
- 모든 학생들이 운동과 스포츠 경기에 참여하도록 독려하거나 의무적으로 참여하게 하는가?
- 학교 식당의 점심은 어떤가?
- 학교에 탄산음료, 과자, 지방분이 높은 음식을 판매하는 자동판

매기가 있는가? 학교에서 패스트푸드나 정크푸드를 판매하는가? 과일과 채소는? 왜?
- 동아리나 운동부에서 기금 마련을 위하여 사탕이나 과자를 파는가?

현실적으로 많은 교사들이 교직을 가공된 정보만을 전달하는, 명예가 추가된 사무직으로 격하시키는 상황에 갇혀 있다. 그럴 때 교사들의 선택이자 과제는 이러한 것들이 될 수 있다. 기계적 통제에 굴복하거나, 아니면 학생들과 함께 서서 의미를 찾고 변화의 과정을 겪는 것이다. 복종과 순응을 가르치거나, 아니면 정반대의 것, 곧 자발성과 상상력, 호기심과 질문, 세상을 명명하고 인간성 실현에 장애가 되는 것을 짚어낼 능력, 아는 것이 요구하는 바에 따라 행동할 용기를 가르치는 것이다. 교사들은 적어도 문을 여는 일을 시작할 수 있다.

훌륭한 교사가 되기 위해 알아야 할 것

훌륭한 교사가 되기 위해 알아야 할 것은 무수히 많다. 그 가운데 상당수는 필요를 느끼면서 교사들이 스스로 발견하게 될 것이다. 예를 들면 이런 것들이 있다.

창의적 불복종. 내가 뉴욕 269초등학교에서 가르치기 시작한 지 네 시간쯤 되었을 때, 일곱 번째로 교내방송이 들려왔다. "빨간 스테이션왜건을 타고 학교에 오신 분, 라이트가 켜져 있습니다." 벌써 일곱 번이나 아무 생각 없이 수업을 방해한 것이다(첫 번째 방송은 잡음이 섞여 있는 미국 국가 녹음 테이프를 틀어준 것이었다). 일곱 번이나 우리 신경을 거스르고, 일곱 번이나 우리 공간이 우리 것이 아니며 학습이 존중되고 있지 않다는 것을 일깨워준 셈이다. 나는 결국 드라이버를 가지고 와서, 책상을 벽에 갖다 붙이고 올라가 스피커를 열어 와이어를 끊은 다음 다시 조립했다. 그런 다음 학생 하나를 서무실에 보내서 우리 스피커가 고장 났다는 소식을 알렸다. 수리될 때까지 3년이 걸렸다. 3년 동안의 해방기였다.

내가 아는 좋은 선생님들 모두 창의적 불복종의 사례를 들려주곤 한다. 규정을 무시하거나, 서류를 "잃어버리거나", 과정을 뒤집거나. 학교에 존재하는 규정 대다수가 학생들을 위한 것이 아니라 관료주의를 위한 것이다. 원칙은 단순하다. 아이들의 배움을 위해서는 창의적 불복종이 불가피하다.

비판과 자기비판. 269학교의 식당에서 한 동료 교사가 일곱 살짜리 아이가 말썽을 부린다고 가위를 휘두르면서 꽁지머리를 잘라버리겠다고 위협했다. 내가 끼어들어서 아이를 달래고는 동료 집단의 엄청난 만류와 반발에도 불구하고 그 교사에 대한 진정서를 냈다. 불편한 경험이었지만, 적절한 훈육과 부적절한 훈육, 모욕과 학대 혹은 관심과 공동체성에 대한 중요한 대화의 물꼬를 틀 수 있었다.

교사들이 서로 비판을 하지 않는다면, 깊은 신념과 가치를 검증받을 필요가 없다면, 시간이 흐르면서 그 가치는 사라지기 마련이다. 그러다 보면 자기가 혐오하고 경계하는 모습의 교사가 되어버리고 애초에 교사가 되고 싶었던 동기 따위는 모두 잊게 된다.

마찬가지로, 교사가 자기비판을 하지 않으면 재생과 성장 능력을 잃는다. 스스로를 정당화하여 독단적이 되어버린다. 반면에 교사가 지나치게 자기비판적이면 소심하고 무력해진다. 하루를 마칠 때마다 어떤 점을 개선할 수 있었는가를 확인하고, 다음 날은 용서와 희망을 품고 다시 시작하면 균형을 잡을 수 있다.

교사들은 비판과 자기비판을 배워야 할 때 온갖 방식으로 적응과 순응을 배우게 된다. 교육대학에서 배운 것 가운데는 부적절하거나 잘못된 것이 너무 많기 때문에 비판적인 태도가 필요하다. 또 늘 새로운 도전, 새로운 요구가 있기 때문에 자기비판을 늦추면 안 된다. 비판하려면 어떤 위험을 무릅써야 할 때가 많고, 쉽지도 간단하지도 않은 일이다. 늘 그렇듯 아이들을 위한 저항의 투사가 되어야 한다는 것을 원칙으로 삼으면 된다.

같은 편 찾기. 가르치는 일은 외로운 일일 때가 많다. 교사 준비 과정에서는 외로움을 당연한 일로 가정하기도 한다. 사실 훌륭한 가르침은 결을 거슬러야 하는 때가 많다. 결을 거슬러 가르치기 위해서는 같은 편이 필요하다. 지원자, 친구, 공모자, 동지 등 같은 편을 찾고 협력관계를 만들어가면 큰 힘이 된다.

자기 경험에서 배우기. 나는 큰애를 학교에 보냈을 때 학부모로서 불편한 순간을 경험하면서 깨달은 게 있었다. 그러기 전에 여러 해 동안 어린아이들을 가르치면서 다양한 문제에 대해 학부모들에게 조언을 해왔다. 그 가운데에는 아침에 아이를 보육시설에 두고 나올 때 고통을 줄이는 가장 좋은 방법은 무엇인가 하는 문제도 있었다. 내 차례가 되었을 때, 내가 다른 사람들한테 했던 좋은 조언들을 나 자신은 따를 수가 없다는 것을 알게 되었다. 아이와 헤어지는 일이 쉽지 않았다. 내 친구 중에 조산사가 있는데, 그 친구가 수백 명의 아이를 받은 다음에 처음으로 자기가 아기를 낳게 되었을 때 이야기가 떠올랐다. 친구는 진통 와중에 이렇게 외쳤다고 한다. "수백 명 산모들한테 '할 수 있어요'라고 말했었는데, 도저히 할 수가 없어!"

교사들은 자기 경험 밖에 있는 것에 대하여 전문가다운 입장을 취해야 한다고들 한다. 교사는 거리를 두고 우월한 위치에서 알아들을 수 없는 오묘한 소리를 하는 게 마땅하다고 한다. 하지만 교실에서 겸허한 태도를 보이고, 모르는 것을 용기 내어 인정하고, 다른 사람들에게 가르쳐달라고 하고, 자기 경험 안에 머무르는 것이 훨씬 더 큰 도움이 되는 좋은 방법이다. 좋은 교육에는 내뱉음도 필요하시만 겸손함도 필요하다.

의식과 행동을 연결하기. 몽상가이자 실천가, 둘 다가 되는 게 중요하다. 이상을 붙들되 이 이상을 구체적 상황에서 실천하려고 끝없이 분투해야 한다. 많은 교사들이 시끌벅적하고 상호작용이 활발히 일어나는 역동적인 교실보다는, "교실이라는 평화로운 왕국"이라는 낭만적인 생각을 가지고 시작한다. 교실을 학생들의 (그리고 우리 모두의) 삶에 있어 더 큰 문제로부터 쉽사리 차단할 수 있으면 밝고 다정한 교실을 만들 수 있다는 환상을 품는다. 그러다가 교실이 예측할 수 없는 곳이 되고 "바깥"의 문제가 "여기"에서 나타나고, 가르치는 일이 상상했던 것보다 훨씬 힘들고 어렵고 불확실한 것이 될 때, 교사들은 좌절하고 환멸하고 지칠 수밖에 없다.

탈출구는, 인간적이며 아이 중심적인 방식으로 교육을 생각하는 것이 쉽지 않으며 많은 생각과 노력과 고민을 필요로 한다는 것을 미리 예상하고 준비를 하는 것이라고 생각한다. 더 나은 무엇을 향해 가르치려면 아이들과 가족, 공동체, 이웃, 사회를 포괄하는 더 넓은 세상에 참여할 생각을 해야 한다. 이상을 손에서 놓지 않으면 받아들일 수 없는 것을 받아들이라는 압력에 저항할 수 있다. 다른 사람들과 함께 사회를 개선하려고 애쓰면 교사로서, 또 시민으로서 중심과 힘을 지닐 수 있다.

진정한 우정. 학생들과의 우정을 이상으로 삼는 게 교육의 길잡이가 될 수도 있지만 함정도 될 수 있다. 처음에는 학생들과 절실하게 "친구"가 되려고 했던 교사들이, 결국에는 학생들과 멀어지고 권위적이고 독단적이 되는 경우가 많다. 우정을 단순히 학생들에게 인기가 있는 것이나 친절하게 대해주는 것으로 생각하기 때문이다. 우정을 이렇게 피상적으로 생각하다 보면, 학생들과의 관계가 부적절해지고 방향성을 잃고 혼란을 겪을 수 있다. 배신감을 느끼고 친구가 원수가 될 수도 있다.

나와 같이 일했던 어떤 교생 선생님은 수업 첫날 중학교 아이들 앞에서 자기 성생활에 대해 터놓고 이야기했다. 학생들이 물어보기에 선생님이 "친구처럼" 이야기했다고 한다. 이 일이 교생 선생님에게나 학생들에게나 좋지 못한 결과를 미쳤음은 말할 것도 없다. 이 선생님은 친구가 된다는 것이 진정으로 어떤 의미인지 몰랐던 것이다. 아이들은 누가 전학 왔을 때처럼 교생 선생님을 찌르고 건드렸고, 교생 선생님은 인기를 끌고 싶은 생각에 망가지고 말았다.

진정한 우정은 다른 사람에 대한 깊은 관심과 공감일 것이다. 우정은 사람 사이의 연대감의 문제이고, 연대감은 포용과 비판을 함께 포함한다. 어떤 친구들과는 아주 사적인 문제를 나누지만 누구하고나 그러지는 않는다. 우리가 옳지 않다고 생각하는 일을 친구들이 하지 않기를 바라고, 그럴 때면 쉽지 않은 일이지만 의문을 제기하고 비판하기도 한다. 우리는 친구들이 나약해지거나 희망을 버리지 않길 바라기 때문에 조언을 하고 힘을 실어준다. 인기가 있고 사랑을 받는 게 중요한 게 아니다. 진정한 우정은 힘든 시기도 겪기 마련이고 늘 평탄하지만은 않지만, 바로 그렇기 때문에 그만큼 소중한 것이다.

균형과 명료함. 더 좋은 교실, 활동적인 교실을 만들기 위한 아이디어는 수도 없이 넘쳐난다. 문제는 이런 아이디어가 교사들에게 광속으로 던져지니 교사는 그 가운데에서 자기와 아이들에게 뭐가 잘 맞을지를 결정해야 한다는 것이다. 날마다 새로운 아이디어를 시도하는 것은 별로 좋은 전략이 아니다. 커다란 변화를 시도하는 아이디어에는 지속적인 관심을 쏟아야 한다. 예를 들어 "통언어" 접근법을 진지하게 받아들이면 학교 교육과 일과, 교육과정, 그리고 모든 것이 송두리째 바뀔 수 있다. "인성 교육"은 학교 문화와 정신 전체를 달라지게 한다. 반면에 이런 것들이 최신 유행이니까 현재 교실에서 하는 것들에 맞게 끼워 맞추려 하는 정도라면, "9시에서 9시 30분까지 우등반에서 통언어 교육을 한다"거나 "점심 식사 뒤에 인성 교육을 한다"라는 식으로 말할 수 있게 된다.

그러다 보면, 교사들이 적극적으로 만들어가며 가르치지 못하고 수동적으로 받아들이기만 하는 역할에 갇히는 일이 허다하다. 교사는

"적을수록 좋다"는 원칙에 따라 자기 교실에서 뭐가 말이 되는지를 결정하고, 그것을 중심으로 실천해나감으로써 마구 쏟아지는 아이디어에 저항할 수 있다. 교사가 발전하려면 교육계의 유행에 따라 이런저런 워크숍에 참석하는 것보다는, 존경하는 다른 선생님의 교실을 찾아가보거나 시간을 내어 핵심 원칙과 실천을 진지하게 고민해보는 편이 낫다.

좋은 학교는 어떤 학교인가

좋은 학교는 여러 좋은 선생님이 모여 가르치는 곳이다. 학교에서 좋은 선생님들을 많이 선발하고 관료적 규정이나 상부의 지시 등 교권을 약화하는 제도를 걸러준다는 의미이다.

좋은 학교는 독특한 곳이다. 교사, 관리자, 학부모, 아이들이 더 나은 교육적 경험을 교실에서 실현하기 위해 협력하여 만들어내는 곳이다. 좋은 학교는 누구에게나 다 맞는 일반적 접근 방식을 덮어놓고 따르지 않고 함께 머리를 모아 문제 해결 방법을 찾아내며, 날마다 학교를 개선하고 결정된 것을 자유롭게 따를 권리를 허락하는 공동체다. 학교 개혁은 학교마다 다르게, 아래에서 위로 이루어져야 하며, 대체로 학교 공동체 스스로 이루어야 하는 일이다.

"좋다"는 것은 복잡한 개념이고 간단히 측정하기가 어렵지만, 학교가 제대로 돌아가기 위한 몇 가지 개념이 있다. 좋은 학교는 핵심 가치들을 중심으로 조직되고 그것에서 힘을 받곤 한다. 가치는 전통에서도 특정 공동체의 구체적 필요에서도 나올 수 있지만 그 공동체에서 널리 받아들여지는 것이어야 한다. 가치는 써서 붙여놓기만 하면 되는 게 아니라 학교의 일상생활에서 뚜렷하게 명시적으로 구현되어야 한다.

좋은 학교는 모든 학생들에게 높은 기대를 갖는다. 학교 공동체는 모든 학생들에게 뚜렷한 목표를 설정하되 개인에 맞게 유연하게 적용해야 한다. 학교에 오는 다양한 아이들을 기르고 끌어올릴 방법을 찾아야 하고, 학생들의 삶의 조건을 실패에 대한 핑곗거리로 삼아서는 안 된다.

좋은 학교는 교사가 존경받고 책임감을 갖고 스스로 결정을 내리는 곳이다. 교사는 기계의 부속품이 아니고 스스로를 소중한 존재, 필요불가결한 존재로 여겨야 한다. 교사들은 자기 교육에 대해 주체성을 느껴야 한다.

좋은 학교는 지속적으로 스스로 개선해나가야 한다. 어떤 학교도 교육도 교육과정도 완벽할 수 없다. 좋은 학교는 누구도 확신을 갖고 현실에 안주하지 않는 곳이다. 좋은 학교는 늘 변화한다.

나는 일생의 많은 기간을 학교와 교실을 바꾸고 만들고 개선하려고 애썼다. 그러면서 배운 한 가지는 왕도가 없다는 것이다. 이는 믿음과 희망과 두려움을 안고 난파선으로 뛰어드는 것과 마찬가지다. 또 한 가지는 크게 생각하고 모든 것에 의문을 제기하며 핵심에 접근해야 한다는 것이다. "타이타닉"호 갑판에 놓인 의자를 재배치하면 전망이 더 나아질지는 모르겠지만 그렇다고 해서 배가 바다에 가라앉는 것을 막을 수는 없다. 동시에 세부적인 것, 개개인의 필요와 욕구에 관심을 가져야 한다. 생각은 전 지구적으로, 행동은 지금 있는 자리에서 시작하는 것이다. 머리는 우주에, 발은 땅에 두는 것이다. 쉬운 일이 아니다.

예전에 열정 있는 학부모와 교사들과 함께 모여 큰 학교 건물 안에 조그만 초등학교를 만들어보려고 한 적이 있다. '이마니 학교'라고 이름을 지었다. 이런 학교들이 대개 그러하듯이 현실보다는 이상, 실질보다는 믿음에서 시작되었다. 이마니(imani)는 스와힐리어로 "믿음"이라는 뜻인데, 더 밝은 미래에 대한 신념을 지닌 한 교사가 제안한 이름이다.

학교를 만들기 위해 모인 공동체는 몽상가들의 모임은 아니었다. 이마니 학교는 도시 지역 가난한 동네에 있었다. 낡고 황폐한 공영주택에 사는 사람이 많았다. 많은 아이들이 직접 폭력을 경험했고, 모든 사람들이 착취와 범죄를 피부로 느꼈다. 교사들과 학부모들에게 용기를 불어넣었던 것은 바로, 포기하게 만드는 이유가 너무나 많음에도 불구하고, 아이들에게 제대로 된 학교와 미래를 안겨주고 싶다는 의지와 투지였다.

이마니 학교 준비 모임 초기의 중점 과제는 "약점을 강점으로 바꾸자"였다. 우리는 작은 팀을 꾸려 동네를 돌아다니고 지도를 그리고 공동체의 자산을 찾았다. 문제라고 생각되는 것을 찾아 그것을 자산으로 바꿀 수 있는지 보는 어려운 과제였다.

공원, 소방서, 작은 상업지구는 물론 공동체의 자산이었다. 학교가 이것들을 어떻게 활용할 수 있을까? 견학을 가거나, 공원을 깨끗하게 만들자는 캠페인을 벌일 수도 있다. 반마다 식당이나 작은 기업과 자매결연을 맺어 연구하고 지원할 수도 있다. 이런 자산들을 어떻게 학교생활 안으로 가져와 풍요하게 이용할 수 있는지 고민했는데, 이는 가치 있는 경험이 되었다.

더 힘든 과제는 문제를 다른 관점에서 바라보는 것이었다. 예를 들어 학교 근처에 공터가 몇 군데 있었다. 이걸 텃밭이나 놀이터로 이용할 수 있을까? 이 공동체는 실업률이 높은데, 실업 상태의 어른들을 조직해 학교 안팎 프로젝트에 참여하게 할 수 있을까? 쉽사리 확신할 수는 없었지만 약점을 강점으로 바꾸려고 애쓰면서 사람들이 상상하는 공간은 넓어졌다.

준비 모임에서 초기에 한 일 가운데 하나는 우리의 공통 가치를 확인하려 한 것이었다. 우리는 세계 모든 사람들에게 세 가지 자질을 부여할 마법적 능력이 있다면 어떤 자질들을 고르겠는가 하는 질문을 스스로에게 던져보았다. 좋은 건강 같은 신체적인 것이 될 수도 있고 부나 롤스로이스 자동차 같은 물질적인 것일 수도 있고 특정한 종교심 같은 것일 수도 있고, 그 밖에 어떤 것이든 가능하다고 상상해보았다.

우리는 이 활동을 개별적으로, 또 그룹을 만들어서 해보았고 최종적으로 다섯 가지 자질에 합의를 이루었다. 공감, 호기심, 자신과 다른 사람에 대한 존중, 창의성, 그리고 사회에 온전히 참여할 능력이었다. 오랜 시간이 걸렸고 엄청나게 많은 대화와 다툼, 타협, 재정의가 있었다.

이 자질들이 우리의 핵심 가치이자 앞으로 나아갈 길의 길잡이가 되었다. 모든 사람들에게 바라는 자질이며 세상을 더 나은 곳으로 만들 가치이기 때문에, 학교에서 이 가치들을 뚜렷하게 실천해야 한다고 생각했다. 문법 규칙을 가르치면서 존중을 무시할 수는 없었다. 복도에 호기심이라는 자질이 나타나게 하려면 어떻게 해야 할까? 식당에도 존중이 있어야 하나? 어떤 모습이 될까? 모든 상호작용에 공감이 깃들 수 있을까? 어떻게? 이런 가치들이 학교에서 어떻게 해야 하느냐는 실질적 문제를 해결할 수는 없지만, 실천 방안을 상상하고 검토해보는 데에 유용한 렌즈가 되어주었다.

이 핵심 가치들은 민주주의와 적극적인 사회 참여를 강조하는 쪽으로 이어졌다. 한 학부모가 말했듯이 "우리는 민주사회에 살고 있는 것처럼 행동해야 하고 그래야만 사회가 더욱 그렇게 될 수 있다". 학교에서 존중과 공정함을 눈에 뜨이게 강조하고, 교사들은 교실에서 학생들이 자유롭게 생각하고 질문하고, 비판적으로 말하고 쓰고 읽고, 협력하고, 공공선을 생각하고 그에 따라 행동할 수 있는 환경을 만들려고 애쓸 것이다. 반마다 일과에 공동체를 위한 봉사 시간을 넣는다. 가장 어린 아이들은 텃밭을 가꾸고, 더 큰 아이들은 더 어린 아이들 교육을 돕고, 가장 큰 아이들은 공동체 조직에서 일하고, 모두 다 같이 청소 관리에 참여한다.

준비 모임에서는 또 경험의 교육적 중요성을 강조했다. 직접 경험을 통한 배움, 대면접촉과 1차 자료를 이용한 연구 프로젝트 등. 교사들도 공동체와 구성원들을 학교의 자원으로 쓰려고 노력했다. 모든 사람이 가르치고, 모든 사람이 배운다. 지식은 행동, 실험, 성찰, 자기수정, 발견, 놀라움에 맞추어져 있다. 아이들이 스스로 이야기와 대본을 쓰고, 때로 힘들고 고통스러울지라도 알고 경험한 것에 바탕해 성장하도록 격려하고자 했다. 어떤 학생도 침묵하도록 만들지 않았다.

물론 경험에 바탕한 교육을 만들어가는 것은 출발에 불과했다. 존 듀이는 경험과 교육은 같은 것이 아니라고 했다.[51] 우리는 늘 경험을 하지만, 어떤 경험은 아무 데로도 이어지지 않는 분절된 사건일 수 있고 앞으로의 성장을 저해하거나 왜곡하는 비교육적인 것이 될 수도 있다. 경험에 바탕한 교육을 이루려는 교사들은 학생들이 성장하고 발전해 더 많은 경험을 하고 결국 스스로 배움을 주도할 수 있도록 하는 경험의 기회를 제공해야 한다. 아이들이 자기 이야기를 하게 하는 것은 바람직한 활동이지만 아이들이 다양한 자료를 접할 수 있게 하는 것

또한 필요하다. 학생들이 스스로 다음 단계를 만들어나가려고 한다면, 약간의 애정, 약간의 분노, 그리고 많은 용기를 품고 미래를 바라본다면, 교사로서 성공했다고 할 수 있다.

이마니 학교의 학생들은 존중을 받았다. 있는 모습 그대로 소중히 여겨졌고 앞으로 될 존재로 존경을 받았다. 아이들의 프로젝트가 일과를 만들어나갔고 아이들의 노력이 학교를 움직였다. 학생들은 자기들이 없으면 식당이 아름다운 모습이 될 수 없고 운동장이 관리될 수 없으며 아무것도 제대로 돌아가지 않는다는 것을 알았다. 학생들을 공간이 제대로 기능하는 데 방해물로 여기는 학교들과는 대조적이다. 이마니 학교의 교사들은 아이들을 소중히 여겼고, 교직이 의미가 있는 까닭은 바로 아이들의 존재와 활동 때문이라며 깊은 믿음을 표하곤 했다. 이마니 학교는 어린이를 우상으로 여기지도 이른을 우상으로 여기지도 않았고, 세대 간의 의존성, 돌봄, 책임, 헌신을 강조했다.

교사의 질문

프레더릭 더글러스(1817~1895, 도망 노예 출신으로 미국 노예폐지 운동에 앞장섰다-옮긴이)는 글을 익히는 과정이 전복적 행위였다는 이야기를 들려준다. 노예일 때 더글러스는 아무 권리도 기회도 갖지 못했다. 노예가 글을 익히면 눈이 뜨여 말썽을 일으킬 소지가 있기 때문에 노예가 글을 익히는 것이 엄격히 금지되었던 때다. 지배자들은 노예는 읽을 필요가 전혀 없다고 주장했다. 단순하고 고된 노동을 하도록 훈련만 시키면 그 이상은 필요 없다는 것이다. 그런데 주인의 아내가 더글러스의 영민함을 알아보고 신에게 가까이 다가가도록 만들려고 성경 읽는 법을 가르쳤다. 주인은 그 범죄행위를 알고 길길이 뛰었다. "글을 알면 노예에 걸맞지 않게 돼!"

교육은 모든 사람을 노예에 걸맞지 않게 만든다. 교육은 대담하고, 모험적이며, 창의적이고, 생생하고, 계몽적이다. 다시 말해 교육은 삶을 탐험하는 사람, 운명에 도전하는 사람, 실천가와 활동가, 시민들을 위한 것이다. 훈련은 노예, 왕의 신민, 다루기 쉬운 고용인, 유순한 소비자, 순종적 군인들을 위한 것이다. 교육은 벽을 무너뜨리지만, 훈련은 온통 철조망으로 둘러싸여 있다.

그런데 우리가 교육이라고 부르는 것이 훈련에 지나지 않을 때가 너무 많다. 학교를 운영하느라 바빠 배움은 놓치고 만다. 그렇게 되면 학교는 졸업장 생산 공장, 통제와 훈육에 기초한 시설, 이 모든 일을 정당화하는 종이 한 장을 받기 위해 사람들이 시간을 때우고 몇몇 기초 기술을 익히는, 삶도 재미도 없는 곳이 되고 만다. 때로는 아무 생각 없는 곳이지만 때로는 노골적으로 사악한 곳이 될 수도 있다.

100년 전에 미국 내무부에서는 인디언 기숙학교라는 학교 시스템을 운영했는데, 오늘날까지도 일부가 남아 있다. 이 학교 설립의 전제는 미국 원주민들이 인디언다운 생활양식을 모두 버리고 백인처럼 되도록 가르치면 이들도 교육이 가능하다는 것이었다. 아이들은 집을 떠나와 기숙학교 생활을 하며 자기네 언어를 쓰거나 종교를 실천하거나 가족과 연락을 하려고 하면 혹독하게 벌을 받았다. 원주민다운 것은 모두 지워야만 정식 교육을 받을 수 있었다. 몇몇 학생들은 따랐으나 많은 학생들이 반발하고 저항했고 결국 구제불능이라는 딱지를 받았다.

인디언 기숙학교에서 교육을 받기 위해 치러야 하는 대가는 엄청났다. 존엄성, 개성, 인간성, 온전한 정신까지 위협받았다. 보상은 보잘것 없었다. 단순 노무직, 사회적 위계질서 안에서 주변적 지위였다. 학생들은 굴욕, 수모, 훼손을 감내한 대가로 고작 사회 가장 아래층에서 기능하는 법을 배웠을 뿐이다. 대부분이 거부한 것도 당연했다. 대가는 크고 소득은 미미했으니.

오늘날 학교들도 크게 다르지 않다. 우리는 학생들에게 핵심 기술과 지식을 준다고 주장하지만 생존에 필수적인 한 가지를 주지 않는다. 바로 삶의 목적이다. 약물의 위험성, 조직 폭력 예방, 정신 건강 등에 대한 수업 모두를 합해도 단 하나의 희망을 갖게 하는 것에는 미치지 못한다.

삶의 길고 복잡한 여행에서 우리 교사들이 학생들과 길동무라는 사실을 인식할 때, 학생들을 존재만으로 존엄힌 존재로 존중힐 때, 우리는 좋은 교사가 되기 위한 길을 걷고 있다고 할 수 있다. 정말 단순한 것이며, 정말 어려운 일이다.

헐 하우스(1889년에 제인 애덤스와 엘런 게이츠 스타가 설립한 미국 최초의 사회사업관―옮긴이)의 설립자 제인 애덤스는 이런 질문을 던졌다. "우리는 젊은이들의 꿈에 어떻게 대답할 것인가?" 눈부시고 우아한 질문, 답변을 요구하는 질문이다. 이에 대한 답은 원환을 그리며 점점 더 넓어질 것이다. 이는 교사의 질문이기도 하다. 우리가 두려움과 희망에 가득 찬 교육, 독특하고 신비로운 교사의 삶, 노예에 걸맞지 않은 세대의 창조에 뛰어들 때 가슴속에 지닐 질문이다.

제8장

경쟁·효율 교육과 이별하자

모든 음을 크게 연주해라,
특히 틀린 음을.
— 디지 길레스피

"나한테 머리가 있다면…… 마음이…… 용기가……" 그리고 물론, 집이 있다면.

희망을 품고 오즈를 향해 노란 벽돌길을 함께 걸어가는 네 여행자들은 서로에게, 하늘에 자기 소망을 이야기한다. 저마다 결핍을 진단받았고, 부족하다는 것을 확인하고, 필요를 인정한다. 저마다 뭔가 부족한 것, 고쳐야 할 구멍을 고통스럽게 의식한다. 저마다 온전한 존재가 되는 데 장애가 되는 것을 극복하러 나섰고 길벗에게서, 함께 애쓰며 자라난 우정에서 동력과 힘을 얻는다.

전인교육, 훌륭한 교육을 찾아 나선 선생님들이 기본 자질을 어떤 말로 표현해야 하나 고민할 때 이것도 좋은 출발점일 것 같다. 집, 마음, 머리, 용기. 물론 더 많은 것들이 있겠지만, 이것을 마음에 간직하고 자기만의 노란 벽돌길을 깡충거리며 뛰어, 그 너머 더 넓고 넓은 세계로 나아갈 수 있을 것이다.

교육은 지적이며 윤리적인 일이다. 사려 깊고 사색적이며 다정한 사람이어야 잘할 수 있다. 머리와 마음이 필요하다. 교사가 마주한 첫 번째 기본 과제는 학생들을 3차원적 존재로 받아들이는 것이다. 저마다 가슴과 머리, 기술과 꿈과 능력을 지닌 구별되는 인간, 우리들처럼 온전한 인간으로 바라본다. 이런 관점은 기본적으로 믿음의 행위다. 아이의 능력이 뚜렷이 보이지 않을 때에도 능력이 있다고 가정해야 하고 "기대하는 것의 본질, 보이지 않는 것의 증거"를 따라야 한다. 대부분의 학교에서, 아주 미약한 증거를 가지고 아이들을 분류하고 아이들의 결함에 꼬리표를 붙이는 나쁜 일이 비일비재하게 일어나기 때문이다. 정신을 질식시키는 덮개를 뚫으려면, 꼬리표를 넘어 떨고 있고 온전하고 살아 있는 이 한 아이 그리고 또 다른 아이들을 바라보려면, 교사에게 머리가 필요하다. 또 그렇게 하는 게 왜 중요한지 이해하고, 모든 아이들이 소중하고 고유하며 지구상에 유일한 존재이고 교사에게서 최상의 존경과 경의와 헌신을 받을 자격이 있다는 사실을 가슴속 깊이 인식하려면, 교사에게는 마음이 필요하다.

이런 근본적 과제를 받아들이는 교사는 결을 거슬러 나아가야 한다. 그러려면 용기가 필요하다. 학교에서는 교사가 사무원이자 거대하고 번쩍이고 고도로 합리화된 생산 라인을 구성하는 대체 가능한 부품으로 작용하게 압력을 넣는다. 마음과 머리를 가지고 가르치려면, 교육을 인간적인 과업으로 보고 학생들에게 무한한 가능성을 열어주기 위해 가르치려면 용기가 필요하다. 용기는 다른 사람들과의 연대를 통해 길러진다. 사람들이 자유롭게 모여 더 나은 것을 선택하면서 이루어진다. 생각과 관심과 용기를 지니고 가르치려면, 정말로 집이 필요하다.

오즈를 향해 나아가는 네 탐구자들은 교사로서의 우리의 성장을 방해하는 것들이 바뀌리라는 것, 늘 더 많이 알아야 하고, 더 이루어야 하고, 동지와 벗에게 손을 뻗어 앞으로 나아갈 힘과 용기를 얻어야 한다는 것을 깨닫게 해준다. 그리고 우리는 길 끝에 마법사가 없다는 것도 안다. 요술지팡이를 들고 우리의 지극히 인간적인 문제들을 해결해줄 초월적 존재는 없다. 문제를 지닌 사람이 해결책도 지니고 있다는 사실을 인식하면, 우리보다 앞서 법률가나 제도나 교원 노조가 "제대로 만들어주리라"고 기대하면 평생을 기다려야 하리라는 걸 안다. 우리는 우리 안을 들여다보고, 우리가 지니고 있었는지도 몰랐던 힘을 끌어내고, 다른 탐구자들(교사들·학부모들·아이들)과 손을 잡고 우리에게 걸맞은 학교와 교실, 즉 생각, 평화, 자유, 정의가 있는 곳을 만들 수 있다. 이제 우리는 우리만의 진짜 에메랄드 시티를 향한 길 위에 있다.

아이 보기

좋은 선생님은 학생들의 삶에 눈뜨고 있기 위한 방법을 찾는다. "아이 보기" 기술은 익힐 수 있다. 어떤 마음 상태, 태도, 모든 아이가 온전하고 복잡하고 역동적인 3차원적 인간이라는 확고한 믿음에서 시작하면 된다. 좋은 선생님은 학생을 존중하고, 아이들이 어떻게 생각하고 경험하고 세상을 이해하는지를 알아내는 데 많은 노력을 기울인다. 또한 좋은 선생님은 진정한 배움의 기회를 만들기 위해 자기 학생들의 학생이 되어야 한다.

아이들을 전체적으로 보고 모두가 잘 보이게 하는 교실을 만드는 게 중심 과제다. 쉽지 않은 일이다. 한 가지 특성이나 눈에 보이는 기술에 따라 아이들을 나누어 꼬리표를 붙이는 나쁜 습관이 있는 학교에서는, 아이들을 쪼개어 시야를 가리고 잘 보이지 않게 만들기 때문에 특히 힘든 일이다. 그걸 막기 위한 방법이 "아이 보기"다. 아이 보기는 어떤 아이나 관심을 기울일 만한 기술과 능력과 경험을 가졌다는 신념을 갖고, 아이를 인내심과 절제력을 가지고 관찰하여 적절히 자신감 있게 개입할 수 있다고 믿을 때 이루어진다. 아이 보기를 하려면 아이에게 꾸준히 관심을 기울이고 열렬히 바라보아야 한다. 단점을 넘어 능력을, 교실을 넘어 아이가 사는 세상을 바라보는 것을 뜻한다. 진정한 교육과정은 종종 학교 벽을 넘나들면서 어떻게 해야 교실에 배움이 뿌리를 내리고 살아날 수 있는지를 깊이 이해해야 한다. 아이들은 가족, 동네, 문화적 환경, 언어 공동체, 역사의 흐름, 경제적 조건, 전 세계에 속해 있다. 아이를 보려면 그 세계, 어떤 면에서 균형을 잃어 수리가 필요한 세계에 초점을 맞추고, 그것이 아이를 숨 조르고 자극하고 형성하고 영향을 미치는 양상을 보아야 한다.

아이를 보는 법을 익히면 교사들이 학교에서 종종 경험하는 무력감을 이겨내는 데에도 도움이 된다. 아이를 바라보는 관점을 완전히 스스로 통제할 수 있는 사람은 없다. 어디선가 조종과 제한과 압박을 받기 마련이지만, 그래도 우리는 교육에 대한 깊은 믿음과 학생들에 대한 드높은 기대를 토대로 우리 정신과 마음을 일깨울 수 있다. 우리의 가치와 아이들에 대한 꿈을 실현할 수 있도록 환경을 만들어나갈 여지는 우리가 생각하는 것보다 너 크다. 아이들을 존중하고 겸허한 자세로 좋은 교육을 해나가면 막대한 변화를 이룰 수 있다는 믿음으로 평생의 과업을 이루어나가는 여정에서, 아이들과 가족에게 손을 뻗고, 또 동료 교사들을 동지로 끌어들일 수 있다.

우선 반드시 교실에서 실현하고자 하는 핵심 가치의 목록을 만들라. 모든 인간은 희망과 꿈, 기술, 경험을 지닌 3차원적인 존재이며, 저마다 육체와 정신과 영혼과 감정을 지녔음이 어떻게 해서든 교실에서 드러나야 한다는 우아하면서도 단순한 생각을 받아들이라. 이것을 교실에서 실천할 가치로 받아들인다면, 사람을 대상으로 취급하거나 사람을 무시하고 침묵하게 하는 행동은 거부할 수밖에 없다. 말하기는 쉽지만 교실의 일상적 삶과 구조 속에서 실천하기는 매우 어렵다. 학교는 학생들에게 꼬리표를 붙이고 승자와 패자로 나누어 줄 세우고, 학생 행동 통제를 좋은 교육의 지표로 취급할 때가 많기 때문이다.

그리하여 모순이 생긴다. 모든 인간을 온전히 인정받고 존중받아야 하는 막대한 가치를 지닌 존재로 생각하면, 모든 사람이 저마다 독특한 발자취를 지구상에 남기고 있다고 생각한다면, 모든 학생들은 신성한 존재가 된다. 신성함을 인정하면 모든 학생의 온전한 인간성을 받아들이고 그들의 편에 서야 한다. 아이들이 스스로를 어떻게 바라보고 어떤 존재이며 어떤 존재가 되어가는가에 대해 수복하려고 고군분투하다 보면, 아이들을 분류하려고 하는 힘과 충돌할 수밖에 없다.

그러다 보면 우리는 교육의 도덕적 핵심으로 나아가게 된다. 교육은 지적이고 윤리적인 활동이며, 도구적이고 단선적인 것을 넘어선다는 생각이다. 교육이 이루어지려면 그걸 추진해나갈 사려 깊고 다정한 사람이 필요하고, 따라서 교사들은 성장하면서 더욱 다정하고 더 사려 깊은 존재가 되려고 애써야 한다. 그러려면 바깥쪽에 기대야 한다. 아이들의 세상, 고통, 성취, 시각, 고민을 바라보려 해야 한다. 또 우리가 알아낸 것에 대한 때로는 즐겁고 때로는 뼈아픈 인식이 필요하다. 그뿐만 아니라 안쪽으로 기댈 필요도 있다. 자기 자신을 알아가고, 변화하는 세상 속에서 의식을 갖고 깨어 있어야 한다. 누구나 사회적 환경에 얽혀 그것에 영향을 받으며, 한편 누구나 역동적이고 광대한 내적 삶, 곧 영혼, 정신을 가지고 있다. 더 큰 세계와 의식적으로 연결 짓지 않고 안으로만 침잠하면 자기만족에 빠져버릴 수도 있다. 자기 마음과 정신을 염두에 두지 않고 밖으로만 향하면, 윤리적 맹목에 빠져 아이를 이용 대상으로 보게 되고 만다. 우리는 저마다 다른 곳에서 시작할지라도 모든 아이들이 완전하며 다차원적인 존재라는 믿음에서 시작해야 한다.

맥락 이해하기

또 다른 과제는 가르침이 일어나는 맥락, 사회적 환경, 역사적 흐름, 문화를 깊이 바라보는 것이다. 이런 고민이 반드시 필요하지만 고통과 어려움도 따르기 마련이다. 우리 삶의 맥락에는 물려받은 특권, 이유 없는 고통, 치명적인 약물, 극심한 노동, 끔찍한 무력감, 소멸의 위협 같은 것이 있다. 우리가 함께 살아가는 사회적·도덕적 우주를 인식하고 인간이 이루어낼 수 있는 가능성에 대해서도 인식한다는 것은, 희망과 투쟁, 분노와 행동을 할 수 있는 교사가 되는 것이다.

그렇지만 물론 교사가 할 수 있는 일은 분위기를 만들고 무대를 놓고 막을 올리는 것뿐이다. 교사의 일이 어려운 것은 개인적이고 즉흥적이기 때문이다. 사람의 생각이나 마음처럼 불분명하고 우정이나 사랑처럼 독특하고 독창적이다. 교사의 일은 주로 배경, 환경, 무대, 입장, 상황, 연결, 그리고 관계에 관한 것들이다. 가르치는 일이 배우는 것보다 어려운 까닭은, 가르친다는 것은 다른 사람이 배우도록 만드는 것이기 때문이다. 배움이 이루어지려면 학생이 움직이고 선택하고 동의해야만 한다. 게다가 가르침은 언제나 어떤 게 정답인지 알 수 없는 상태에서 이루어진다. 가르침은 믿음에 따른 행동이다.

교사들의 기본 과제로 또 교실에 등장한 다양한 학생들을 지적으로 자극하고 길러낼 환경을 조성하는 일이 있다. 배움으로 들어가는 진입로가 여럿 있어야 하고 성공을 이룰 다양한 길이 있어야 한다. 교사가 환경을 만든다. 교사의 생각, 취향, 가치, 직관, 경험으로 학습 환경을 조성해나간다. 그러니 자신의 가치, 기대, 기준이 무엇인지 반드시 생각해보아야 한다. 교실로 걸어 들어오는 아이가 어떤 것을 느낄지 생각해보라. 분위기가 어떤가? 어떤 경험을 기대하게 되나? 어떤 기술이 지배적인가? 어떤 목소리가 느껴질까?

생각할 권리

교사의 지적 작업은 까다롭고 복잡하며 인내심, 호기심, 경이감, 겸허함을 요구한다. 지속적으로 관심을 쏟고 지적인 판단을 내리고 탐구하고 조사해야 한다. 모든 판단은 불확실하고 모든 시각은 불완전하며 모든 결론은 잠정적이니 늘 깨어 있어야 한다. 학생은 역동적이고 늘 움직이는 살아 있는 존재다. 어떤 것도 영구히 확정될 수 없다. 권위 있는 요약은 있을 수 없다. 학생은 성장하고 변화하여, 어제의 필요는 잊히고 오늘은 완전히 새로운 것을 요구할 수 있다. 그러니 가르치는 일은 진지하고 거대한 지적 과업이다.

그뿐만 아니라 윤리적 자세도 필요하다. 좋은 교사는 학생들의 삶에 꾸준한 관심을 기울이고 경외감을 표현해야 한다. 아이에 대한 존중은 모든 학생들이 세상을 살아나가고 변화시킬 수도 있는 도구를 반드시 얻을 수 있게 하는 일로 이어진다. 학생을 현재 그대로, 앞날에 대한 의지나 기대 없이 사랑한다는 것은 진정한 사랑이 될 수 없고, 학생을 무력하고 무능하게 만드는 일이 된다. 교사는 아무런 해를 끼치지 않으려 노력하고, 학생들이 뻗어나가고 충만한 삶을 누릴 수 있게끔 교육의 기회를 붙잡도록 설득해야 한다.

또한 우리 자신과 선과 정의의 관계를 발견하고 발전시키기 위해서 우리의 삶과 일을 여행이나 추구로 바라보아야 한다. 사무원이나 로봇이나 부속품에 머무르지 않으려면 선한 것에 손을 뻗고 악한 것은 바로잡으려 애써야 한다. 우리 스스로를 탐구자, 학생, 꿈꾸는 사람으로 상상해야 한다.

따라서 교사들은 변화하고 움직이고 나아가야 한다. 학생들의 학생이 되어 학생들을 이해하고 우리 자신을 알아야 한다. 파울루 프레이리가 이런 과정을 훌륭하게 표현했다. "대화를 통해 '학생들의 교사'나 '교사의 학생들'은 사라지고 새로운 용어가 생긴다. 교사-학생과 학생-교사다. 교사는 단순히 가르치는 사람이 아니라 학생과의 대화를 통해 배우는 사람이 되고, 학생들은 배우면서 또 가르치게 된다. 양쪽이 같이 모두가 성장하는 과정에 함께한다."[52] 우리 학생들의 학생이 되어 우리는 스스로 확장되고 새로운 사람으로 조금씩 성장한다.

민주주의에는 반드시 토론, 숙고, 대화가 있어야 한다. 대화에는 마땅히 실수, 오해, 다툼, 감정이 섞이기 마련이지만 이런 불안정한 요소 때문에 탐구와 발견과 변화가 일어난다. 대화는 다른 사람과 관계를 맺기 위해 즉흥적으로 이루어진다. 우리 말을 누가 들어주리라 생각하고 말하고, 변화할 가능성을 가지고 귀를 기울인다. 그러다 보면 우리 신념이 완전하지도 확실하지도 않다는 생각을 하게 되기 마련이다. 질문하고 탐구하고 관심을 기울이고 더 깊이 들어가게 된다. 우리 자신을 내세우고 우리 관점을 주장하는 것만으로는 대화가 이루어지지 않는다. 우리 자신이 변화할 가능성도 생각해야 한다. 인간 존재에 대한 흔들리지 않는 믿음이 있어야 가능한 일이다. 우리가 모든 것을 안다 친다면 학생으로서 끔찍하고 교사로서는 형편없는 사람이 될 것이다. 모든 지식은 불확실하고 한계가 있으며 어떤 관점도 온전할 수 없다. 그렇다고 해서 좌절할 수도 있겠지만 교사라면 여기에서 가슴 떨리는 흥분감을 느낄 수 있을 것이다.

눈을 크게 뜨고 학생들에게 시선을 고정한 교사의 다음 과제는 우리가 살고 일하는 세상을 의식하는 것이다. 교사들은 우리가 함께 누리는 삶을 알고 관심을 가져야 한다. 교사의 사명은 사실 다른 사람들을 이끌고 힘을 주는 것이니 말이다. 교사는 학생들이 능력을 갖추고 깊이 생각하며 자신 있게 선택하고 문화에 적극적으로 참여하고, 눈앞에 있는 것 모두를 받아들이고 그것에 참여하고 변화시킬 수 있게 되도록 이끈다. 어떻게 하면 그렇게 할 수 있을까? 어떻게 사회와 문화를 이해할 수 있을까?

교사는 늘 선택을 해야 한다. 학생을 어떻게 바라볼지, 세상을 어떻게 바라볼지, 어떤 것을 받아들이고 어떤 것을 거부할지, 어떤 지시는 따르고 어떤 지시에는 저항할지를 선택해야 한다. 모든 것이 이미 결정되었다는 환상을 심어주는 학교에서, 교사들은 선택의 여지가 많지 않고 상상의 공간은 좁고 교육의 목표가 실종되었다는 느낌을 받기 쉽다. 그렇지만 이런 곳에서도 교사들은 저항하고 학생들과 미래를 위해 선택을 내릴 방법을 찾아야 한다. 교사가 선택해야 윤리적인 것이 이루어질 수 있다. 제임스 볼드윈은 이렇게 말한다.

교육의 역설은 이런 것이다. 사람이 의식을 갖게 되면 교육이 이루어지는 사회를 검토하기 시작한다. 교육의 목적은 결국 스스로 세상을 바라보고 결정을 내리고, 이건 옳고 그르다고 자기 힘으로 말하고, 하늘에 신이 있는지 없는지 스스로 결론을 내릴 능력을 만들어주는 것이다. 우주적 질문을 품고 살아가는 법을 익힘으로써 자기 정체성을 만들어갈 수 있다. 그렇지만 어떤 사회도 이런 사람들이 늘어나기를 바라지 않는다. 사회가 실제로 원하는 것은 사회의 규칙을 묵묵히 따르는 시민들이다. 이런 사회가 이루어진다면, 그 사회는 소멸의 길로 접어든 것이다. 스스로를 책임감 있는 존재로 생각하는 사람이라면, 어떤 위험을 무릅쓰고라도 사회를 검토하고 변화시키고 싸울 의무가 있다. 이것이야말로 사회가 지닌 유일한 희망이다. 사회가 변화하기 위한 유일한 길이다.[53]

우리는 학생들에게 능력, 지성(때로 묻혀서 보이지 않을 때도 있지만)뿐 아니라 희망, 꿈, 갈망도 있다고 생각한다. 극복해야 할 장애물, 손봐야 할 결함, 바로잡아야 할 부당함도 있음을 인정한다. 이걸 기본으로 하여 교사는 자유를 실천하고 정의를 구현할 풍부한 기회가 있는 환경을 만들 수 있다. 도덕적 행동의 본보기를 보이고 장려하고 기대하고 요구하며 기르고 탐구할 기회가 있어야 한다. 이런 교실은 특별한 리듬을 따른다. 문제(우리는 무엇을 알고 싶은가? 왜 중요한가? 어떻게 알아낼 것인가?)와 그에 따르는 행동(지금 아는 것에 비추어 어떻게 할 것인가?)에 초점을 맞춘다.

한나 아렌트는 교육은 우리가 세상에 대한 책임을 떠안을 만큼 세상을 사랑하는지 결정하는 자리라고 했다. 동시에 교육은 아이들을 세상에 들어가게 하고, 아이들에게 그 세상에 활기를 불어넣고 변화시킬 도구를 줄 만큼 아이들을 사랑하는지를 결정하는 자리이기도 하다.

교육은, 가장 좋은 의미에서 정치적이다. 학교는 끝나지 않은 대화가 되어야 한다.

사회적 담론이 점점 후퇴하고 사라지는 시기에, 교사들은 들을 수 없는 것을 계속해서 말하려면 어떻게 해야 할지 고민해야 한다. 이야기되지 않는 것이 들리게 하려면 어떻게 해야 하나? 자기 검열 때문에 말하지 못하는 것은 아닌가? 기대와 가능성 사이의 긴장은 첨예하고, 어떻게 할 것인가 하는 질문은 날마다 새로운 도전으로 느껴진다.

교직에 종사하는 사람들은 거짓을 말하거나 쉬운 승리를 주장해서는 안 된다. 쉬운 해결책은 없고 누구도 더 나은 방법을 쉽사리 찾을 수 없다. 늘 회의하고 고민해야 한다. 우리가 아는 것이 요구하는 바에 따라 행동할 때에도 마찬가지다. 그래야 공시적이고 권위적인 지식에 저항하고, 우리 힘으로 삶을 바꿀 수 있다는 가능성에 냉소하는 경향에도 저항할 수 있다.

브레히트의 희곡 《갈릴레오》에서 위대한 천문학자 갈릴레오는 강력한 교회와 권위주의적 권력이 지배하는 세상으로 나아간다. "도시들은 좁고 뇌도 마찬가지다." 갈릴레오는 겁 없이 말한다. "미신과 역병. 그렇지만 나는 이렇게 말한다. 그렇다고 해서, 늘 그러하지는 않는다. 모든 것은 움직이니까."[54] 자신의 뿌리를 흔들어놓는 발견에 취했고 남들보다 더 많은 것을 보아 충격적인 인식을 얻은 갈릴레오는 지구가 움직이는 것을 느끼고 놀랍게도 자기가 혁명을 향해 이끌리는 것을 느낀다. "별이 수정으로 된 둥근 천장에 붙어 있어 떨어지지 않는다고들 말했지. 이제 우리는 용기를 내서 별들이 자유롭게 공중에 떠다니게 했으니…… 별들은 위대한 여행을 떠났어. 우리처럼, 자유롭게 위대한

여행을 떠난 우리처럼."⁵⁵

갈릴레오는 위험을 무릅쓰고 제도권에 맞섰고 거센 역공을 당했다. 종교재판이라는 압박 속에서 필생의 업적을 폐기하라는 압박을 받아 갈릴레오는 사실임을 아는 것을 철회한다. 갈릴레오는 다시 교회의 품에 안기게 되고 충성스러운 신민의 지위를 회복하지만 자기가 한 말 때문에 인류를 저버린 꼴이 되고 만다. 그 무렵 예전의 제자를 길에서 만나는데, 제자는 갈릴레오를 몰아세운다. "많은 사람들이 눈을 크게 뜨고 귀를 세우고 스승님을 따랐습니다. 별의 운행에 대한 스승님의 시각 때문만이 아니라 가르침의 자유 때문이기도 했습니다. 어떤 특정한 생각 때문이 아니라 생각할 수 있는 권리 때문이었습니다. 그게 이제 흔들리는군요."⁵⁶

생각할 수 있는 권리가 흔들린다. 지도에 그려지지 않는 공간을 탐구할 권리, 교회와 권위에 논리와 증거로 도전할 권리가. 생각할 권리는 교육의 핵심이며, 계몽과 해방, 지식과 인간의 자유라는 두 개의 기둥에 기대고 있다. 우리는 더 많이 알고 더 많이 보고, 더 많이 경험해 더 많이 행동하고자 한다. 더 자신 있고 강하고 능력 있고, 더 똑똑하고 깨어 있고자, 우리가 물려받았으며 동시에 바꾸어야 할 세상에 더 많이 참여하고자 한다.

따분한 교육에 안녕을 고하자

가르치는 법을 배우려면 시간, 에너지, 노력이 필요하다. 잘 가르치는 법을 배우려면 더 많은 것이 필요하다. 진지하고 꾸준한 헌신, 아이의 삶에 대한 열렬한 관심, 미래와 우리가 나아가고 있는 세상에 대한 열정적 시각이 필요하다.

훌륭한 선생님, 위대한 선생님이 되는 일은 평생을 걸어야 하는 일이다. 좋은 가르침은 더 나은 가르침을 영원히 찾아가는 것이기 때문이다. 늘 역동적으로 움직이며, 늘 자라고 배우고 발전하고 더 나은 것을 찾는다. 가르침은 완성될 수도 고정될 수도, 쉽게 요약될 수도 없다. "훌륭한 선생님"이라는 말이 누군가의 평생공로상패나 은퇴축하연 현수막에 인쇄되거나 묘비에 새겨질 수는 있겠지만, 현직 교사에게는 절대 쓸 수 없는 말이다. 살아 있는 한 나는 만들어지는 중, 교사가 되어가고 가르치는 법을 배우며 가르치는 일을 실천하는 중이다. 훌륭함을 이루려고 여전히 노력하고 있다. 다시 말해 좋은 선생님이란, 아직 되지 못한 것이며 이루려고 노력해야 할 첫 번째 원칙이다.

알거나 할 가치가 있는 것은 모두 비슷하다. 우정을 쌓거나 결혼이나 연애를 하거나, 소설이나 시를 읽거나, 성관계를 하거나 아이를 키우거나, 모두 어설프고 경험이 부족한 상태에서 시작해서 연습과 반성을 통해 더 현명하고 세련되게 해나갈 수 있게 된다. 그렇지만 아무리 잘하게 되더라도 여전히 성장과 발전의 여지가 있다. 삶, 그리고 가르침을 끝없는 추구이자 모험으로 생각하면 오히려 기운이 솟고 힘이 날 수 있다. 교사들은 열려 있고 호기심 많은 마음가짐, 포용적이고 관대한 마음, 진정한 참여의 자세를 길러갈 의지를 느끼게 된다.

교육은 이미 존재하는 것을 제시하는 데 그치지 않고, 되어야 할 것을 향해 가르치는 윤리적 과업이다. 어머니들과 같이 걷고, 바다의 소리를 담아, 사랑이라는 넓은 세계를 탐험한다. 도덕적 체계와 지침에 불과한 것이 아니다. 유리함과 불리함, 특권과 억압이 존재하는 물질적 현실을 접하고 이해하는 것도 포함한다. 이런 가르침은 사람들을 신중하면서도 활기차게, 때로 분개한 채로 한데 모이게 만들 수 있다. 그러면 학생들과 교사들이 어제까지만 해도 자연스럽게 여겨지던 것에 만족하지 못하게 될 수 있다. 의식이 행동으로 연결되는 이런 시점에, 가르침은 자유를 부르는 일이 된다.

교사들이 학생들에게 전하는 가장 근본적인 메시지는 이런 것이다. 여러분은 여러분의 삶을 바꿔야 한다. 어떤 사람이건, 어디에 있건, 무엇을 했건, 교사는 두 번째 기회, 재시도, 때로는 다른 결론으로 이끈다. 교사는 가능성, 개방성, 대안을 제시한다. 교사는 되지 않았으나 될 수 있는 것을 가리킨다. 교사는 길을 바꾸라고 손짓해 부른다.

정의와 윤리적 행동을 염두에 두고 가르치는 것은 학생들을 일깨우고, 학생들이 인간성 실현과 삶의 기회, 자유를 막는 방해물을 인지하고 이 장애물에 맞서도록 이끄는 일이다. 이때 교사들의 근본적 메시지는 이렇게 약간, 그렇지만 강력하게 바뀐다. 여러분은 세상을 바꿀 수 있다.

우리는 학교와 공동체에 신선하고 짜릿한 바람, 우리를 전율하게 하고 당혹하게 하며 매혹시킬 낯선 바람, 우리가 살아 있다는 것을 일깨워줄 바람이 부는 열린 공간을 만들려고 애쓸 수 있다. 이는 창문을 활짝 여는 것에서 시작한다. 우리가 함께 만들어가는 열린 공간에서 사람들은 스스로 자기 이야기를 만들어가는 주체, 자기 연극에서 빛나는 배우, 자기 삶의 창조자로 경험하기 시작할 것이다. 자기 욕망과 요구와 질문을 표현할 방법을 찾을 것이다. 이곳에서는 누구나 따르거나 순응하기보다는 탐구하며 살 것이다.

문필가이자 교사이자 시인인 에이드리언 리치는 현대 중산층 도시

주민의 세 가지 원형을 이야기한다. 사실 모든 시민, 전 세계 사람들, 특히 교사들에게 적용할 수 있는 원형일 것이다. 하나는 "편집증 환자"라고 불린다. 곤봉으로 무장하고 잠금장치가 세 개 있는 문 안에 들어앉아 다른 사람과 절대 눈을 마주치지 않고, 도시를 위험하고 부패하고 예측할 수 없는 강도로 생각한다.[57]

두 번째는 "유아론자"다. 작은 환상의 섬, 자원은 풍부하고 학생 수는 적은 특혜받은 교실, "거리가 깨끗하게 유지되고 범죄자는 보이지 않는 곳"을 만들어 거기 안주한다. 그리고 택시를 타고 식당이나 극장에 가고 공해와 폭력과 외국인으로 가득 찬 "도시 나머지 부분의 상태를 한탄"하지만, "그 원인과 결과에 대해서는 무심하다."[58]

안타깝게도 이 두 가지 원형이 낯설지 않다. 누구나 회의와 두려움으로 가득 찬 사람을 만나보았을 것이다. 옳지 않다는 길 알면서도 자꾸 이런 입장에 끌리는 경험을 해본 사람도 많다. 자기중심적인 도시인들, 도시 생활에 대해 속 편하고 단순한 생각을 가진 사람들도 쉽게 볼 수 있다. 택시에서 내려 헬스클럽으로 달려가면서, 어떤 아이러니도 모순도 느끼지 못하고 "나는 시카고를 사랑해"라고 쉽게 말하는 사람. 내 작고 개인적이고 특권적인 경험이 모든 인간의 경험과 같다는, 아주 속 편하고 편리한 생각을 한다.

에이드리언 리치는 세 번째 가능성도 제시한다. 파괴적이거나 기만적인 선택을 대신할 수 있는 것인데, 무어라 이름 붙이기가 쉽지는 않다. "사랑을 말하지 않고는 시작할 수 없는 도시와의 관계." 낭만적이거나 맹목적인 사랑이 아니라, "공포와 분노가 뒤섞인…… 날카롭고 뼈아프고 많은 지식이 필요한 사랑…… 애증이 섞인, 삶을 위해 싸울 때처럼 에너지를 고갈시키면서 동시에 에너지를 채워주는 사랑이다.

상처 입고 자기파괴적인 짐승이 잡아먹고 먹히고 있다. 거리는 인간의 가능성이 충만하지만 동시에 부인되고 있다".[59]

리치는 도시에서 충만한 삶을 누리기 위해서는 무엇보다도 인간의 가능성과 어깨를 겯고, 관계의 망을 피하지 말고 그것을 찾아내어 더욱 두텁고 강하고 조밀하게 엮어야 한다고 한다. 알려지지 않은 것, 복잡한 것, 상상으로 가능한 것을 받아들인다. 도시와 나라, 세계의 미래를 믿는 사람에게 도움이 되는 조언이며, 교실도 마찬가지다. 사랑으로 시작하는 관계를 발달시킬 수 있나? 에너지를 고갈시키면서 동시에 채워주는, 인간의 가능성, 삶 자체에 대한 투쟁 속에서 사랑을 발전시킬 수 있나? 이루어질 수 있으나 아직 이루어지지 않은 세상을 상상할 수 있나?

1세기 전 제인 애덤스가 시카고에 헐 하우스를 설립했을 때, 애덤스는 돌봄과 공감의 공동체를 만들려면 "선한 행동", 자원봉사, 후원자들만으로는 부족하다고 했다. 고통받는 사람들과 하나가 되어야 한다고 했다. 제인 애덤스는 이런 생각을 품고 사회사업관을 열고 절박한 상황에 처한 가족들과 같이 살면서 그들의 눈으로 세상을 보았다. 그들의 인간성을 위해 싸우면서, 자기 자신의 인간성도 같이 되찾을 수 있었다. 여기에서 교사들도 절절한 교훈을 찾을 수 있다.

오늘날에도 제인 애덤스와 같은 희망을 품고 땀 흘리는 사람들이 무수히 많다. 받아들일 수 없는 상황을 소리 내어 말하고, 부족한 것을 고치고, 옳지 않은 것을 바로잡고자 하는 생각에 따라 행동한다. 이들은 사람들을 위해서가 아니라, 사람들과 함께 연대하여 행동한다.

사람들, 특히 아이들, 시인과 철학자, 성인과 예언자, 연인과 탐구자, 길을 잃고 박탈당한 사람들은 "나는 모른다"라는 말을 화두로 삼는다.

우리를 밀고 이끄는 것은 지식이 아니다. 가르치는 일은 힘든 일이고, 교사는 벽에 부딪쳤다는 생각을 할 것이다. 압도당하고 확신을 잃고 혼란스럽고 길을 잃은 느낌이다. 그렇지만 교직을 버리지 않고 난파선에 뛰어든다면, 안도감, 흥분, 자기발견, 기쁨의 순간도 만날 수 있을 것이다.

침묵과 싸우고 존재가 무시당하지 않도록 저항하며 불만사항을 개선하는 것을 목적으로 내세우는 교육, 더 균형 잡히고 공정하고 평등한 사회질서를 이루기 위한 교육은 이미 오랜 전통으로 자리 잡고 있다. 사회정의를 위한 교육도 질문에서부터 시작한다.

- 아이들이 흥분하거나 분노하거나 두려워하거나 기대하면서 이야기하는 쟁점은 무엇인가?
- 아이들이 마주한 문제와 장애가 무엇인지 알아내는 대화를 어떻게 시작할 수 있을까?
- 아이들의 어떤 경험이 해결책으로 나아갈 방향을 가리킬까? 어떻게 하면 교실 공간에서 더 많은 토론, 문제 제기, 문제 해결이 이루어지게 할 수 있을까?

이런 것들이 저절로 이루어지게 할, 한 가지 절차나 컴퓨터 프로그램 같은 것은 없다. 교실이 평화롭고 효율적으로 돌아가게 할, 잘 정리되고 검증된 효율적인 기술 같은 것은 없다. 교사들은 판단, 경험, 직관, 상식, 용기, 성찰, 더 많은 연구에 의존한다. 늘 더 많이 알려 하고 늘 무언가를 비축해놓는다. 완전히 만족하는 법은 없지만 그렇다고 둔감하고 몽롱한 상태도 아니다. 조화를 이루지 못할지라도 그래도 앞으로 나아가야 한다. 늘 손을 뻗고, 쫓고, 갈망하고, 열고, 다시 생각한다.

교사들은 알려지지 않은 것을 들여다보고 늘 깨어 있고 열려 있는 습관을 길러야 한다. 무한하고 확장하는 우주에서 우리는 너무나 많은 것을 모르는 유한한 존재이므로, 앞으로 나아가야 한다고 스스로를 계속 일깨워야 한다. 이것을 알면 도전적이고 한없는 상상력을 키울 수 있다. 파란색, 사랑, 우정처럼 줄이지 않고는 정의할 수 없는 상상력이다. 목표는 발견과 놀라움이고, 우리를 다음 지평으로 나아가게 만드는 것은 열정, 몰두, 절박성, 열의, 용기다.

우리의 교육은 정확히 어떤 관심과 경향 혹은 계층을 위한 것인가? 어떻게 해야 아이들이 인식을 넓히고 더 비판적이고 창의적이고 적극적이며 생산적이고 자유롭게 될까? 이런 질문에 어떻게 답할지 교사가 미리 알 수는 없지만, 이러한 관점을 택하면 더 나은 판단을 내리며 희망적이고 실행 가능한 기준을 세울 수 있다. 우선 모든 인간은 생명으로 박동하고 먹고 자고 싸고 성욕을 느끼고 진화하고, 유전적으로 결정되고 삶이라는 독특한 경험에 따라 뒤틀리고 만들어져가는 생물학적 경이임을 인정한다. 또 모든 인간은 독특하고 복잡한 환경을 가지고 있고 그것을 통해 삶을 이해할 수 있으며, 그것이 삶을 견딜 수 있거나 견딜 수 없는 것으로 만들기도 한다고 본다. 이런 인식을 가지면 사람을 대상화, 사물화하는 행위에 저항하게 된다. 모든 학생들의 인간성을 받아들이고 그들의 편에 서게 한다.

오늘날 인류가 마주한 도전은 어떤 것인가? 민주주의가 요구하는 것은 무엇인가? 에드워드 사이드는 "우리나라는 무엇보다도 고도로 다원화된 이민 사회다. 놀라운 자원과 성취도 있지만 엄청난 내적 불평등과 외적 간섭이 존재해 결코 가볍게 볼 수 없다"[60]라고 말했다. 여전히 사라지지 않는 인종주의와 규정하기 힘들어 더욱 다루기 어려운 인종적 불평등이 있고, 급속도로 커지는 빈부격차, 물신주의가 존재한다. 그뿐만 아니라 공격적인 경제적·군사적 대외관계라는 문제도 있다.

이런 사실들을 마주하면 우리는 인간의 주체성과 선택의 영역, 사회적 행동과 변화의 전장에 나서게 되고, 이런 질문을 맞닥뜨리게 된다. 우리가, 어쩌면, 고통을 멈출 수 있을까? 적어도 고통의 일부는 덜 수 있을까? 상처를 치료할 수 있을까? 더 깊은 고민이라면 이런 것들이 있다. 사회가 바뀔 수 있을까? 사람들이 자유롭게 모여 더 정당하고 평화로운 사회질서를 상상하고, 손을 맞잡고 더 나은 사회를 위한 조직을 만들어 승리할 가능성이 아주 조금이라도 있을까? 과연 우리가 무엇이라도 할 수 있을까?

더 공평하고 합리적이고 공정한 사회질서가 가능하다면, 우리가 모여 정의를 위해 참여하는 운동, 민주적 이상을 실천하는 장을 상상하고 이루어낼 수 있다면, 교사의 영역도 약간 열린다. 아무것도 완성될 수는 없으므로 늘 더 이루어야 할 것이 있다. 우리 자신과 학생들이 수동성, 냉소주의, 절망을 떨치고 일어나도록 부추길 방법을 찾아야 한다. 서로를 갈라놓는 벽을 넘어 손을 뻗고, 제도화된 인종주의 같은 사회악에 저항하고, 학교 공간을 지배하는 권위주의적이고 관료적인 목소리의 영향을 떨쳐버리고, 상상력을 펼쳐 아는 바에 따라 우리 의식을 우리 행동과 단단히 연결시키며 행동해야 한다. 그러면 성공의 보장은 없을지라도 목적과 희망의 불씨는 지니고 움직일 수 있다.

건조하고 메마르고 자기만족적인 학교 교육에 안녕을 고하자. 빤한 것을 따르는 따분한 교육에 안녕을 고하자.

삶이 넘쳐나 놀랍고도 모순적인 사랑으로 타오르고 더 나은 세상을 향한 희망으로 빛나는 가르침을 시작하자.

메리 올리버의 시 〈가끔〉에 나와 있는 "삶을 살기 위한 방법"[61]을 되새겨보는 게 좋을 듯하다.

관심을 쏟고
놀라고
그것에 대해 이야기하라.

관심을 쏟고 있는가?
놀라고 있는가?
맹종, 교훈주의, 자부심, 무정한 세상에 안주하려는 생각에는 안녕을 고하자. 감옥과 경비대, 장벽도 안녕이다. 격리, 말소, 폐쇄, 이 모든 것에 안녕을 고한다.

알려지지 않은 것에 뛰어들고, 벽을 뛰어넘는 일, 변증법적 춤을 시작하자. 어떻게 살고 어떻게 사랑할지를 끝없이 새로이 배우자. 끈질긴 호기심, 소박한 친절한 행동, 인간성의 복잡함, 이 모든 것에 대한 경이를 받아들이자. 저항, 역사, 주체성의 어려움과 아름다움을 받아들이자. 세상과 내적 평화를 받아들이자. 날마다 어떻게든 사랑에 표를 던지자. 온갖 상황에 처한 온갖 사람에 대한 온갖 종류의 사랑을. 만들어지고 있는 새로운 세계를 받아들이자. 그리고 가르치자!

세 번째 개정판에 부쳐

이 책은 교사들에게, 그리고 아이들의 삶을 고민하는 사람들에게 보내는 연애편지다. 내 아이들과 다른 집 아이들에 대한 사랑이 우리의 노력을 결집시킬 강하고 희망찬 구심점이 될 수 있다는 생각에 바탕하고 있다. 이 책은 특히 교사들과 교사가 되려는 사람들이 교직을 속속들이 전체적으로 다시 생각해보게 한다. 또한 최고의 가르침은 관대함에서 비롯되어 희망과 진심에 의해 이끌려가고 다시 사랑으로 되돌아온다는 사실을 알게 한다.

개정판은 이런 생각을 중심에 놓고, 여러 해 동안 더 축적된 실천과 생각과 경험, 그리고 학생, 교사, 부모 들과의 대화를 가지고 더 쌓아올렸다. 핵심 신념과 애초의 원칙은 그대로이지만 약간 더 깊이 들어가고 오늘날 현실에 더 잘 맞도록 했다. 교사들 대부분은 아이들에 대한 관심과 사랑, 그리고 새로운 세대의 성장과 발전에 참여하고 싶은 희망 때문에 교직에 몸을 바친다. 우리의 과제는 이런 사랑과 희망, 윤리적 야망을 힘들고 때로 숨을 조르는 상황에서도 유지하는 것, 아이들을 놀랍고 살아 있고 3차원적이고 생동감 넘치는 존재 그대로 볼 수 있게 하는 틀을 만드는 것, 그리고 더욱 효과적인 교육을 위해 이러한 지식을 더욱 심화하고 확장하는 것이다.

세 번째 개정판은 독자들이 관심을 가질 만한 자매편과 함께 나왔는데, 《가르친다는 것》이 만화로 나와 있다. 가르치는 일에 대한 만화책이 나오는 것이 지금 시점에서 아주 적절하다고 생각했다. 이 책을 통해 교사가 되려고 하는 새로운 세대와 대화하고, 교실을 친밀하고 독특한 방식으로 보여주는 새로운 매체로 교사의 세계를 소개하며, 우리가 알고 느끼는 교실의 아름다움, 느낌, 어려움과 기쁨, 고통과 희망을 더욱 친근히 그릴 수 있으리라고 본다. 가르친다는 일은 워낙 설명하기 어려운 일이라, 만화가 표현하기 어려운 영역에 다가가는 특별한 길, 독특한 진입로, 일종의 우화 같은 것이 되어주리라 생각했다. 만화는 단순히 글과 그림이 아니라 놀라운 제3의 형식, 나름의 기회와 장애를 지닌 양식으로, 글과 그림이 변증법적으로 상호작용하며 현란한 춤을 이룬다.

만화라는 예술은 어떻게 순차적으로 이루어지는가, 마법이 여백에서 이루어질 때가 얼마나 많은지(컷 사이의 빈 공간에서 독자들의 무궁하고 거침없는 상상력이 실현되곤 한다), 글이 짐을 져야 할 때와 그림이 무게를 드러낼 때를 어떻게 균형을 맞출 것인지를 알아내는 일 모두 탁월한 만화가 라이언 앨릭샌더-태너(www.ohyesverynice.com)와 협업하면서 느낄 수 있었던 즐거움이었다.

만화책을 쓰기 위해 만화라는 매체의 독특함과 즐거움뿐 아니라 복잡하고 다차원적인 어려움까지 처음부터 모두 배워나가야 했다. "만화"라는 말은 단순히 만화책이나 시사만화 같은 것이 아니라 매체 자체를 가리키는 것이다. 영화나 연극 같은 다른 매체와 같이, 만화는 장

르를 가리키는 말이 아니다. 영화에는 누아르나 서부영화, 연극에는 고전 비극과 부조리극이 있듯이, 만화에는 슈퍼영웅물, 일요 연재만화도 있지만 수기, 소설, 역사물, 판타지, 서사시, 매뉴얼 등도 있다.

프랜시스 포드 코폴라의 영화 〈대부〉가 마리오 푸조의 소설을 단순히 움직이는 그림으로 표현한 것이 아니듯, 만화가 단순히 원래 책에 그림을 곁들인 것이라고 할 수는 없다. 만화는 그 자체로 독립적인 작품이다. 이 책과 만화 버전을 나란히 보면 그 까닭을 이해할 수 있을 것이다.

이 책은 내가 미처 헤아릴 수 없을 만큼 많은 삶을 지녀왔다. 20년 전에는 내가 상상도 할 수 없었던 의미와 해석의 잔물결이 일었다. 이 소박한 책과 글귀와 스치듯 인연을 맺은 덕에 완전히 새롭고 활기 넘치고 충만한 무언가를 이루어냈다는 교사의 이야기를 들을 때마다 나는 감탄하고 존경심을 느끼게 된다. 이 책은 규칙과 선언의 연속이 아니라 살아 있는 것이 분명하다. 풀이나 나무, 하늘의 별과 마찬가지로 나의 것이 아닌 것도 분명하다. 이 책을 교직에 대한 열렬한 대화 가운데 하나의 발언, 응답을 기다리는 발언으로 생각하기를. 여러 사람이 함께 이루는 지속적인 대화를 통해 우리는 교직이라는 과업의 깊이를 조금이나마 들여다보고, 표면 아래에 있는 지적·윤리적 의미를 캐낼 수 있을 것이다. 우리에게 반드시 필요한 이 대화는 우리 모두의 책임이다. 그러니 읽고 공부하고 준비하되 거기에서 멈추지 마라. 대꾸하고, 목소리를 높이고, 뜻을 전달하기를!

윌리엄 에어스

주

1) Orwell, G. (1961). The Orwell reader: Fiction, essays, and reportage. New York: Mariner. 392쪽.

2) 위와 같음.

3) 위와 같음.

4) 같은 책. 392~393쪽.

5) 같은 책. 393쪽.

6) 위와 같음.

7) King, M. L. (1991a). Where do we go from here: Chaos or community? In J. Washington, Ed., Testament of hope: The essential writings and speeches of Martin Luther King Jr. New York: Harper Collins. 629쪽.

8) King, M. L. (1991b). Time to break silence. In J. Washington, Ed., Testament of hope: The essential writings and speeches of Martin Luther King Jr. New York: Harper Collins. 240쪽.

9) 같은 책. 241쪽.

10) King, M. L. (1991c). The trumpet of conscience. In J. Washington, Ed., Testament of hope: The essential writings and speeches of Martin Luther King Jr. New York: Harper Collins. 641쪽.

11) Whitman, W. (2004a). Dramatic vistas. In M. Warner (Ed.), The portable Walt Whitman. New York: Penguin. 427쪽.

12) Kozol, J. (1991). Savage inequalities: Children in American schools. New York: Crown.

13) Ladson-Billings, G. (2006). From the achievement gap to the education debt: Understanding achievement in U.S. schools. Presidential address at

the annual meeting of the American Educational Research Association, San Francisco.

14) Whitman, W. (2004b). Preface to Leaves of Grass. In M. Warner (Ed.), The portable Walt Whitman. New York: Penguin. 11~12쪽.

15) Shakespeare, W. (2002). The winter's tale. Oxford: Oxford University Press. (original work published 1623). 52쪽.

16) Greene, M. (1973). Teacher as stranger. Belmont, CA: Wadsworth. 181쪽.

17) Arendt, H. (2006). The crisis in education. Between past and future. New York: Penguin. 196쪽.

18) Greene, M. (1973). Teacher as stranger. Belmont, CA: Wadsworth. 221쪽.

19) Noddings, N. (1986). Fidelity in teaching, teacher education, and research for teaching. Harvard Educational Review, 56(4). 497쪽.

20) 같은 책. 499쪽.

21) Lake, R. (Medicine Grizzlybear). (1990). An Indian father's plea. Teacher Magazine, 2(1). 48쪽.

22) Carrol, D., & Carini, P. (1989). Assessment rooted in classroom practice: A staff review of Sid. Insights, 6(1). 4쪽.

23) 같은 책. 4~5쪽.

24) 같은 책. 7~8쪽.

25) Carini, P. F. (1979). The art of seeing and the visibility of the person. Grand Forks: University of North Dakota Press. 4쪽.

26) 같은 책. 8쪽.

27) Duckworth, E. (1987). The having of wonderful ideas. New York: Teachers College Press. 1쪽.

28) Sapon-Shevin, M. (1990). Schools as communities of love and caring. Holistic Education Review, 3(2).

29) Jordan, J. (1988). Nobody mean more to me than you and the future life of Willie Jordan. Harvard Educational Review, 58(3).

30) 같은 책. 363쪽.

31) 같은 책. 364쪽.

32) Delpit, L. D. (1988). The silenced dialogue: Power and pedagogy in educating other people's children. Harvard Educational Review, 58(3). 282쪽.

33) 위와 같음.

34) 같은 책. 297쪽.

35) Holt, J. (1990). A life worth living: Selected letters of John Holt (S. Sheffer, Ed.). Columbus: Ohio State University Press.

36) 같은 책. 275쪽.

37) Schubert, W. H. (1986). Curriculum: Paradigm, perspectives, possibilities. New York: Macmillan.

38) La Escuela Fratney. (1991). Year three. Milwaukee: Author. 41쪽.

39) Illinois State Board of Education. (1986a). Illinois outcome statements and model learning objectives for social sciences. Springfield: Author. v쪽.

40) 같은 책. 55~57쪽.

41) Illinois State Board of Education. (1986b). State goals for learning and sample learning objectives for language arts. Springfield: Author. 30쪽.

42) Hubbell, S. (1988, May). The sweet bees. The New Yorker. 45쪽.

43) Stembridge, J. (1971). Notes about a class. In S. Carmichael, Stokely speaks: Black power back to Pan-Africanism. New York: Vintage. 3~4쪽.

44) 같은 책. 5쪽.

45) Zimiles, H. (1987). Progressive education: On the limits of evaluation and the development of empowerment. Teachers College Record, 89(2). 207쪽.

46) 같은 책. 209쪽.

47) 같은 책. 210쪽.

48) 위와 같음.

49) Stanislavsky, K. (1936). An actor prepares. London: Routledge & Kegan Paul.

50) Rilke, R. M. (1954). Letters to a young poet. New York: Norton. 18~19쪽.

51) Dewey, J. (1938). Experience and education. New York: Macmillan.

52) Freire, P. (1985). Pedagogy of the oppressed. New York: Continuum. 67쪽.

53) Baldwin, J. (1988). A talk to teachers. In R. Simonson & S. Walker, Multicultural literacy: Opening the American mind. St. Paul, MN: Graywolf Press. 3~4쪽.

54) Brecht, B. (1966). Galileo (E. Bentley, Ed.). New York: Grove Press. 32쪽.

55) 같은 책. 33쪽.

56) 같은 책. 17쪽.

57) Rich, A. (1979). On lies, secrets, and silence: Selected prose 1966-1978. New York: Norton. 54쪽.

58) 위와 같음.

59) 위와 같음.

60) Said, E. W. (1994). Representations of the intellectual. New York: Pantheon. 99쪽.

61) Oliver, M. (2008). Red Bird. Boston: Beacon. 37쪽.

독자에게 1―마이크 로즈

나는 이 책의 초판본을 다시 읽어보고 있다. 1993년, 처음 출간된 해에 산 것이다. 처음 그 책을 읽었을 때 얼마나 충격을 받았는지가 기억난다. 그 절절한 열정과 지혜에……. 그 책에는 가르치는 일과 아이들에 대한 존경이 가득했다. 윌리엄 에어스의 글은 어떤 것이나 학생들을 소중히 여기는 마음, 학생들의 정신과 감정을 소중히 여기는 생각과 아이들이 성취할 수 있는 것에 대한 깊은 신뢰가 느껴진다.《가르친다는 것》을 다시 읽고 이런 생각과 신뢰를 다시 느끼는 것은 즐거운 일이다.

그렇지만 지금 이 시점에 다시 이 책을 집어 들게 된 것은 무엇보다도 가르치는 일에 대한 에어스의 생각 때문이다. 현재 정책 논쟁이나 학교 개혁 논의에서는 교사라는 직업이 중심이 되어 있다. 누구나 좋은 교육의 중요성을 강조한다. 최근에 나온 정부 지원 보고서에서는 좋은 가르침이 학생의 성취에 가장 큰 영향을 미치는 변수라고 찍어서 말했다. 이전 정부의 낙제학생방지법이나 오바마 정부의 새로운 계획에서나 "효과적인 교사"의 중요성을 인정한다. 그렇지만 교사들은 여러 면에서 공격의 대상이기도 하다. 개혁의 분위기 속에서 교육 실패의 책임은 주로 교사들에게 돌려진다. 교원 노조는 악의 무리 취급을 받는다. 다른 어떤 노조나 직능단체보다도 가혹한 비난을 받는다. 교사가 학생의 성취의 핵심 요건이라고 추어올리면서도 가르친다는 일이 어떤 것인가에 대해서는 전혀 이해하지 못한다. 여러 정책 문건을 읽어보았지만 교사는 아무 특징 없는 지식 전달 장치, 교사용 지도서에 자세하게 나와 있는 내용을 학생들에게 전달하는 존재에 지나지 않는 것으로 나온다.

《가르친다는 것》은 좋은 교육이란 무엇인가에 대해 훨씬 풍부하고 매력적이고 정확한 그림을 보여준다.

가르치는 일은 다른 사람과 특별하고 중요한 관계를 맺고 그것에 헌신하는 일이다. 많이 알고 유식해야 하며, 아동 발달, 읽기, 과학, 문학, 목공 등 교실에서 필요한 지식 분야를 폭넓게 알아야 한다는 뜻이다. 가르치기 위해서는 이런 것들을 알아야 할 뿐 아니라, 노련하게 그것을 전달하고 학생들을 참여하게 만들어야 한다. 곧, 교육심리학자 리셔먼이 "실천의 지혜"라고 부르는 것이 필요하다.

가르치려면 또한 관찰하고 통찰력을 연마하며 늘 주의를 기울여야 한다. 주의를 기울인다는 말을 좁게 해석해서 규칙 위반을 감시한다는 말로 생각하기도 한다. 물론 좋은 선생님은 상해나 모욕에도 민감해야 하지만, 아이들의 취약한 면, 뭔가 잘못되어가고 있는 점에도 관심을 기울여야 한다는 뜻이기도 하다. 그래서 관찰은 개입으로 이어진다.

그렇지만 《가르친다는 것》의 관점에서는 가르칠 수 있는 순간, 아이의 머릿속에서 형성되어가는 생각을 놓치지 않는다는 뜻이기도 하다. 며칠 전의 토론을 기억하고 지금 시점에 맞게 다시 떠올리는 것이기도 하다. 가능성을 염두에 두고, 아이가 무엇을 할 수 있는지, 무엇이 아이의 흥미를 일깨울지에 주의를 기울이는 것이다.

학생들에 대해 이렇게 생각한다는 것은 학생들에게 많은 것을 기대하고, 아이들이 할 수 있는 만큼 하지 않는다고 생각할 때 찌르고 부추기고 북돋우라는 뜻이기도 하다. 아이들을 존중하고 소중히 여긴다는 것은 아이들의 지성을 존중하고 그것이 낭비되지 않게 한다는 의미이다.

빌은 교육의 도덕적·윤리적인 면에 큰 무게를 둔다. 새로 쓴 서문이 이런 면을 멋지게 강조해 보여준다. 가르치는 일은 도덕적 작업이다. 지식을 갖고 지식을 전달하는 법을 알고 배움의 환경을 조성하고, 신경을 바짝 세우고 교실에서 기회를 엿보는 것 모두 다른 인간의 성장을 돕는 일이다. 이런 목표를 가지고 학생의 발전에 헌신한다면 교사의 일은 윤리적·도덕적 영역에 놓이게 된다.

교육에 대해 이런 관점을 갖는 사람이 빌 에어스만은 아니겠지만, 에어스가 아름답게 표현해놓았다. 그뿐만 아니라 세 번째 개정판은 시기적으로 특히 중요한 때에 나왔다고 생각한다.

오늘날의 "증거에 기반한" 정책 환경에서 이런 책은 좋게 보아야 "영감을 주긴 하지만" 순응과 효율성을 강조하는 제도를 만드는 일(이를테면 아주 중요한 시험제도 같은 것)에 핵심이 될 수는 없다고 하고 옆으로 치워놓기 십상이다. 이런 제도가 교사들에게(또 학교 관리자들에게) "압력을 가할" 것이라는 말을 종종 듣는다.

내가 하는 말을 들으면 빌이 움찔할지 모르겠지만, 나는 중요하다고 생각하는 것이니 들어주기 바란다. 사실 나는 바로 《가르친다는 것》 같은 책이야말로 "교사들에게 압력을 가하는" 책이라고 생각한다. 시험제도 같은 1차원적인 압박보다도 훨씬 더. 《가르친다는 것》에서 에어스는 가르치는 일을 풍부하고 정교하게 정의하고, 교사들에게 그 정의에 따르라고 요구한다. 도덕적인 권고이자, 최대한 고민하고 다른 사람을 공정하게 대하며 인간의 발달에 헌신하라는 호소이다.

이제 이 책의 마지막에 다다랐으니 한번 생각해볼 만한 더 큰 관점으로 나아가보자. 교육정책과 학교 개혁의 언사가 어찌나 기술주의적으로 바뀌었는지, 이제는 상상력, 열정, 창의성, 정의, 돌봄, 도전, 아름다움, 기쁨, 정체성, 심지어 지성 같은 단어도 듣기 힘들게 되었다. 이런 단어들은 엄밀한 어휘 체계, 교육학과 교육정책에는 등장하지 않는다. 어쩌면 우리에게 엄밀함이 부족하고 좋은 교실에서 그만큼 멀리 떨어져 있기 때문인지도 모르겠다.

우리는 교육의 핵심에서도 교육이 세상 속에서 개인의 존재를 정의하는 수단이 되는 방식에서도 벌어져 있다. 누군가를 교식이라는 소냉으로 이끄는 그런 것들 말이다. 요즘 나는 사람들에게 교육에 관한 감동적인 정치적 연설이나 정책을 마지막으로 들어본 것이 언제냐는 질문을 많이 하고 다닌다. 쉽사리 떠올리는 사람이 없다. 경제적 경쟁력이나 성적 책임제에 대한 이야기는 많이 듣는다. 이것도 중요한 쟁점이지만 개인적 이상이나 민주적 열망과는 동떨어진 것들이다.

《가르친다는 것》은 풍부한 조언, 교훈, 접근법, 그리고 교육에 대해 생각해볼 방법들을 제시하며, 교직에 어떤 사명감도 부여한다. 오늘날 우리에게는 왜 가르치는 일이 중요한지를 일깨워주는 이런 책이 필요하다.

2009년 11월,
마이크 로즈(UCLA 교육정보대학원 교수)

독자에게 2―소니아 니토

오늘날 교육에 대한 담론은 치사하고 실용주의적이다. 학생들 성적이 낮은 것부터 표준 학력 저하까지 모두 교사들의 책임으로 돌리는 게 유행이 되었다. 여기에다가 "자질이 뛰어난 교사", 학생 성적 책임제, 표준 시험, 성취도 격차 등에 대한 법석까지 더하면 사람들이 교육이라는 것의 복잡한 본질에 무심해질 만도 하다. 요새는 심지어 교사들이 너무 많은 권력을 가졌다고 한탄하는 것도(교원 노조를 후려치는 것을 보라) 심심치 않게 본다. 교사들이 교육정책을 만들기나 하는 것처럼 말이다. 오히려, 여러분도 잘 알듯이, 교사들은 학교 안의 정책이나 실천에 대해서는 별 권한이 없고 재량권이 거의 주어지지 않은 상태로 지시와 요구사항을 따라야 하는 실정이다. 이런 상황에서, 게다가 오늘날 교육이 마주한 무수히 많은 어려움을 생각해볼 때, 대체 왜 가르치려 하는가?

봉급, 사람들의 존경, 특권 같은 것 때문에 교사가 되는 사람은 없으리라는 것은 명백하다. 학생들을 표준 시험에 통과시키려고, 학생들에게 빈칸을 메우는 법을 가르치려고 교사가 되는 사람도 없다. 많은 사람들이 선하고 숭고한 이유로 교직에 들어서지만, 요즘 같은 상황에서는 이런 이유들을 다시 떠올리기가 힘들 것이다. 누구나 선생님을 통해 눈이 뜨이고 마음이 열리고 생각이 깨이는 경험을 했을 터이고, 기회만 주어진다면 선생님들이 학생들의 삶을 얼마나 크게 바꾸어놓을 수 있는지를 안다. 오늘날 기술중심주의 사회가 학교에 제시하는 목표를 넘어서는 무언가가 사람들을 교직으로 끌어오고 그 자리에 머물게 만든다. 그러나 사람들은 보통 사적인 대화에서나 공적인 토론에서나 이런 것들에 대해서는 도통 이야기를 하지 않는다.《가르친다는 것》에서 고참 교사 빌 에어스는 가르친다는 일에 담겨 있는 신비, 기쁨, 좌절, 모순에 대한 이런 대화 속으로 우리를 끌어들인다. 진지하기도 하고 시적이기도 하며 유머러스하기도 하고 재치 있기도 한 말투로, 에어스는 여러분이 곧 몸담으려 하는 직업에 대해 이상주의적이면서도 감상에 빠지지 않는 모습을 보여준다. 에어스는 교육에 대한 막연한 생각에 도전할 것이며, 여러분이 어떤 준비를 해야 하는지에 대해 깊이 생각하게 할 것이다. 교육에 대한 전통적 지혜(예를 들면 "크리스마스 전까지는 웃지 마라"라든가)들은 깨뜨릴 것이다. 무엇보다도 교사로서 여행을 시작하는 여러분이 스스로에게 던져보아야 할 정말 중요한 질문들에 대해 고민해보도록 부추길 것이다. 바로 민주주의와 공정한 경쟁, 사회정의와 기회 등에 대한 질문들이다.

 핵심적으로 말해, 가르친다는 것은 교육계획안을 준비하고 교육과정을 전달하는 것에 그치지 않는다. 가르친다는 것은 무엇보다도 관계에 관한 것이다. 학생들, 학생들의 가족과 함께 이루어나가는 관계, 우리 동료들과 만드는 관계, 심지어 내가 되고자 하는 존재가 되려는 과정에서 나 자신과 만들어가는 관계까지도 여기에 들어간다. 빌 에어스가 말하듯이 "가르친다는 것은 본질적으로 더 나은 미래에 대한 희망을 실천하는 것이다". 가르칠 것이냐 말 것이냐를 고민하는 사람들에게 이 책은 교직이 자기에게 천직인지 아닌지 알도록 도와줄 것이며, 이미 교실에 있는 사람들에게는 왜 애초에 이 일을 선택했는지를 기억하도록 해줄 것이다. 이 책에서 빌 에어스는 가르침의 기술, 기예, 과학을 가르치면서 재촉하고 부추기고 권하고 격려한다. 여러분은 이 책에서 생각하고 고민하고 뛰어들어 가르치라고 하는 초대를 만나게 될 것이다. 부디 멋지고, 보람차고, 삶을 바꾸어놓는 여행이 되기를!

2009년 11월,
소니아 니토(애머스트 매사추세츠 대학 명예교수)